Herausgegeben von

Stefan Nellen, Martin Schaffner und Martin Stingelin

Paranoia City

Der Fall Ernst B.

Selbstzeugnis und Akten

aus der Psychiatrie um 1900

Schwabe Verlag Basel

Gedruckt mit freundlicher Unterstützung
der Freiwilligen Akademischen Gesellschaft Basel,
des Lotteriefonds des Kantons Basel-Stadt
und der Dr. H. A. Vögelin-Bienz-Stiftung
für das Staatsarchiv Basel-Stadt.

Abbildungen auf dem Umschlag:
Im Hintergrund ist der Basler «Centralbahnhof, um 1897» abgebildet,
fotografiert von Albert Höflinger (StABS, Fotoarchiv Höflinger, Hö D 6501),
im Vordergrund der Aktenfaszikel «Sanität T 13.2. Einzelne Geisteskranke Männer, B»
aus dem Staatsarchiv Basel-Stadt.

Lektorat: Julia Grütter Binkert
Gestaltung: Thomas Lutz
Gesamtherstellung: Schwabe AG, Druckerei, Muttenz/Basel
Printed in Switzerland
ISBN 978-3-7965-2275-8

www.schwabe.ch

Inhaltsverzeichnis

Vorwort

Dieses Buch handelt von einem Mann und einer Frau, auf deren Spuren im Aktenmaterial des Basler Staatsarchivs wir zufällig gestossen sind. Genaugenommen verdanken wir dem Zufall allerdings nur das Dossier über den Mann, Ernst B., das unter Hunderten ähnlicher Faszikel in den Sanitäts- und Justizakten aufbewahrt wird. Als wir dann den dort notierten Hinweisen nachgingen, fanden wir in anderen Beständen des Archivs weitere Akten, die Ernst B. und seine Frau betrafen. Unser Buch dokumentiert die Entdeckungsreise, die uns durch vier an drei Orten archivierte Bestände führte. In chronologischer Reihenfolge breitet es aus, was uns in den Archiven in die Hände gefallen ist.

Liest man das Buch in der Auslegeordnung, in der wir das Material publizieren, ergibt sich keine Lebensgeschichte von Ernst und Lina B., sondern ein fragmentarischer Einblick in die schwierige Existenz zweier ebenso unauffälliger wie eigenwilliger Menschen. Gleichzeitig ergeben sich ungewohnte Perspektiven auf eine besonders dynamische Phase der Stadtgeschichte.

Die Aktenbündel, die wir aufschnüren, enthalten so unterschiedliche Schriftstücke wie persönliche Briefe, polizeiliche Protokolle, ärztliche Gutachten und sogar einen ausführlichen Bericht, den Ernst B. selbst verfasst hat. Entstanden sind diese Dokumente im Kontext polizeilicher Verfahren, amtsärztlicher Begutachtungen und psychiatrischer Praxis. Sie sind von diesen geprägt und heute nicht durchwegs leicht zu lesen. Darum begleiten wir unsere Edition durch eine Reihe von Essays, die das Verständnis erleichtern sollen.

Die zufällige Begegnung mit den in einem Archiv dokumentierten Aktenstücken ist einmal ein – auch persönliches – Ereignis, aus dem sich die darin dokumentierten Ereignisse nach und nach herausschälen, wie *Martin Schaffner* schildert, indem er das Aktenbündel gleichzeitig erschliesst und sich Schritt für Schritt historisch vergegenwärtigt. Wo diese Akten das Ereignis der Begegnung zwischen Lina und Ernst B. bewahren, verwirren sich die Konfliktbeziehungen zusehends; eine Situation, in der sich *Caroline Arni* zum Erzählen, nicht zum Urteilen angehalten sieht. Dass Ernst B. die Hypersensibilität, mit der er auf die sich rasend verändernden Zeitumstände um 1900 nervös reagiert, mit vielen seiner Zeitgenossen teilt, reflektiert der Beitrag von *Martin Stingelin*. Die zahlreichen, sich wie Zuggeleise überkreuzenden Perspektiven verschiedener Weltsichten verkörpert kein historischer Ort anschaulicher als der Bahnhof, an dem *Stefan Nellen und Robert Suter* in den Akten einzelnen aufgegriffenen Personen begegnen. Ein Ereignis ist auch die Art und Weise, wie Ereignisse dokumentiert worden sind und werden: *Hans Jakob Ritter* erörtert die rechtlichen Voraussetzungen dieser administrativen Handgreiflichkeiten und die Widerstände, die sie geweckt haben; *Hubert Thüring* schildert die Ambivalenz, mit der eine zeitlebens ‹anonyme› Person wie Ernst B. sich dadurch nachträglich aus der Masse herausgehoben sieht.

Die Essays, die wir hier vorlegen, kontextualisieren in unterschiedlicher Weise die Akten, die hier publiziert sind. Sie rücken zum einen das Fallmaterial und damit Ernst und Lina B. ins Zentrum und deuten gleichzeitig an, was über sie hinausweist.

Die Herausgeber danken einer Reihe von Personen und Institutionen, ohne deren Unterstützung dieses Buch nicht hätte erscheinen können. Der Leiter des Staatsarchivs Basel-Stadt, Dr. Josef Zwicker, sowie seine Mitarbeiterinnen und Mitarbeiter haben uns in verschiedenen Phasen unserer Arbeit geduldig und tatkräftig beigestanden. Fridolin Kurmann und Jan Schudel haben eine Reihe von Recherchen durchgeführt. Irène Amstutz hat bei der Transkription mitgewirkt. Dank schulden wir auch den Studierenden des Historischen und des Deutschen Seminars der Universität Basel, mit denen wir das Fallmaterial im Rahmen von Lehrveranstaltungen diskutiert haben. Julia Grütter Binkert, Lektorin des Verlags Schwabe AG, hat die Publikation engagiert und kompetent betreut. Schliesslich hätte das Buch nicht publiziert werden können ohne die namhaften finanziellen Beiträge der Freiwilligen Akademischen Gesellschaft, des Lotteriefonds des Kantons Basel-Stadt und der Dr. H. A. Vögelin-Bienz-Stiftung für das Staatsarchiv Basel-Stadt. Ihnen gebührt ein besonderer Dank.

Basel, im November 2006 Stefan Nellen, Martin Schaffner, Martin Stingelin

Teil A: Essays

Fall und Fallgeschichte

Martin Schaffner

Wer das Falldossier öffnet, das den Kern dieser Edition bildet, sieht sich vor einem Bündel disparaten Textmaterials: Polizeiprotokolle, ärztliche Gutachten, Korrespondenzen und das engbeschriebene Schulheft mit dem Selbstzeugnis eines Mannes, mit dessen Namen das Dossier überschrieben ist. Macht man sich an die Lektüre der Papiere, gewinnt man zum einen eine Vorstellung vom Verfahren, das hier dokumentiert ist, und zum anderen entsteht beim Lesen eine bruchstückhafte Fallgeschichte, die über sich selbst hinausweist. Zu dieser Lektüre anzuregen und diesen Leseprozess zu fördern ist das Ziel meines Essays.[1]

Der Fall des Ernst B. präsentiert sich zunächst in der Materialität der im Dossier abgelegten Schriftstücke; genaugenommen stellt er nichts anderes dar als ein Bündel fragmentarischer Akten über einen auffällig gewordenen Mann. Eingeordnet in eine lange Reihe vergleichbarer Dossiers im gleichen Konvolut, unterscheidet er sich kaum von diesen, mit Ausnahme des Berichts von seiner eigenen Hand. So gesehen, erscheint der Fall in doppelter Weise als Produkt administrativer Praxis, nämlich des Verfahrens, dem Ernst B. unterworfen wurde, und der Ablage beziehungsweise Registrierung durch die Sanitätsbehörden sowie durch das Archiv.[2] In der uns vorliegenden Form verweist der Fall auf die administrative Praxis, wie sie sich in den schweizerischen Kantonen in der zweiten Hälfte des 19. Jahrhunderts ausgebildet hat. In Basel vollzog sich der Aufbau einer modernen Verwaltungsorganisation seit der Inkraftsetzung der Kantonsverfassung von 1874 beschleunigt.[3] Den Fall im Kontext bürokratischer Verfahren und ihrer Geschichte zu verorten ist unerlässlich, weil damit zum einen die Entstehungsbedingungen der Dokumente nicht aus dem Blick geraten und weil zum anderen – wichtiger noch – die Perspektive einer explizit politischen Lektüre der Akten eröffnet wird.

Sich mit dem Fall vertraut zu machen heisst darum, zuerst das Dossier zu beschreiben. Dieses umfasst die in diesem Band abgedruckten Dokumente (ohne das Ehegerichtsprotokoll, das in den Justizakten des Staatsarchivs abgelegt ist) und erstreckt sich über einen Zeitraum von rund zehn Jahren. Das früheste personenbezogene Aktenstück, das Protokoll der Aussage der Frau des Ernst B. auf der Polizei, datiert vom 18. Juli 1894, und das letzte, der Brief von Ernst B. aus der Irrenanstalt Münsingen, in die er im November 1904 überführt worden war, vom 2. Dezember 1904. Die Überlieferung ist nicht gleichmässig verteilt, sondern konzentriert sich auf den Sommer 1894 und auf die Monate Oktober und November 1904. Das Material dokumentiert im wesentlichen zwei Vorgänge: die erste Einweisung des Ernst B. in die Irrenanstalt

Friedmatt in Basel am 19. Juli 1894 und seine erneute Hospitalisierung und Unterbringung auf Lebenszeit in der Irrenanstalt Münsingen im Herbst 1904. Angelegt in diesem Dossier ist also keinesfalls eine Lebensgeschichte, sondern bestenfalls eine Kranken- oder eine Fallgeschichte.

Niemand hat eindringlicher auf die Faszination hingewiesen, die von der Lektüre von Fallakten ausgeht, als die französische Historikerin Arlette Farge, besonders in ihrem anregenden Essay *Le goût de l'archive*.[4] Sie evoziert darin die Emotionen, die Fälle in der Forscherin auslösen können, und erinnert daran, wie Michel Foucault in dem als Vorwort für ein nie erschienenes Buch konzipierten, aber später separat publizierten Text *La vie des hommes infâmes* die Bedeutung der affektiven und sogar physischen Dimension seiner eigenen Arbeit mit Fallmaterial umschrieben hat: «Et, j'avoue que ces ‹nouvelles› surgissant soudain à travers deux siècles et demi de silence, ont secoué en moi plus de fibres que ce qu'on appelle d'ordinaire la littérature […].»[5] Weit davon entfernt, als unwissenschaftlich abgetan oder bestenfalls als Motivationsstütze zugelassen zu werden, gewinnt die Emotion der Forscherin für Arlette Farge den Wert eines Erkenntnisinstruments: «De la stupéfaction et de l'effroi naissent des stratégies […]. Ces sentiments affirmés […] sont des instruments majeurs de la pensée.»[6]

Ist der *Fall* das Produkt der administrativen Praxis von Verwaltungsbehörden, so entsteht die *Fallgeschichte* in der Recherchearbeit und dem Schreibprozess des Historikers von heute. Dass die Fallgeschichte das Produkt der historiographischen Redaktion darstellt, heisst jedoch nicht, dass sie als fiktionaler Text zu lesen ist. Denn ihre Lesbarkeit verdankt sie weniger dem Einsatz narrativer Stilmittel als vielmehr jenen zugleich packenden und mühevollen Recherchen, die das handwerkliche A und O der wissenschaftlichen Geschichtsschreibung ausmachen. Im vorliegenden Fall führte, wie dieser Band dokumentiert, die Spurensuche durch die Akten des Ehegerichts (Scheidungsverfahren), des Strafgerichts (Verfahren gegen die Frau des Ernst B.) und der Wohnungsinspektion, in das Notariatsarchiv (Kauf und Verkauf des Hauses des Ernst B.), in die archivalischen Bestände der Psychiatrischen Universitätsklinik Basel und der Psychiatrischen Klinik Münsingen (Krankengeschichten). Dass diese Suche erfolgreich verlief, liegt weniger an glücklichen Zufällen als an der Ablage- und Archivierungspraxis der damaligen Verwaltung, die durch Findmittel, Sach- und Personenregister den Sprung vom einen zum anderen Aktenbestand bis heute erleichtern. Mehr, als ihr bewusst ist, verdankt die historische Forschung den entwickelten bürokratischen Verfahren des 19. Jahrhunderts, und mehr, als sie meist reflektiert, sind die von ihr generierten Wissensbestände von dieser Praxis geprägt.[7] Das Verfahren dokumentiert die Verrechtlichung der ‹Irrenfrage› um 1900 und das hohe Mass an bürokratischer Effizienz, das die staatliche Verwaltung um 1900 erreicht hatte. Das Textmaterial, das es produzierte, erlaubt es, das auffällige Reden und Handeln, derentwegen die Dossiers angelegt wurden, anders wahrzunehmen als damals, es als Mitteilung zu lesen, seine Bedeutung zu verstehen. Wie wird das möglich?

Am 18. Juli 1894, einem Mittwoch, spricht bei einem Beamten des Polizeidepartementes Basel eine Frau vor.[8] Sie drückt Besorgnis über den Zustand ihres Mannes aus, gibt an, «ihr Mann sei in letzter Zeit dem Trunke ergeben und leide wahrscheinlich an Verfolgungswahn, indem er sich von vielen Personen verfolgt fühle und gestern die Mittagsuppe ab dem Tische genommen und wahrscheinlich habe nach Gift untersuchen lassen. Er sei sehr unruhig, hauptsächlich während der Nacht, könne nicht schlafen und errege sein Geisteszustand Bedenken. [...] Von einem Arzt wolle er nichts wissen.»[9] Der Beamte, der sie anhört und ihre Aussage protokolliert, notiert ferner, «im März dieses Jahres habe sie, die Frau, gegen den Mann wegen Misshandlung bei der Abteilung für Strafsachen Klage erhoben, doch auf Drängen und Bitten des Beklagten den Strafantrag wieder zurückgezogen». Die Frau, Lina B., ist 30 Jahre alt, ist aus Waldkirch im Grossherzogtum Baden (das an die Schweiz beziehungsweise an Basel grenzt) zugewandert; sie ist seit acht Jahren verheiratet.[10]

Der Bericht äussert sich weder zu den Motiven noch zu den Absichten der Frau und lässt sich auf drei Punkte – drei Mitteilungen an die Behörden – reduzieren: die Trunksucht des Mannes, seine Krankheit und den Ehekonflikt. Dem Beamten erscheint die Klage der Frau gravierend genug, um sie näher zu untersuchen. Der Mann, Ernst B., wird für den folgenden Morgen um acht Uhr zur Einvernahme aufgeboten.

Das Protokoll seiner Vernehmung folgt dem üblichen Muster und unterscheidet sich in bestimmten Aspekten formal und inhaltlich vom Bericht, den die Frau beim gleichen Beamten deponiert hat. Nachdem er zu seiner Person befragt worden ist, gibt Ernst B. folgendes zu Protokoll: «Ich war in letzter Zeit immer sehr aufgeregt und hatte Grund zu der Annahme, dass mir meine Frau das Essen mit Gift gemischt habe. Das war auch der Anlass, dass ich die Suppe vom Tische wegnahm und durch Dr. Kober untersuchen liess. Der Chemiker fand jedoch kein Gift darin. Meine Frau kann mich nicht leiden, gibt sich mit meinen Gehilfen und auch mit dem Maler Wespi, der beim Stadttheater angestellt ist, ab, behandelt mich überhaupt nicht als Mann und will von mir nichts wissen. Das ist auch der Anlass, dass ich hier und da aus Verdruss und Verzweiflung ein Glas zu viel nehme. Unser eheliches Verhältnis kann auf diese Art nicht länger mehr andauern und beabsichtige ich, auf Scheidung zu klagen. Verwirrt bin ich nicht, doch infolge der vorkommenden Unannehmlichkeiten in letzter Zeit sehr aufgeregt.»[11]

Zwar handeln beide Texte vom Ehestreit, aber primär dokumentieren sie eine andere Realität, nämlich den unmittelbaren Kontext, in dem sie entstanden sind. Das erste Protokoll gibt den Bericht wieder, den die Frau aus eigener Initiative, auf ihre Weise kommuniziert hat, eine Sprechsituation, auf die der Modus der indirekten Rede verweist. Das zweite beruht auf der Vernehmung des polizeilich dafür aufgebotenen Mannes, eine Situation, die der Modus der direkten Rede repräsentiert. Innerhalb der gleichen Textsorte (des polizeilichen Protokolls) bezeichnet also die sprachliche Differenz einen grundlegenden Unterschied im sozialen Kontext oder *Rahmen,* aus dem das Sprachmaterial stammt. Das Konzept des *Rahmens* hat Gregory Bateson als erster verwendet, in einem berühmt gewordenen Aufsatz über die Affen im Zoo von San Francisco,[12] und Erving Goffman hat es in einem 20 Jahre später erschienenen Buch weiterentwickelt.[13] Die Rahmenanalyse ist interessant, weil sie sich auf die Schnittstelle zwischen sozialer Organisation und sprachlicher Repräsentation bezieht und damit zwei Dimensionen verknüpft, welche die Historiographie mit ihrer Tendenz zu intradisziplinären Grenzziehungen trennt. *Sozialer Rahmen* heisst soviel wie *Wahrnehmungs-* oder *Interpretationsschema,* ein Schema, das die «Lokalisierung, Wahrnehmung, Identifikation und Benennung» von Handlungen ermöglicht, also Orientierungsgrundlagen bildet und der «Organisation der Erfahrung» dient.[14]

Die Ehegatten B. artikulieren auf der Polizeidirektion in vergleichbaren, aber deutlich zu unterscheidenden Handlungskontexten zwei Versionen desselben Konfliktgeschehens. Sie stellt die Trunksucht und vor allem seine Krankheit in den Vordergrund, er dagegen den Konflikt, den er mit ihr hat, mit klarer Schuldzuweisung an die Frau. Warum und worüber sich die beiden auch immer entzweit haben, vor der Instanz der Polizei ist es ein Streit um ein Deutungsmuster: Verfolgungswahn gegen Ehebruch. Welchem der beiden Ehegatten der Behördenvertreter mehr glaubte, ist in den Akten nicht vermerkt, wohl aber der Entscheid, der Physikus (Stadtarzt) werde «um Untersuchung des B. u. bez. Bericht ersucht».[15] Aus dem privaten Unglück ist ein öffentlicher Fall geworden mit unmittelbaren Konsequenzen für Ernst B. Unverzüglich wird er in das Untersuchungsgefängnis und danach in die Irrenanstalt gebracht.

Ernst B., geboren am 18. Oktober 1856 in Büren an der Aare (Kanton Bern), liess sich im Jahre 1884 in Basel nieder.[16] 1886 heiratete er Sophie Karoline F., geboren am 17. August 1864 in Harnberg (Grossherzogtum Baden). Als sein Beruf wird in den Akten durchwegs «Coiffeur» angegeben; seine Frau übte zeitweise die gleiche Tätigkeit aus, ging aber später anderen Beschäftigungen nach. Auf die Klage der Frau hin wurde die Ehe durch das Urteil des Basler Civilgerichts vom 14. Oktober 1897 geschieden. Am 14. November 1898 verheirateten sich die beiden in Basel von neuem, aber am 22. Februar 1902 liessen sie sich vom Amtsgericht Büren an der Aare, wo Ernst B. damals lebte, erneut und endgültig scheiden. Schon diese knappe Chronologie lässt ahnen, wie eng die Fallgeschichte des Ernst B. mit der Lebensgeschichte seiner Frau verbunden ist.

Die Krankengeschichte des Ernst B. beginnt am 18. Juli 1894, als seine Frau die Polizei aufsucht, um sie «auf den Zustand ihres Mannes aufmerksam zu machen»,

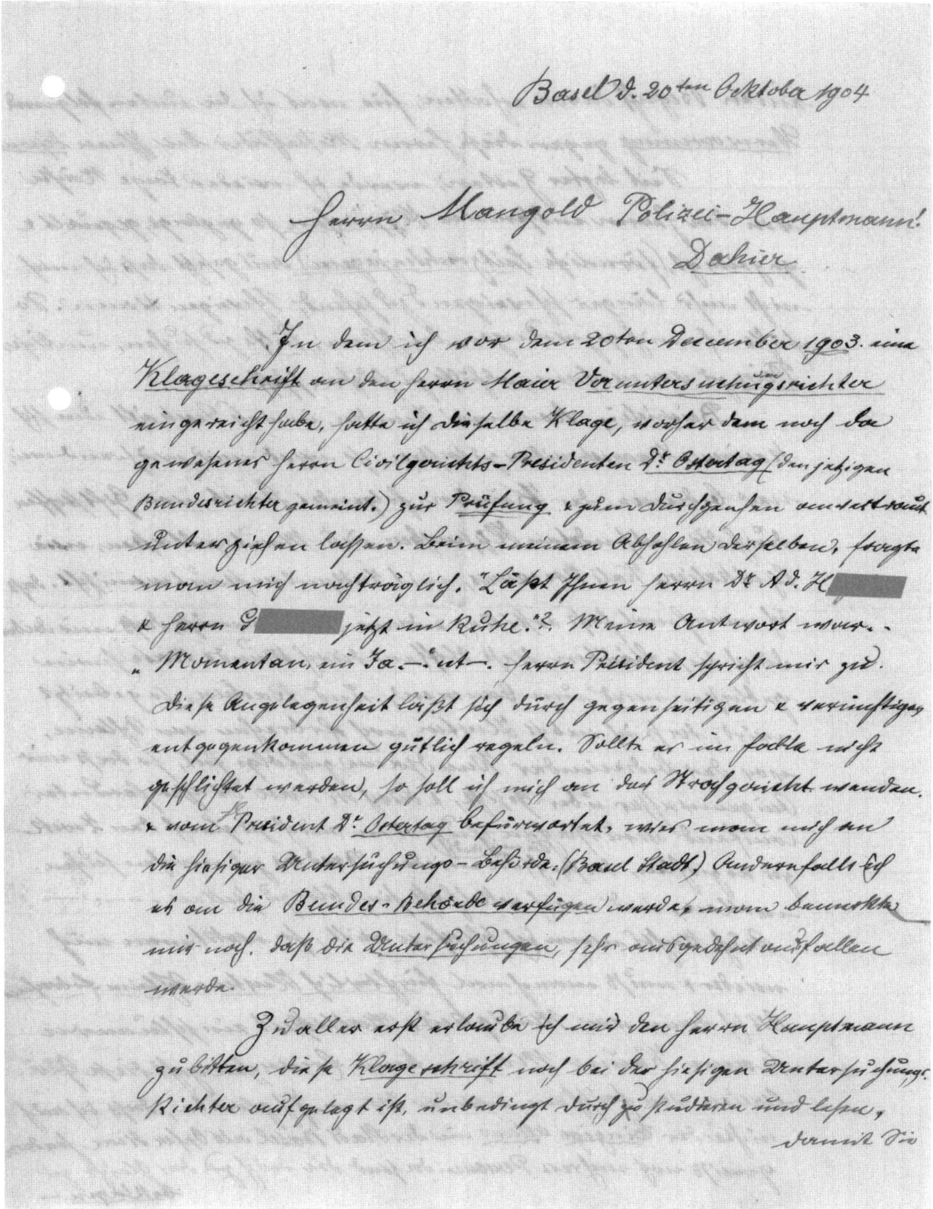

Basel d. 20ten Oktober 1904

Herrn Mangold Polizei-Hauptmann!
Dahier.

Da dem ich vor dem 20ten December 1903. eine Klageschrift an den Herrn Maier Voruntersuchungsrichter eingereicht habe, hatte ich dieselbe Klage, vorher dem noch den gewesenen Herrn Civilgerichts-Präsidenten Dr. Ostertag (den jetzigen Bundesrichter gemeint.) zur Prüfung & zum Durchsehen unterziehen lassen. Beim meinem Abholen derselben, fragte man mich nachträglich. „Läßt Ihnen Herrn Dr. A. d. H[redacted] & Herrn G[redacted] jetzt in Ruhe.“? Meine Antwort war. „Momentan, ein Ja-„ut-. Herrn President spricht mir zu. diese Angelegenheit läßt sich durch gegenseitigen & vernünftigen entgegenkommen gütlich regeln. Sollte er in Folge nicht gepflichtet werden, so soll ich mich an das Strafgericht wenden. & vom President Dr. Ostertag befürwortet, wies man mich an die hiesigen Untersuchungs-Behörde. (Basel Stadt) Andernfalls ich ich an die Bundes-Behörde verfügen werde, man bemerkte mir noch. daß die Untersuchungen, sehr ausgedehnt ausfallen werde.

Zu allererst erlaube ich mir den Herrn Hauptmann zu bitten, diese Klageschrift noch bei der hiesigen Untersuchungs-Richter aufgelegt ist, unbedingt durch zu studieren und lesen, damit Sie

Brief von Ernst B. an Polizeihauptmann Mangold. Basel 20.10. 1904
StABS, Sanität T 13.1. Einzelne Geisteskranke, 1894–1912. Transkription auf S. 209f.

16

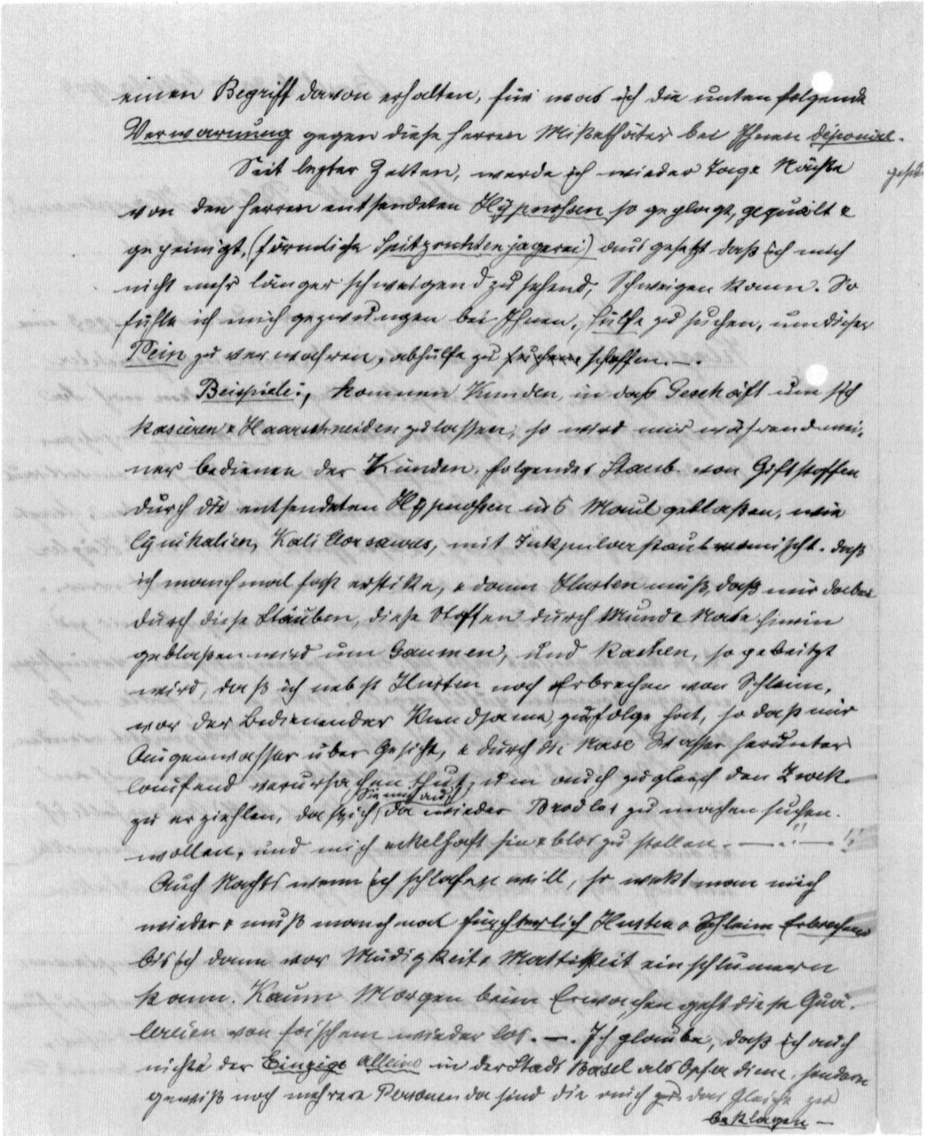
einen Begriff davon erhalten, für was ich die unten folgende
Verwarnung gegen diese Herren Missethäter bei Ihnen deponiere.
Seit längerer Zeit, werde ich wieder lange Nächte
von den Herren entsandten Hypnosen so geplagt, gequält u.
gepeinigt, (förmliche Spitzrichterjagerei) und gehetzt, dass ich mich
nicht mehr länger schweigend zusehend, schweigen kann. So
fühle ich mich gezwungen bei Ihnen, Hülfe zu suchen, um dieser
Pein zu [illegible], abhülfe zu [illegible] schaffen. —.
Beispiele:, kommen Kunden, in das Geschäft um sich
rasieren u. Haarschneiden zu lassen; so wird mir während mei-
nes bedienen der Kunden, folgendes Staub von Giftstoffen
durch die entsandten Hypnosen ins Maul geblasen, wie
Chemikalien, Kali Chlorsaures, mit Insektpulver staub vermischt. dass
ich manchmal fast ersticke, u. dann Husten muss, dass mir dabei
durch diese Stäuben, diese Stoffe durch Mund u. Nase hinein
geblasen wird ums Gaumen, und Rachen, so gebeitzt
wird, dass ich [illegible] Husten noch Erbrechen von Schleim,
vor der bedienender Kundschaft, zu Folge hat, so dass mir
Augenwasser über Gesicht, u. durch die Nase Wasser herunter
laufend [illegible], um auch zugleich den Zweck
zu erzielen, das [illegible] wieder Brodlos zu machen suchen.
wollen, und mich ekelhaft hin u. bloss zu stellen. — — !
Auch Nachts wenn ich schlafen will, so weckt man mich
wieder u. muss manchmal fürchterlich Husten u. Schleim Erbrechen
bis ich dann vor Müdigkeit u. Mattigkeit einschlummern
kann. Kaum Morgen beim Erwachen geht diese Quä-
lereien von frischem wieder los. —. Ich glaube, dass ich auch
nicht der Einzige allein in der Stadt Basel als Opfer diene, sondern
gewiss noch mehrere Personen da sind die sich [illegible] dem gleichen zu
beklagen —

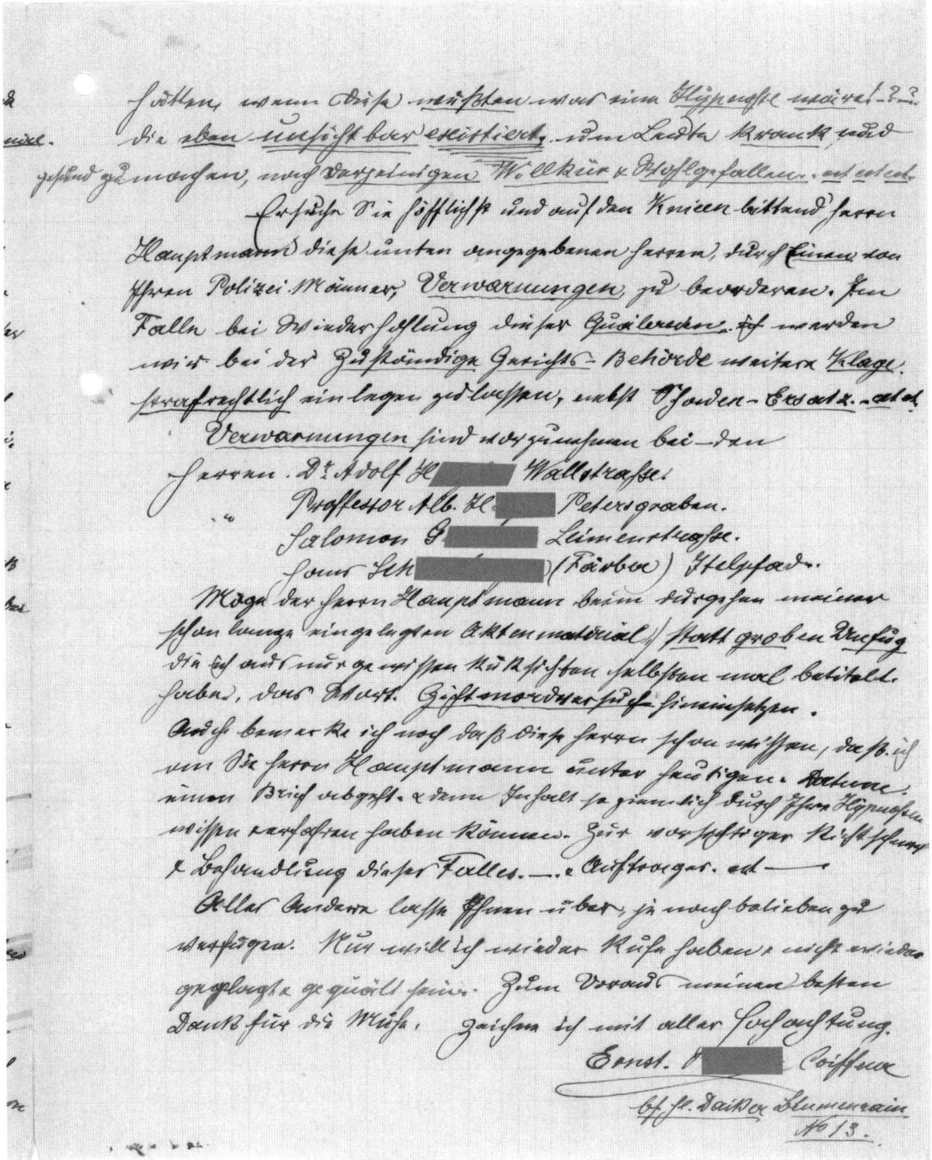
hätten, wenn diese wüssten was eine Hypnose wäre? – ?
die eben unsichtbar existiert, den Leuten krank, und
gesund zu machen, nach derjenigen Willkür & Wohlgefallen. etc. etc.
Ersuche Sie höflichst und auf den Knieen bittend Herrn
Hauptmann diese unten angegebenen Herren, durch einen von
Ihren Polizei-Männer, Verwarnungen, zu beordern. Im
Falle bei Wiederholung dieser Quälereien, ich werden
wir bei der zuständigen Gerichts-Behörde weitere Klage.
strafrechtlich einlegen zu lassen, nebst Schaden-Ersatz. etc.
Verwarnungen sind vorzunehmen bei den
Herren. Dr. Adolf H[redacted] Wallstrasse.
Professor Alb. H[redacted] Petersgraben.
Salomon G[redacted] Leimenstrasse.
Herr Sch[redacted] (Färber) [illegible].
Möge der Herr Hauptmann beim Durchsehen meiner
schon lange eingelegten Aktenmaterial, statt groben Unfug
die ich auch nur gewissen Kulturschichten selbsten mal betitelt
habe, das Wort. Giftmordversuch hineinsetzen.
Auch bemerke ich noch dass diese Herren schon wissen, dass ich
an Sie Herrn Hauptmann unter heutigem Datum
einen Brief abgeschickt & dann Inhalt so ziemlich durch Ihren Hypnosen
wissen erfahren haben können. Zur vorsichtiger Rücksichtnahme
& Behandlung dieses Falles. – & Auftrages. etc –
Alles Andern lasse Ihnen über, je nach belieben zu
verfügen. Nur will ich wieder Ruhe haben & nicht wieder
geplagt & gequält sein. Zum Voraus meinen besten
Dank für die Mühe. zeichne ich mit aller Hochachtung.
Ernst [redacted] Coiffeur
bei Hr. Daitker Blumenrain
No 13.

denn dieser «leide wahrscheinlich an Verfolgungswahn».[17] Ernst B. wird auf Antrag des Physikus am 19. Juli in die Irrenanstalt Friedmatt eingeliefert und am 24. August wieder entlassen. Wegen eines Selbstmordversuchs wird er vom 28. Februar bis zum 27. März 1899 wieder in der Friedmatt hospitalisiert. Schliesslich wird er am 8. November 1904 auf Antrag des Basler Amtsarztes in die Irrenanstalt Münsingen in seinem Heimatkanton gebracht. Schon vom 12. März bis zum 16. April 1903 war er dort behandelt worden. In Münsingen bleibt er bis zu seinem Tod am 2. Februar 1923. Fast 30 Jahre dauert seine Krankengeschichte.

Die Fallgeschichte, die ich hier entwerfe, folgt der Spur, die Sanitäts- und Justizbehörden hinterlassen haben, und kombiniert Elemente, die sich verschiedenen Aktenbeständen entnehmen lassen. Was sie von anderen, vergleichbaren Fällen unterscheidet, ist, dass der Betroffene, Ernst B., durch das Selbstzeugnis, das dem Dossier beiliegt, sein eigenes Profil zur Geltung bringt. Er erzählt im Text «Meine Erlebnisse: Klage & Beschwerde-Bericht,: und Rapport. [...]» auf 27 engbeschriebenen Seiten (und in den Begleitbriefen an Polizeihauptmann Mangold) seine eigene Fallgeschichte.

Ernst B. berichtet, wie er 1901 wegen seiner Erkrankung seinen Beruf aufgegeben habe und von Basel weggezogen sei. Schwerkrank habe er sich zu seinem Bruder in Büren begeben, wo er dank ärztlicher Hilfe gesund wurde. Während seiner Krankheit sei er von Salamon G. und Dr. Adolph H., den beiden Hypnotiseuren, «gequält, gemartert und gepeinigt» worden (S. 4). Nur in der Irrenanstalt, in die ihn sein Arzt einwies, hätten sie ihn verschont. Nachdem er geheilt entlassen worden sei, hätten ihn seine Peiniger weiterverfolgt. Bereits 1893 hätten ihn G. und H. erstmals hypnotisiert, seither stehe er unter ihrem «magnetischem Einfluß» (S. 8). Ernst B. beschreibt, wie die beiden Männer ihn beobachteten, mittels «Gehirnsthelegraphie» (S. 10) seine Gedanken läsen, ihm so das Rezept eines Schönheitswassers aus dem Kopf gestohlen hätten und damit viel Geld verdienten. Mit Giftstoffen, die sie in seine Lunge bliesen, reizten sie ihn so, dass er seinen Beruf nicht mehr ausüben könne. Die Hypnotiseure wollten ihn ruinieren, für immer in die Irrenanstalt bringen. Dann könnten sie über ein von ihnen unterschlagenes Testament frei verfügen und noch mehr Reichtum anhäufen. Ernst B. erwähnt seinen Selbstmordversuch von 1899, zu dem er, wie er meint, von den Hypnotiseuren gezwungen worden sei. Er beschreibt, wie es der Hypnotiseur Salomon G. geschafft habe, ihm sein Eigentum, das Haus an der Küchengasse, abzunehmen, indem er seine Gläubigerbank zur Aufkündigung der Hypothek veranlasst habe: «Mußte mir die Handwerkerbank, dem G. gehörende Faustpfand Hypotheke auf seine Befehle hin Alles künden» (S. 15), um ihn «vollständig [zu] ruinieren», so dass er «versimple» und «verarmt» (S. 16). Ernst B. schliesst seinen «Rapport» mit einer Liste von 53 Personen, die als «triftige Zeugen» über die Machenschaften der Hypnotiseure aussagen könnten, und fordert die Justizbehörden auf, gegen die genannten Hypnotiseure vorzugehen (S. 26).

Der «Rapport» ist ein vielschichtiger Text, der sich nur durch eine Mehrfachlektüre wirklich erschliesst. Dennoch lässt er sich leichter lesen, als es scheinen mag. Man kann der Schreibintention des Verfassers folgen oder ihn gegen den Strich lesen, indem man sich auf Passagen und Sätze konzentriert, die von den stilistischen, syntaktischen, grammatikalischen und orthographischen Normen abweichen. Man kann einen semantischen Ansatz wählen oder eine performative Lektüre versuchen. Immer ergeben sich überraschende und aufschlussreiche Lektürebeobachtungen. Der «Rapport» ist ein Versuchsfeld für Leseexperimente mit ungewissem Ausgang, mit Durchblicken, die den Zeitgenossen wie dem angesprochenen Polizeihauptmann verschlossen blieben. Auch und gerade an einem Text dieser Art kann sich das Postulat der Dialogizität, eines Hin und Hers zwischen Leser und Text bewähren.[18] Wer nicht so verfährt, objektiviert und verdinglicht den Text des Ernst B., unterwirft ihn einer gleichsam diagnostischen Perspektive, auch wenn es nicht die psychiatrische wäre, und nimmt ihm damit die Kontingenz, die ihn auszeichnet. Dialogizität meint ferner eine Haltung, welche die Distanz zum Text und seinem Verfasser nicht verliert, sondern sich der eigenen Denkbewegungen und Interpretationshorizonte bewusst bleibt.

Folgt man den expliziten Hinweisen des Verfassers, der über seinen «Rapport» den Titel «Meine Erlebnisse» setzte, findet man in seinem «Schriftstük» eine Reihe von Erlebnisberichten, die als Geschichten konzipiert sind. Dazu gehören neben der Krankengeschichte auch die Darlehensgeschichte und die Hypnosegeschichte. Beide sind wichtig, wenn man sich eine politische Lektüre des «Rapports» vornimmt. *Politisch* ist die Lektüre, die ich vorschlage, nicht darum, weil sie sich an einem bestimmten politischen Programm (und sei es an einer psychiatrischen Reformbewegung) orientiert, sondern weil sie den Kranken, um den sich der Fall dreht, als Citoyen ernst nimmt. Gemeint ist eine Lektüre, die dem Objekt administrativer Massnahmen, das die Akten dokumentieren, seine Mündigkeit nicht abspricht, um einen Ausdruck der politischen Rhetorik aus dem 19. Jahrhundert zu verwenden. Der Akt sozialer und politischer Anerkennung, den der Begriff des Bürgers konstituiert, ist es, den das Wort *politisch* ausdrückt, mit der konkreten Konsequenz, Ernst B. – wie verwirrend sein Text auch erscheinen mag – beim Wort zu nehmen, mit überraschenden Folgen für die Fallgeschichte.

Die erste Geschichte des Ernst B., an der sich diese Lektüre bewährt, handelt vom Verlust seines Hauses im Basler Bahnhofquartier. Weil Ernst B. Namen und Adressen der Beteiligten nennt und weil der Kauf und Verkauf von Liegenschaften und die hypothekarischen Belastungen amtlich registriert wurden, lässt sich seine Darstellung anhand des Notariatsarchivs und der Eintragungen im Grundbuchamt überprüfen.[19] Gemäss den Angaben im Notariatsarchiv kaufte Ernst B. am 31. August 1895 die Liegenschaft Küchengässlein 16 (ehemals Centralbahnplatz N° 6). Der Kaufpreis betrug 45 000 Franken. Für Ausbauarbeiten waren weitere 6000 Franken nötig. Aus

Eigenmitteln konnte Ernst B. nur 4000 Franken aufbringen, den Rest des Kaufpreises musste er durch Aufnahme zweier Hypotheken finanzieren. Er nahm bei einer Bank einen Kredit über 27 500 Franken auf. Seine Frau bürgte mit ihrem Vermögen. Weiter verschuldete sich Ernst B. beim Verkäufer des Hauses mit 19 500 Franken. Weil dieser Gläubiger die Schuld an Salomon G. abtrat, wurde Ernst B. zu dessen Schuldner. Nach der Scheidung von seiner Frau wurde B. zum alleinigen Besitzer des Hauses an der Küchengasse. Er zahlte einen Teil der Schuld zurück, und Salomon G. zedierte den verbliebenen Betrag von 15 000 Franken an die Handwerkerbank Basel. Der letzte Eintrag im Grundbuchamt datiert vom 8. August 1901. Er hält fest, dass das Haus Küchengässlein 16 durch das Betreibungs- und Konkursamt infolge einer Grundpfandbetreibung zwangsversteigert worden sei. Der Käufer war niemand anderes als Salomon G., der frühere Gläubiger von Ernst B. Der Preis, den er für das Haus bezahlte, betrug 43 000 Franken, lag also um 8000 Franken tiefer als der Preis, den Ernst B. sechs Jahre zuvor dafür hatte aufbringen müssen. Die formelhaften Eintragungen in den Notariatsakten dokumentieren den wirtschaftlichen Niedergang des Ernst B. und die Konflikte mit seinen Gläubigern. Vor allem ergibt sich daraus, dass sein Gläubiger, der Käufer seines Hauses, niemand anderes war als sein «Peiniger», der Hypnotiseur Salomon G. Sehr genau entsprechen die Angaben in den Notariatsakten der Darlehensgeschichte im «Rapport».

Während sich der Bericht von Ernst B. über den Verlust seines Hauses durch die Nachforschungen im Notariatsarchiv als wahre Geschichte herausstellt, erschliesst sich der Wahrheitsgehalt der zweiten, der Hypnosegeschichte durch eine weitere Lektüre im Falldossier. Dort findet sich eine in den USA erschienene Broschüre mit dem Titel «Die Philosophie des persönlichen Einflusses. Eine wissenschaftliche Abhandlung über die Anwendung und Möglichkeiten von Persönlichem Magnetismus, Hypnotismus, Mesmerismus, Suggestiver Heilkunde, Magnetischer Heilung und verwandten Erscheinungen. Zusammen mit einem Kapitel über ‹Wie die Macht erlangt wird›. Illustriert mit tatsächlichen hypnotischen Szenen»[20]. Es handelt sich um eine Reklameschrift, die für einen Kurs über Hypnose wirbt. Dass Ernst B. die Broschüre gelesen hat, zeigen die Unterstreichungen und Randbemerkungen von seiner Hand. Weniger der Inhalt der Broschüre selbst erweist sich als aufschlussreich als vielmehr die Auseinandersetzung des Ernst B. mit demselben. Denn Ernst B. hat die Broschüre nicht gelesen, um zu Reichtum und Macht zu gelangen, wie darin versprochen wird, sondern aus der Perspektive des Opfers hypnotischer Beeinflussung durch mächtige Herren. So notiert er zur Passage, in der versprochen wird «Wir erklären, wie die Herztätigkeit beschleunigt oder verzögert werden kann»: «Auch bei mir, B., hat daran zu leiden gehabt, um Herzschlag und Hirnschlag zu fördern» (S. 75). Die Schrift bewies ihm, dass er – und seine Frau – der Macht hypnotischer Einflüsse unterworfen waren. Durch seine Unterstreichungen, Ankreuzungen und Randbemerkungen versah Ernst B. die

Broschüre mit einem neuen, negativen Vorzeichen. Er ergänzte die «Philosophie des persönlichen Einflusses» um ihre fehlende Hälfte, nämlich die Einsicht, dass Machtgewinn für die einen Abhängigkeit für die anderen bedeutete, dass Reichwerden der einen mit der Verarmung der anderen gekoppelt war. Es ist der Kommentar eines Menschen, der sozial abgestiegen, wirtschaftlich verarmt und krank geworden war.

Keiner der zeitgenössischen Texte, die in diesem Buch abgedruckt sind, spricht für sich selbst. Nicht nur sind Protokolle und Gutachten serielle Produkte einer Verwaltungspraxis, die ihren eigenen Regeln folgte. Sie sind auch Teil und Ausdruck konkreter Interaktionen im Rahmen der administrativen Verfahren. Die Stimmen der an ihnen Beteiligten hören und wahrnehmen kann nur, wer sich die Kommunikations- und Handlungskontexte vergegenwärtigt, in denen sie sich artikulierten. Doch ist es der Lesekontext von heute, der diesen Stimmen Resonanz und ihren Äusserungen gegenwärtigen Sinn verleiht.

1 Vgl. dazu auch MARTIN SCHAFFNER: Missglückte Liebe oder Mitteilungen aus Paranoia City. In: INGRID BAUER u.a. (Hg.): Liebe und Widerstand. Wien/Köln 2005, 243–254.
2 Zur Geschichte der Archivierung vgl. CORNELIA VISMANN: Akten. Medientechnik und Recht. Frankfurt a.M. [2]2001.
3 Vgl. MARTIN SCHAFFNER: Geschichte des politischen Systems von 1833 bis 1874. In: LUKAS BURCKHARDT u.a. (Hg.): Das politische System Basel-Stadt. Basel 1984, 37–53.
4 ARLETTE FARGE: Le goût de l'archive. Paris 1989.
5 MICHEL FOUCAULT: La vie des hommes infâmes. In: DERS.: Dits et Écrits 1954–1988. Herausgegeben von Daniel Defert und François Ewald unter Mitarbeit von Jacques Lagrange. Paris 1994, Bd. III, 237–253, hier 238.
6 ARLETTE FARGE: Michel Foucault et les archives de l'exclusion («La vie des hommes infâmes»). In: Penser la folie. Essais sur Michel Foucault. Paris 1992, 65–78, hier 75.
7 Vgl. dazu: PETER BECKER / WILLIAM CLARK (Hg.): Little Tools of Knowledge. Historical Essays on Academic and Bureaucratic Practices. Ann Arbor (The University of Michigan Press) 2001; PETER BECKER: Überlegungen zu einer Kulturgeschichte der Verwaltung. In: Jahrbuch für europäische Verwaltungsgeschichte (JEV) 15 (2003), 1–26.
8 Die folgenden Passagen sind meinem Aufsatz «Missglückte Liebe oder Mitteilungen aus Paranoia City» entnommen (vgl. Anm. 1).
9 Staatsarchiv Basel (StABS), Sanität T 13.1. Einzelne Geisteskranke, 1894–1912. Polizeirapport von Georg Haller. Basel 18.7. 1894.
10 Ebd.
11 StABS, Sanität T 13.1, Vernehmungsprotokoll von Georg Haller. Basel 19.7. 1894.
12 GREGORY BATESON: A Theory of Play and Fantasy. In: DERS.: Steps to an Ecology of Mind. New York 1972, 177–193; dt. Eine Theorie des Spiels und der Phantasie. In: DERS.: Ökologie des Geistes. Frankfurt a.M. 1981, 241–260.
13 ERVING GOFFMAN: Frame Analysis. An Essay on the Organization of Experience. New York 1974; dt. Rahmen-Analyse. Ein Versuch über die Organisation von Alltagserfahrungen. Frankfurt a.M. 1980.
14 GOFFMAN, Rahmen-Analyse, 31 und 22.
15 StABS, Sanität T 13.1, Vernehmungsprotokoll von Georg Haller. Basel 19.7. 1894.
16 Ernst B. hat am 12. April 1884 von der Niederlassungskontrolle Basel eine Aufenthalts- und am 15. Mai 1885 die Niederlassungsbewilligung erhalten.
17 StABS, Sanität T 13.1, Polizeirapport von Georg Haller. Basel 18.7. 1894.
18 MARTIN SCHAFFNER: Research and its Objects: The Case for an Ethics of Dialogue. In: GÉRALD BERTHOUD u.a. (Hg.): The Responsible Scholar. Ethical Considerations in the Humanities and Social Sciences. Canton (Watson Publishing) 1996, 203–214, hier 212.
19 Für Recherchen im Notariatsarchiv bedanke ich mich bei Dr. F. Kurmann, Bremgarten. Vgl. StABS, Notariatsarchiv Basel 1104, Karl Bischoff. Contractenprotocoll Nr. 7.
20 Als Druckort wird angegeben: New York Institute of Science. Rochester N.Y. USA.

Wie Liebende
Das Ehepaar Lina und Ernst B.

Caroline Arni

> Jeder Liebende ist verrückt, glaubt man.
> Vermag man sich aber auch einen liebenden
> Verrückten vorzustellen?
>
> Roland Barthes, Fragmente einer Sprache der Liebe, 1977

An einem Julitag 1894 überkommt Ernst B. ein Zittern. So sehr zucken ihm die Glieder, dass er nicht arbeiten kann. Seine Sinne aber sind geschärft, sein Gehör ist ein feines und trägt ihm Ungutes zu: Seine Frau, erzählt Ernst B. am 19. Juli 1894 dem Basler Stadtarzt, höre er mit «andern» sprechen und verkehren. So klopfe einer, wenn er ihn, B., schlafend glaube, nachts an die Tür; ein anderer, wenn er ihn, B., todkrank auf dem Kanapee wisse, «halte es» mit seiner Frau. Mit diesen anderen mochte sie gar im Bunde sein, denn mit ihnen hörte Ernst B. sie über seinen Gesundheitszustand reden. Mit ihnen mochte sie sich gegen ihn verschworen haben, als sie ihm am 7. Juli das «Gift in die Suppe» gemischt hatte, das ihn zittern machte und ihn die Suppe zum Apotheker tragen liess.[1] Ein Gift sei es gewesen, «ganz hell [...] wie Wasser», «das neueste», ein Gift, nach dessen Namen Ernst B. sich beim Apotheker Hagenbach erkundigt, ein namenloses Gift also, noch unbekannt und unsichtbar und vielleicht gar unerkannt, ein Gift aber, um dessen Existenz Ernst B. weiss, hat er es doch an seinem ganzen zitternden Leib gespürt.[2]

Solche Gewissheit des Ernst B. um die Männer im Haus mochte es gewesen sein, die nicht nur die Frage nach der Treue der Ehefrau, sondern auch die Frage nach einer möglicherweise krankhaften Eifersucht des Ehemannes aufwarf. Und solche Gewissheit des Ernst B. um das Gift in der Suppe mochte es gewesen sein, die Dr. Lotz von den «Hallucinationen des Gehörs» und der «Geistesstörung» des Ernst B. überzeugte.[3] Doch was in solcher Gewissheit um *andere* (Männer) und eine unerkannte Substanz zum Ausdruck kommt, ist ein Verlangen und Suchen nach Gewissheit: Ernst B. schärft seine Sinne und trägt die Suppe im Gefäss zum Apotheker. Und so lässt sich vermuten: In solcher Gewissheit kommt ein Empfinden von Ungewissheit zum Ausdruck, ein Unbehagen an Dingen, die vor sich gehen, ohne dass sie offensichtlich sind, Dinge, von denen Ernst B. vernimmt – er hört die Gespräche und fühlt seinen Leib zittern –, die er sich aber von Gehör und Blick anderer kaum bestätigen lassen kann: Die Stimmen flüstern, die *anderen* kommen in der Dunkelheit der Nacht, das Gift ist *ganz hell wie Wasser*. Im Gift aber, dieser durchsichtigen, namenlosen, nicht fassbaren Substanz, die ein Zittern verursacht und auf den Tod ausgeht, offenbart sich das Ungewisse als Bedrohliches. Da es die Hand der Frau ist, durch die das Gift in Ernst B.s Körper gelangt, verklammert sich hier, so ist zu vermuten, Ernst B.s Erfahrung der Welt mit der Erfahrung einer Ehekrise.

Zueinander und auseinander. Geschichte einer Ehe

Am 4. Mai 1886, ein Vierteljahr nachdem sie sich kennengelernt hatten, heirateten in Basel Karl Ernst Friedrich B. aus Büren an der Aare, Coiffeur, geboren 1855, und Sophie Karoline F. aus dem badischen Waldkirch, Coiffeuse und spätere Kioskbesitzerin und Zigarrenverkäuferin, geboren 1864. Knapp ein Jahr danach kam ein Sohn zur Welt, 1889 eine Tochter. Vier Jahre später setzen die in den hier edierten Akten dokumentierten Turbulenzen in der Geschichte des Ehepaars ein.

Zwischen dem 1. Juni 1893 und dem 12. März 1894 erscheinen Lina und Ernst B. mindestens fünfmal vor dem Zivilgerichtspräsidenten der Stadt Basel, der nicht nur als Scheidungsrichter, sondern auch als vermittelnde Anlaufstelle für Ehestreitigkeiten amtiert.[4] Lina B. beklagt sich über die unbegründete Eifersucht ihres Mannes, er sich über ihre Untreue; bezichtigt sie ihn der Misshandlung, begründet er solche mit Aggressionen von ihrer Seite. Am 8. März 1894 schliesslich deklariert Ernst B. seine Absicht, eine Scheidungsklage einzureichen, die er aber bereits vier Tage später widerruft, da er sich im Ehebruch seiner Frau geirrt habe.

Aktenkundig werden die Ehestreitigkeiten des Ehepaars B. nicht nur beim Zivilgericht. Am 18. Juli 1894 erscheint Lina B. auf dem Polizeidepartement, um, wie es im Rapport heisst, dieses «auf den Zustand ihres Mannes aufmerksam zu machen». Dieser sei «dem Trunke ergeben», sein «Geisteszustand» sei besorgniserregend, und von einem Arzt «wolle er nichts wissen». Lina B. weist bei diesem Anlass auch darauf hin, dass sie im vergangenen März bei der Abteilung für Strafsachen wegen Misshandlung Klage gegen ihren Mann erhoben, diese aber auf dessen «Drängen und Bitten» wieder zurückgezogen habe.[5] Am darauffolgenden Tag, dem 19. Juli, wird Ernst B. vom Polizeidepartement vorgeladen. Dem Polizeibeamten berichtet er von der vergifteten Suppe, davon, dass seine Frau ihn «nicht leiden» könne, sich mit seinem Gehilfen und einem Maler abgebe, hingegen ihn selbst «überhaupt nicht als Mann» behandle. Deswegen trinke er «hier und da aus Verdruss und Verzweiflung ein Glas zu viel». «Verwirrt» sei er nicht, doch «infolge der vorkommenden Unannehmlichkeiten in letzter Zeit sehr aufgeregt».[6]

Auf Veranlassung des Polizeidepartements wird Ernst B. noch gleichentags vom Stadtarzt untersucht und auf dessen Diagnose einer halluzinatorischen Geistesstörung hin in die Irrenanstalt Friedmatt eingewiesen. Am 2. August bittet Lina B. den «Herrn Doktor der Irrenanstalt, Basel», ihren Mann «besuchen zu dürfen» – schriftlich bringt sie diese Bitte an, da sie ihn, den Doktor, «heute per Telephon nicht genügend verstanden» habe.[7] Dieser Bitte wird stattgegeben, und Lina B. besucht ihren Ehemann am 5. und 12. August; bei diesen Besuchen sei er, so steht im Krankenbericht zu lesen, «gegen dieselbe sehr freundlich» gewesen.[8] Am 14. August bittet sie um die Rückkehr ihres Mannes: «Da ich finde, daß mein Mañ sehr gut zuweg ist – auch er fühlt sich sehr gut u. verlangt so bald wie nur möglich wieder seinem Geschäft vorstehen zu köñen.» Die Ärzte teilen diese Einschätzung zunächst nicht und bescheiden Lina B., sie solle «Anfang der nächsten Woche wieder anfragen».[9] Tatsächlich erneuert sie nur sechs Tage später ihre Bitte um dringende Entlassung ihres Mannes, da wegen des St. Jakobs-Fests am Wochenende viel Arbeit auf den Coiffeurladen B. zukomme und ihr Mann, wie sie finde, «jetzt gesund» sei.[10] Ernst B. wird in der gleichen Woche entlassen.

Zwei Jahre später, im August 1896, erscheint Ernst B. wieder vor dem Stadtbasler Zivilgerichtspräsidenten und kündigt eine Scheidungsklage an, die er schliesslich am 4. September einreicht. Erneut bezichtigt er seine Frau des Ehebruchs. Lina B. bestreitet dies und macht ihrerseits geltend, ihr Mann vernachlässige sie, treibe sich in Wirtshäusern herum, zanke sich unablässig mit ihr und misshandle sie, und deshalb verlange auch sie die Scheidung. Am 14. Oktober sprechen die Richter diese aus überwiegender, aber nicht alleiniger Schuld der Ehefrau aus.

In diesen Tagen wird Lina B. ein drittes Mal schwanger; Ende Juli 1897 bringt sie eine zweite Tochter zur Welt. Anderthalb Jahre später, im November 1898, heiraten Ernst und Lina B. ein zweites Mal in Basel – und lassen sich 1902 in Büren an der Aare im Kanton Bern erneut scheiden. Diesmal tritt die Ehefrau als Klägerin auf, doch verlangen beide einvernehmlich die Scheidung auf der Grundlage einer im voraus abgeschlossenen Konvention.

Im Streit zu dritt.
Lina B., Ernst B. und die staatlichen Instanzen

Mit drei staatlichen Instanzen verknüpft sich die Geschichte des Ehepaares B. in den Jahren 1894 bis 1902: Beide, Ernst und Lina B., richten sich direkt oder vermittelt an das Zivilgericht, die Polizei und die Irrenanstalt. Sie setzen sich zur Wehr gegen die Zumutungen des jeweils anderen, indem sie den Zwist aus den vier Wänden und das Unbehagen aus dem Alltag vor die dafür als zuständig erklärten Richter und Beamten und ‹Experten› tragen. In dieser Verschlingung von persönlichen Ehestreitigkeiten und deren ‹Behandlung› durch staatliche Instanzen spiegelt sich gerade im Krisenfall die grundsätzliche Verfasstheit der Ehe, die einerseits eine persönliche Beziehung ist und andererseits eine juridische Institution und ein Element soziopolitischer

Ordnung.[11] Das zunächst verwirrend ungeordnete Hin und Her von wechselnden Motivlagen, in dessen Verlauf Lina und Ernst B. zu unterschiedlichen Zeiten unterschiedliche Initiativen zur Bewältigung der Ehekrise ergreifen, lässt denn auch bei genauerem Hinsehen durchaus strukturierte Handlungsweisen im Umgang mit Ehekrisen erkennen.

In den Jahren 1893 und 1894 wird ein verzweifelter, darin aber auch beinahe virtuoser Gebrauch wechselnder, jeweils dem Gang der Dinge und der Situationsdynamik angepasster Strategien der Krisenbewältigung deutlich. Ganz gezielt nutzt Lina B. das Appellieren an eine staatliche Instanz als eigentliche ‹Krisenintervention›. Sie zeigt ihren Mann bei der Abteilung für Strafsachen und einige Monate später bei der Polizei an, was diesem den ersten Aufenthalt in der Irrenanstalt einbringt. Eine solche Intervention, die auf eine vorübergehende Trennung oder auch nur auf das Schlichten von Streit zielt, kann indes auch im Sinne einer Ultima ratio in eine Initiative zur endgültigen Trennung münden: Im Verlauf der im Frühjahr 1894 geführten Auseinandersetzung vor dem Zivilgerichtspräsidenten steigert sich Ernst B.s Unbehagen an den ehelichen Zuständen bis zum Scheidungsvorhaben. Doch ebenso bestimmt, wie die Eheleute B. diese Initiativen zur zeitweiligen oder endgültigen Trennung ergreifen, so bestimmt unterbrechen sie die angeschobene Entwicklung wieder: Ernst B. bricht im März sein Scheidungsvorhaben fast brüsk ab, Lina B. zieht zur selben Zeit ihre Strafklage zurück und verlangt im Sommer ihren Mann resolut aus der Irrenanstalt zurück.

Die involvierten Instanzen setzen dem keinen Widerstand entgegen. Das verwundert nicht, gehörte es doch gerade zur Aufgabe etwa des Zivilgerichtspräsidenten als Anlaufstelle in Ehestreitigkeiten, wenn immer möglich, Streit zu schlichten und eine Scheidung zu verhindern. Der Verzicht auf eine ins Auge gefasste Scheidungsklage entsprach somit durchaus den Intentionen von Richter und Gesetzgeber.[12] Auch ist es nicht ungewöhnlich, dass vor allem mittel- und unterschichtige Frauen bei Eskalationen von Ehestreitigkeiten ihre Ehemänner bei der Polizei anzeigten, um sie durch einen Aufenthalt auf dem Polizeiposten, im Gefängnis oder in einer Arbeitsanstalt zeitweilig vom gemeinsamen Haushalt fernzuhalten. Und nicht ungewöhnlich ist es, dass sie unter Umständen dann auch deren Entlassung oder Rückkehr betrieben. Da Lina B. auf die Mitarbeit des Ehemannes im gemeinschaftlich betriebenen Coiffeursalon angewiesen ist, verlangt sie vom Anstaltsdirektor seine Entlassung, und zwar mit wachsender Ungeduld. Dabei scheut sie sich nicht, mit den Ärzten um diagnostisches Wissen zu konkurrieren: Sie *findet,* ihr Mann sei *gut zuweg* und *jetzt gesund* und könne deshalb entlassen werden. Scheint die akute Gefährdung des ehelichen oder familialen Zusammenlebens durch den Ehemann gebannt, so tritt die Sicherung der ökonomischen Existenz der Familie wieder in den Vordergrund.[13] Und in dieser Intention treffen sich die Anliegen der Eheleute mit jenen der kommunalen Instanzen, denen am selbständigen Unterhalt familialer Existenzen – also an der Vermeidung von Armengenössigkeit und staatlicher Unterstützung – gelegen ist.[14]

Im Dreieck von Ehefrau, Ehemann und staatlichen Instanzen wird hier das Gleichgewicht zwischen einer im mindesten zumutbaren Qualität der ehelichen Beziehung einerseits und der Sicherstellung ökonomischen Überlebens durch die Einheit Familie im gewerblichen Mittelstand andererseits zu verschiedenen Zeitpunkten neu justiert. Für die Behörden heisst das: Die soziale Ordnung und die ökonomische Selbständigkeit der Familie werden gewahrt. Doch dieses Gleichgewicht ist diffizil und kann kippen. Letztes Mittel ist dann die Klage auf Scheidung. Wenn sich Lina und Ernst B. auch über die Gründe ihrer Entzweiung nicht einig sind, so sind sie es in ihrem Entschluss zur definitiven Trennung. Und das schweizerische Scheidungsrecht nach dem Zivilstands- und Ehegesetz von 1874 (im folgenden: ZEG, in Kraft von 1876 bis 1912) räumt hier den einzelnen Eheleuten und den Richtern einen weiten Handlungsspielraum ein.

1896 stehen sich die Klage des Ehemannes und die Widerklage der Ehefrau mit unterschiedlichen Begründungen des Scheidungswunsches und mit unterschiedlichen Forderungen betreffend den Zuspruch der Kinder und der güterrechtlichen Regelung gegenüber. Ernst B. klagt auf den bestimmten Scheidungsgrund des «Ehebruchs» nach ZEG Art. 46a, gegen den Lina B. sich mehr schlecht als recht zu verwahren vermag. Doch in dieser Situation kann sie sich ihrerseits auf den generellen Scheidungsgrund des «gemeinsamen Begehrens» nach ZEG Art. 45 berufen. Der Staatsanwalt und die Richter werden denn auch genau dies zusammen mit dem Scheidungsgrund der «tiefen Zerrüttung» nach ZEG Art. 47 aufgreifen, da sich der Ehebruch nicht zweifelsfrei nachweisen lässt und sie ausserdem Ernst B. als zumindest mitschuldig erachten.

Bei der zweiten Scheidung 1902 tritt das Ehepaar B. dann mit einer gemeinsam vorbereiteten Konvention vor das Scheidungsgericht: Gestützt auf die Scheidungsgründe des «gemeinsamen Begehrens» und der «tiefen Zerrüttung», verlangen sie einvernehmlich die Scheidung sowie den Zuspruch der Kinder an die Mutter (bei Verzicht auf Alimente seitens des Vaters) und eine Bestätigung der bereits erfolgten güterrechtlichen Auseinandersetzung.

Genau dieser Möglichkeit einer einvernehmlichen Scheidung schrieben um 1900 viele Politiker und Juristen die im europäischen Vergleich ausserordentlich hohe schweizerische Scheidungsrate zu.[15] Freilich wurde diese unterschiedlich interpretiert, nicht alle sahen in ihr eine nachgerade schändliche Moralstatistik. Doch unter dem Eindruck eines moralisierten Diskurses über eine «Krise der Ehe», die es doch angesichts der Verwerfungen der Moderne zu bestärken gelte, setzten sich die Forderungen nach einer Erschwerung der Scheidung durch: In den Sitzungen der Expertenkommission wurde im Jahr 1901 im Rahmen der Ausarbeitung des ersten schweizerischen Zivilgesetzbuches ein Scheidungsgesetz vorbereitet, das den Scheidungsgrund des einvernehmlichen Willens nicht mehr kennt und das 1907 vom Parlament angenommen werden und 1912 in Kraft treten sollte.[16]

Die verschlossene Tür. Lina B. spaziert, Ernst B. ist im Ungewissen

Was Ernst B. seiner Frau im Scheidungsprozess, den er 1896 einleitet, vorzuwerfen hat, ist rasch gesagt: Sie unterhalte «intime Beziehungen» mit einem Nachbarn und «verkehrte» ausserdem mit einem Oberkellner aus dem nahen Centralbahnhof, ja sie nehme von ersterem gar Geld an. Der Vorwurf des Ehebruchs ist ein schwerwiegender, doch in den seltensten Fällen lässt sich darüber ein eindeutiger Nachweis führen – und so werden in solchen Fällen Indizien relevant.

Was vor Gericht zu Indizien wird, das sind im Alltag und im Nebeneinander der Häuser und Eingänge, wo viele vieles sehen und hören, aufmerksam registrierte Zeichen. In der Klageschrift des Ernst B. und in den Aussagen der insgesamt 16 vor Gericht geladenen Zeuginnen und Zeugen – Gesellen des Coiffeursalons, Nachbarinnen des Ehepaars, Wirte umliegender Gasthäuser etc. – wimmelt es von solchen Zeichen. Lina B. wurde «Nachts 1½ Uhr in Gesellschaft» des Nachbarn angetroffen, sie sei, erinnert man sich, mit dem Oberkellner «oft bis Nachts spät in die Wirtschaften» gegangen, man sah sie mit dem Nachbarn «spazieren», sah, wie Männer sie «herumdrückten», wie sie und der Nachbar sich «kolossal freundlich» grüssten («dass man meinen könnte, sie wäre seine Geliebte, wenn sie nicht verheiratet wäre»), wie sie sich «auffällig mit Herren abgab», «Nachts» «in den Anlagen» oder «in der Wirtschaft», und wie sie «in seidener Taille bei ihm [dem Nachbarn] sass».[17]

So bemüht ums unverwechselbare Detail diese Aussagen einerseits sind, so typisiert sind sie andererseits. Mit dem *Spazieren* und dem Gang in die *Wirtschaften* werden eigentliche Topoi des Redens über Ehekrisen aufgerufen. Wie die gemeinsame Mahlzeit erscheint der Spaziergang in den Aussagen vor dem Scheidungsgericht als eine Tätigkeit, die eheliche Verbundenheit rituell vollzieht. Anders als die Mahlzeit jedoch ereignet sich der Spaziergang in der Öffentlichkeit und ist entsprechend nicht nur intimes Ritual, sondern rituell veröffentlichte Intimität. Genau dieses rituelle Realisieren und Repräsentieren von Intimität macht den Spaziergang mit anderen zum Skandalon und zum Topos im Reden über Untreue. Ähnlich problematisch in seinem Bezug zu Ehe und Familie ist um 1900 das Wirtshaus, ist es doch weder der Familien- noch der Erwerbswelt zugehörig und tritt im Kampf um die Verteilung von Zeit und Raum zu beidem in Konkurrenz: Das Wirtshaus hält vom Arbeiten ab, und es hält von Häuslichkeit fern. Die Rede vom Gang in die Wirtschaften suggeriert insofern immer schon eine Abkehr von ehelicher Verbundenheit und auf die Familie bezogener ökonomischer Verantwortlichkeit – und genau in diesem Sinne gibt Lina B. den Vorwurf zurück, indem sie ihrerseits Ernst B. der Wirtshaussitzerei bezichtigt.[18]

Wohl entfaltet die Anhäufung all der in fast monotoner Reihung vorgetragenen Zeichen der Untreue Lina B.s vor Gericht eine höchst suggestive Wirkung – so suggestiv, dass ihr Anwalt sich genötigt sieht, auf Präzision zu insistieren: Es sei zuzugeben, dass seine Mandantin sich «höchst inkorrekt» benommen habe, führt Dr. Blanchet an und räumt damit implizit die von Ernst B. angeführten «intimen Verhältnisse» ein. Doch «sexuelle Verhältnisse» könnten Lina B. nicht nachgewiesen werden. All die suggestiven Zeichen des Spazierens und Ausgehens mit anderen sind zugleich instabil. Sie wecken eine Vermutung, lösen aber keine Gewissheit ein. Und so können sie als Anzeichen für einen Ehebruch denn auch immer bestritten werden: Lina B.s Anwalt erklärt ihre Kontakte mit dem Nachbarn und dem Kellner nicht nur damit, dass Ernst B. seine Frau vernachlässige, sondern auch damit, dass dieser sie misshandle und sie bei den beiden anderen Männern «Schutz» finde. Allein schon deren Nähe zum Haushalt des Ehepaars lässt sich damit erklären, dass der eine ein Kunde des Coiffeurgeschäfts, der andere ein Freund des Ehemannes sei. Mit beiden unterhalte sie, so erläutert Lina B. selbst, ein rein «freundschaftliches Verhältnis». Den eigentlichen Ehebruch, auf den Ernst B.s Klage lautet, werden denn auch der Staatsanwalt und die Richter nicht für «strikt nachgewiesen» erachten; gleichwohl wird die Ehe geschieden, da Ernst wie Lina B. die Scheidung wünschen.[19]

Zwar ist damit der Wunsch des Ernst B. nach einer Auflösung der Ehe erfüllt, doch wird gerade das Verlangen nach Gewissheit über das Ungewisse nicht eingeholt, das in seiner Klageschrift zum Ausdruck drängt und diesen in einer Szenerie findet, die sprechender nicht sein könnte: «In der Nacht vom 29. auf den 30. Juli 1896 hörte der Kläger, der sein Schlafzimmer neben demjenigen seiner Frau und der Kinder hatte, sprechen. Er wollte nachsehen, fand aber die Thüre verschlossen.» Gewissheit über das, was hinter der Tür vor sich geht, wo Ernst B. seine Frau mit einem anderen Mann vermutet, ist nicht zu haben, ja die Möglichkeit des Sichvergewisserns wird Ernst B. gerade von derjenigen genommen, die doch als Ehefrau seiner Verfügungsmacht untersteht. Nicht nur wird eine *ge*schlossene Tür hier zum Zeichen unterbrochener Zusammengehörigkeit, sondern als *ver*schlossene Tür wird sie überdies zum Zeichen ehemännlicher Ohnmacht. Und diese erfährt noch eine Steigerung: «In der Nacht vom 16. auf den 17. August 1896», so steht in der Klageschrift zu lesen, «schloss der Kläger das Schlafzimmer seiner Frau nach aussen ab, um sie so von einem nächtlichen Ausgang abzuhalten. Die Beklagte liess sich aber dadurch nicht hindern, sondern sprang aus dem Fenster des ersten Stockes auf die Strasse hinunter.» Während Ernst B. unter Aufbietung all seiner Autorität als Ehemann seine Verfügungsmacht zu behaupten sucht und Lina B. in ihr Zimmer ein-

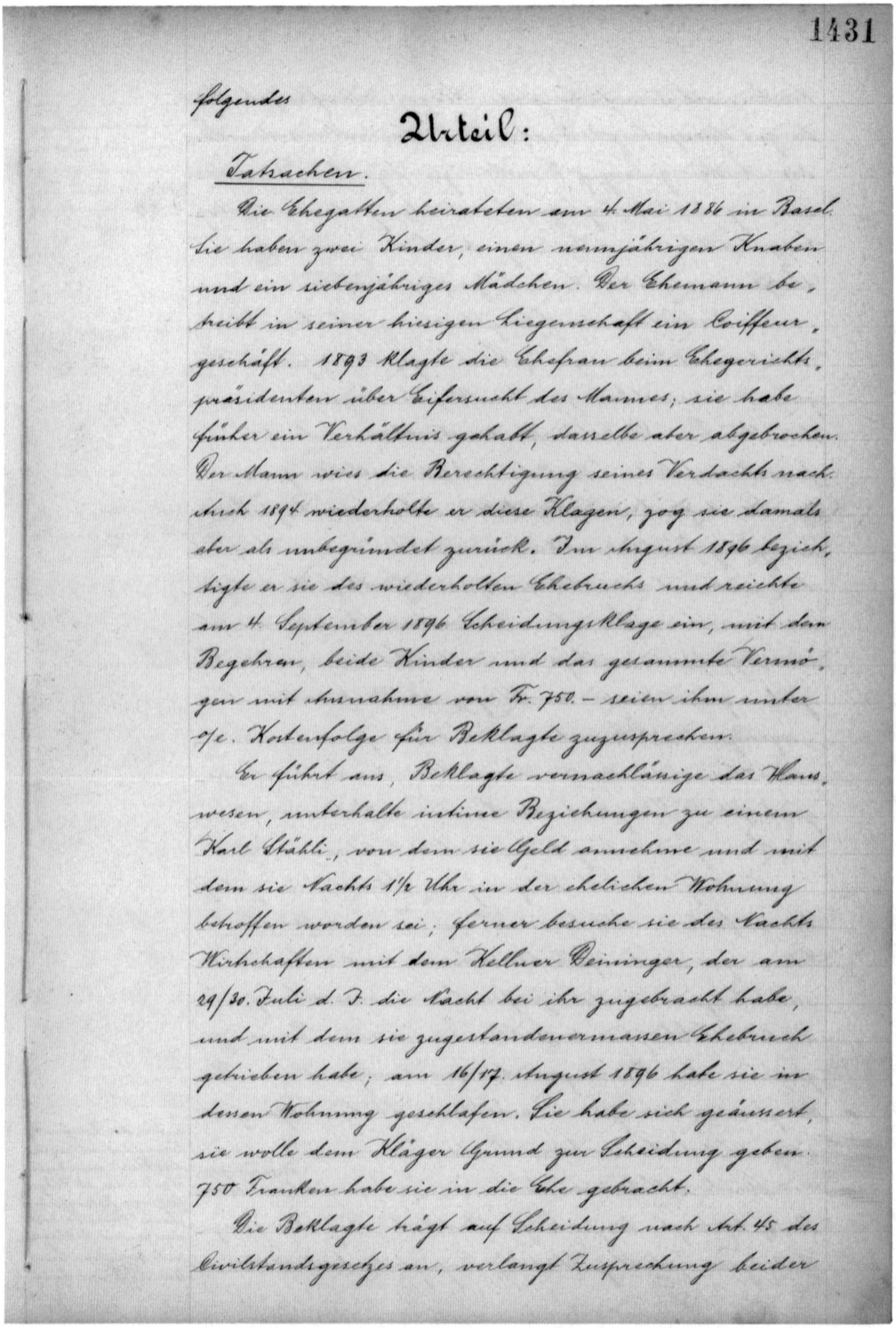
1431

folgendes

Urteil:

Tatsachen.

Die Ehegatten heirateten am 4. Mai 1886 in Basel. Sie haben zwei Kinder, einen neunjährigen Knaben und ein siebenjähriges Mädchen. Der Ehemann betreibt in seiner hiesigen Liegenschaft ein Coiffeurgeschäft. 1893 klagte die Ehefrau beim Ehegerichtspräsidenten über Eifersucht des Mannes; sie habe früher ein Verhältnis gehabt, dasselbe aber abgebrochen. Der Mann wies die Berechtigung seines Verdachts nach. Auch 1894 wiederholte er diese Klagen, zog sie damals aber als unbegründet zurück. Im August 1896 bezichtigte er sie des wiederholten Ehebruchs und reichte am 4. September 1896 Scheidungsklage ein, mit dem Begehren, beide Kinder und das gesammte Vermögen mit Ausnahme von Fr. 750.– seien ihm unter o/e. Kostenfolge für Beklagte zuzusprechen.

Er führt aus, Beklagte vernachlässige das Hauswesen, unterhalte intime Beziehungen zu einem Karl Stähli, von dem sie Geld annehme und mit dem sie Nachts 1½ Uhr in der ehelichen Wohnung betroffen worden sei; ferner besuche sie des Nachts Wirtschaften mit dem Kellner Deininger, der am 29/30. Juli d. J. die Nacht bei ihr zugebracht habe, und mit dem sie zugestandenermassen Ehebruch getrieben habe; am 16/17. August 1896 habe sie in dessen Wohnung geschlafen. Sie habe sich geäussert, sie wolle dem Kläger Grund zur Scheidung geben. 750 Franken habe sie in die Ehe gebracht.

Die Beklagte trägt auf Scheidung nach Art. 45 des Civilstandsgesetzes an, verlangt Zusprechung beider

Urteil des Protokolls der Scheidungsverhandlung Ernst B. gegen Lina B. vom 14.10. 1896
StABS, Gerichtsarchiv Um 26. 1896 Juli–Dezember mit Sitzungsprotokoll und Register. Transkription auf S. 121–123

schliesst, entzieht sich diese seiner Gewalt, indem sie heimlich aus dem familialen und ehelichen Raum in die von *anderen* bevölkerte Stadt der *Anlagen* und *Wirtschaften* entweicht.[20]

In der verschlossenen Tür, um die beide Szenen kreisen, fällt das Fehlen der Gewissheit über das Tun und Lassen der Ehefrau mit einem Mangel an ehemännlicher Verfügungsmacht über das Sinnen und den Körper der Ehefrau zusammen. Bleibt Ernst B. das eine von ihr verschlossen, so lässt sich das andere von ihm nicht einschliessen. Wo es aber um das Handeln und den Körper der Ehefrau geht, da enthüllt sich die Erfahrung von Ungewissheit und Ohnmacht als eine existentielle Bedrohung: Gefährdet ist der ehemännliche Status von Ernst B. und damit eine wesentliche Dimension seines sozialen Seins – als spürte er schon vor der Schlafzimmertür seiner Frau, was die Richter ihm stellvertretend für die Gemeinschaft in der Küchengasse und als Repräsentanten der sozialen Ordnung vorhalten werden: nämlich sein «wenig energisches Verhalten gegenüber der Beklagten».[21]

Hier findet sich die Klammer, die Ernst B.s Erfahrungswelt zusammenhält: Wie die Hypnotiseure ihn um seine ökonomische Existenz bringen, so untergräbt die Ehefrau seinen ehemännlichen Status, sein Ansehen und damit seine soziale Existenz und darüber vermittelt seine Selbstachtung.[22] In der Suppe aber hat diese Erfahrung bereits 1894 ihre aufs höchste verdichtete Artikulation gefunden: Vergiftete doch die Frau den Leib des Mannes und damit die Grundlage von Existenz und In-der-Welt-Sein überhaupt.

Auch ihre Hypnose. Lina B. wird zum Fall, Ernst B. sieht alles anders

Was im Scheidungsprozess von 1896 hauptsächlich thematisiert wird, nämlich das – wie es das Gericht im Urteil nennt – «anstössig[e] und schamlos[e]» Benehmen Lina B.s, das taucht auch im zweiten Scheidungsprozess 1902 als «unsolide[r] und unsittliche[r] Lebenswandel» wieder auf.[23] Musste jedoch 1896 der Verweisungskern des *Anstössigen und Schamlosen,* nämlich der Ehebruch, «starke Vermutung» bleiben, so gilt dem Bürener Gericht 1902 das *Unsolide und Unsittliche* als zweifelsfrei nachgewiesen: Unterdessen nämlich, in den Jahren 1900 und 1901, haben Polizisten und Detektive ihre Beobachterposten in den Nachbarhäusern des von Lina B. geführten Zigarrenladens eingenommen, haben dort zum Verkauf aufliegende Postkarten konfisziert, die Vorgeschichten der ein und aus gehenden Frauen rekonstruiert, offene Hosenschlitze anwesender Herren und drapierte Vorhänge peinlich genau notiert. Das in Polizeirapporten, Detektivberichten und Gerichtsverhandlungen dokumentierte Geschehen in und um Lina B.s Zigarrenladen hat schliesslich drei Anklagen wegen Verkaufs unzüchtiger Bilder und gewohnheitsmässiger Kuppelei zur Folge.[24]

Lina B., die in diesen Jahren bereits wieder von Ernst B. getrennt lebt, aber noch mit ihm verheiratet ist, setzt sich gegen die Anschuldigungen so beharrlich und unbeirrt zur Wehr, wie sie im Scheidungsprozess 1896 den an sie gerichteten Vorwürfen begegnet ist und wie sie im Jahr 1894 ihren Ehemann ins Irrenhaus hat verbringen lassen und wieder herausgeholt hat. Auch hier spricht sie die Sprache, die kommunale Instanzen grundsätzlich gut verstehen: In einem langen Brief an den
 Untersuchungsrichter legt sie ihre ökonomische Verantwortlichkeit als «alleinstehende Frau – die so schon harte Schicksalsschläge erlitten – die sich alle Mühe gibt ihre Kinder anständig u. ehrlich durch zu bringen», dar und verlangt das vom Untersuchungsgericht konfiszierte Geld zurück, um ausstehende Rechnungen begleichen zu können.[25] Das Gericht indes hält die Straftatbestände der Kuppelei und des Verkaufs unsittlicher Schriften für erwiesen und verurteilt Lina B. insgesamt zu 50.– Franken Busse und vier Wochen Gefängnis.

Wie Ernst B. 1894 und 1899 zu einem «Fall» der Psychiatrie wurde (und es 1904 neuerlich werden wird), so ist Lina B. in den Jahren 1900 und 1901 zu einem «Fall» der Strafjustiz geworden. Als Pathologie im Fall von Ernst B., als Rechtsbruch im Fall von Lina B. bringen beide «Fälle» Verkehrungen der ‹Normalität› zum Ausdruck, die auch als Inversionen der ‹normalen› Ordnung der Dinge in einer bürgerlichen Gesellschaft gelesen werden können: Ernst B.s Wahn wäre aus dieser Perspektive Ausdruck der Verkehrung von Handlungsmacht – wie sie im souveränen Bewältigen ökonomischer und sozialer Existenz zum Ausdruck kommen müsste – in eine überwältigende Ohnmacht, die das autonome männliche Subjekt als solches negiert. Und Lina B.s Verstrickung in Prostitution und Pornographie stünde so gedeutet für die Perversion des Ortes der Frauen in einer sekundärpatriarchalen Geschlechterordnung: Was die Frauen der väterlichen/ehemännlichen Macht unterwirft, nämlich der symbolische und juridische Zuschnitt ihres Seins auf ein, wenn auch idealistisch überhöhtes, so doch im Kern immer sexualisiertes ‹Gattungswesendasein›, macht sie sich als Grundlage einer unabhängigen Existenz zunutze.

Und just jetzt, in den ersten Jahren des neuen Jahrhunderts, als Lina B. nachgewiesen wird, was Ernst B. ihr 1896 vorgeworfen hat, wird sie ihm von der Gegnerin zur Verbündeten, oder anders gewendet: Von der Giftmischerin, die ihm die krankmachende Suppe reicht, wird sie zur Hypnotisierten, die wie er, Ernst B., ein Opfer ist: «Ich glaube mit bester Zuversicht», schreibt er 1903 im langen Bericht über seine «Erlebnisse», «daß auch meine geschiedene Frau, unter den Hypnotiseuren & unter deren Einfluße gelitten & zu leiden hatte, & bearbeitet worden, ist, ohne daß vieleicht meine gew. Frau es weiß & ahnt., Nach dem, daß auch Ihre Hypnose, sehr häufig bei mir verkerhte, & heru^{m}Êschwirrte, schließe ich eben aus dem Grunde, dass die

Hypnotiseuren auch diese befehlend trakttierten, wenn nicht hypnotisiert worden wäre, kein Hypnosen von Ihr existieren würde.»[26]

Tatsächlich ist Lina B. 1902 in einem gewissen Sinn Ernst B.s Verbündete: nämlich im Entschluss zur einvernehmlichen Scheidung, im Entschluss auseinanderzugehen, ohne «sich gegenseitig durch einen langen Scheidungsprozeß zu verunglimpfen um die Schuld an dem ehelichen Zerwürfniße dem einen oder andern aufzubürden», wie es im Verhandlungsprotokoll heisst.[27] Doch fast ist man auch versucht zu sagen: Dass nun Lina B. ihrerseits zu einem «Fall» geworden ist, dass auch sie, die einst so souverän an staatliche Instanzen gelangte und diese zur Bewältigung von Ehekrisen nutzte, sich verfängt in der Macht dieser Instanzen über Recht und Unrecht, das ändert ihren Ort im Gefüge von Ernst B.s Welt. Freilich muss der damit suggerierte kausale Zusammenhang zwischen Lina B.s Strafprozessen und diesem ‹Ortswechsel› Spekulation bleiben, er lässt sich aus den Dokumenten so nicht herauslesen. Was aber dokumentiert ist, das ist ein Hin und Her nicht nur zwischen Heiraten und Scheidungen, sondern auch ein Hin und Her in Ernst B.s Auffassung von der Position seiner Frau: Mal ist sie Feindin, dann wieder Verbündete. Dies mündet schliesslich entlang zweier bemerkenswert paralleler Verläufe in den gemeinsamen Entschluss zur Scheidung und in das geteilte Schicksal, Opfer einer Hypnose zu sein. Vielleicht erst an diesem Punkt, in Ernst B.s Erinnerungen, in der Vergegenwärtigung seiner *Erlebnisse,* sind sie vereint.

Wenn aus den Akten vieles zu erfahren ist über die Entzweiungen der Eheleute B., so geben sie umgekehrt nichts preis über die Versöhnung der beiden, die immerhin nur zwei Jahre nach der ersten Scheidung in eine zweite Heirat mündete, und sie erzählen nichts über das Zustandekommen der einvernehmlichen Scheidung, über die Einigung, die dieser vorausgegangen sein muss. Ob nicht nur Zwist, sondern auch die Liebe für die Wechselfälle dieses prekären Ehelebens verantwortlich war, wissen wir nicht, von ihr ist in den Akten nicht die Rede. Wenn wir der Liebe aber zugestehen, dass sie auch anderes ist als die in Worten und Gesten beschworene Passion, dann wäre hier vielleicht eine ver-rückte Liebe im Spiel, die in einem letzten gemeinsamen Akt des Zusammenfindens im Entschluss zur Trennung ihren Ausdruck findet. In diesem Sinne wäre es denn nicht ein *verrückter Liebender,* sondern tatsächlich ein *liebender Verrückter,* der sich 1903 mit seinen *Erlebnissen* geradewegs als solcher um Kopf und Kragen in die Irrenanstalt Münsingen hineinschreibt.

1 Staatsarchiv Basel (StABS), Sanität T 13.1. Einzelne Geisteskranke, 1894–1912. Physikatsbericht von Dr. Theophil Lotz. Basel 19.7. 1894.

2 Archiv der Psychiatrischen Universitätsklinik (PUK) Friedmatt, Krankengeschichte Ernst B., Memorandum von Ernst B. an Dr. Karl Hagenbach. Basel 18.7. 1894.

3 Archiv PUK, Krankengeschichte Ernst B., Krankenakte von Ernst B. Basel 20.7. 1894; StABS, Sanität T 13.1, Physikatsbericht von Dr. Theophil Lotz. Basel 19.7. 1894.

4 Zu Verfahrensfragen in Ehestreitigkeiten in Basel-Stadt vgl. Regina Wecker: Zwischen Ökonomie und Ideologie. Arbeit im Lebenszusammenhang von Frauen im Kanton Basel-Stadt 1870–1910. Zürich 1997, 204–215, bes. 207ff.

5 StABS, Sanität T 13.1, Polizeirapport von Georg Haller. Basel 18.7. 1894.

6 StABS, Sanität T 13.1, Vernehmungsprotokoll von Georg Haller. Basel 19.7. 1894.

7 StABS, Sanität T 13.2. Einzelne Geisteskranke Männer, Bi–Bo. Memorandum von Lina B. an Dr. [Hartwig Meine]. Basel 2.8. 1894.

8 Archiv PUK, Krankengeschichte Ernst B., Krankenakte von Ernst B. Basel 5. und 12.8. 1894.

9 StABS, Sanität T 13.2 B, Memorandum von Lina B. an Dr. Hartwig Meine. Basel 14.8. 1894.

10 Archiv PUK, Krankengeschichte Ernst B., Memorandum von Lina B. an Prof. Ludwig Wille. Basel 20.8. 1894.

11 Vgl. hierzu grundsätzlich Georg Simmel: Soziologie. Untersuchungen über die Formen der Vergesellschaftung [1908]. Gesamtausgabe, Bd. 11. Frankfurt a.M. 1992, 109f.; Nancy F. Cott: Public Vows. A History of Marriage and the Nation. Cambridge, Mass. 2000, 3; für die Schweiz und den Zeitraum um 1900 vgl. Caroline Arni: Entzweiungen. Die Krise der Ehe um 1900. Köln/Weimar/Wien 2004; für die paradoxe Konstituierung der «modernen» Ehe zwischen Privatisierung und Vergesellschaftung vgl. François de Singly: Die Familie der Moderne. Eine soziologische Einführung. Konstanz 1995.

12 Wecker, Ökonomie und Ideologie, 207f. Diese schlichtende Funktion hat einerseits Tradition in den reformierten Ehegerichten (besonders in Basel war die Versöhnung wesentliches Anliegen der Ehegerichte, vgl. Wecker, Ökonomie und Ideologie, 195), andererseits wird sie um 1900 neu bestärkt, als der Gesetzgeber im Kontext der Vorarbeiten zum Schweizerischen Zivilgesetzbuch von 1907/12 für verschiedene scheidungserschwerende und scheidungspräventive Massnahmen plädiert (vgl. Arni, Entzweiungen, Kap. 1).

13 Vgl. dazu einen in diesem Aspekt ähnlich gelagerten Fall: Arni, Entzweiungen, Kap. 3. Hier zeigt die Ehefrau den Ehemann wegen Misshandlungen der Kinder an, bezahlt dann aber die von der Polizei ausgestellte Busse, damit der Ehemann nicht ins Gefängnis verbracht wird, was einen Erwerbsausfall zur Folge hätte.

14 In diesem Sinn erschien denn auch der politischen Öffentlichkeit im 19. und frühen 20. Jahrhundert die «Verallgemeinerung» der Institution Ehe – also die Abschaffung ökonomisch und konfessionell begründeter Eheverbote – als Antwort auf den Pauperismus. Vgl. Ute Gerhard: Verhältnisse und Verhinderungen. Frauenarbeit, Familie und Rechte der Frauen im 19. Jahrhundert. Frankfurt a.M. 1978, 113–119.

15 Um 1899 betrug etwa das in der Literatur als ausserordentlich hoch bezeichnete Scheidungsvolumen im deutschen Kaiserreich (9,8 Scheidungen auf 10 000 bestehende Ehen) die Hälfte der schweizerischen Rate (18,8 Scheidungen auf 10 000 bestehende Ehen; in Basel-Stadt im Zeitraum 1891–1900 20 Scheidungen auf 10 000 bestehende Ehen). Statistische Angaben aus: Eidgenössisches Statistisches Bureau: Schweizerische Statistische Mitteilungen, X, 4: Ehe, Geburt und Tod in der schweizerischen Bevölkerung während der Jahre 1901–1920. Bern 1928. Vgl. ausserdem zur Rechtsprechung nach dem ZEG 1874/76 in Basel-Stadt: Wecker, Ökonomie und Ideologie, 204–215.

16 Zusammen mit verfahrensrechtlichen Veränderungen war damit die Scheidung ab 1912 erschwert, was allerdings von der Rechtsprechung nicht nachvollzogen wurde: Die Scheidungsraten sollten weiterhin ansteigen, und die einvernehmliche Scheidung wurde indirekt über den Scheidungsgrund der «tiefen Zerrüttung» weiter praktiziert. Vgl. hierzu sowie zur Auseinandersetzung um das Scheidungsrecht um 1900: Arni, Entzweiungen, Kap. 1.

17 StABS, Gerichtsarchiv Um 26. 1896 Juli–Dezember mit Sitzungsprotokoll und Register. Protokoll der Scheidungsverhandlung Ernst B. gegen Lina B., 1414f. und 1421–1425.

18 Vgl. zum Wirtshaus als ‹Gegenwelt› in der Rede vor dem Scheidungsgericht und zum Spaziergang als Ritual des Paares und als ambivalentes Zeichen des Ehebruchs: Arni, Entzweiungen, 161–164 und 197–199.

19 StABS, Gerichtsarchiv Um 26, Protokoll der Scheidungsverhandlung Ernst B. gegen Lina B., 1415 und 1433.

20 Ebd., 1415.

21 Ebd., 1433.

22 Inwiefern ein Mann hier «seine sexuelle Schwäche weder mit wirtschaftlicher Stärke noch mit sozialem Prestige» kompensieren kann und es hier also um die «Stärke der Frau und die Schwäche des Mannes»

und damit um bedrohte Männlichkeit geht, hat Martin Schaffner gezeigt: MARTIN SCHAFFNER: Missglückte Liebe oder Mitteilungen aus Paranoia City. Eine Lektüre von Justiz- und Polizeiakten aus dem Staatsarchiv Basel, 1894 bis 1908. In: INGRID BAUER u.a. (Hg.): Liebe und Widerstand. Wien/Köln 2005, 243–254. Vgl. zum Zusammenhang von Ernst B.s Rede von den Hypnosen und dem Verlust seines Hauses den Beitrag von Martin Schaffner in diesem Band. Die Rede von der Hypnose könnte so auch als eine aufs intensivste, nämlich in die Manipulation gesteigerte Erfahrung von Ohnmacht gelesen werden.

23 StABS, Gerichtsarchiv Um 26, Protokoll der Scheidungsverhandlung Ernst B. gegen Lina B., 1433. Archiv des Amtsgerichts Büren a.A., Protokoll der Scheidungsverhandlung Lina B. gegen Ernst B. vom 22.2. 1902, 661.

24 Und nicht zuletzt räumt Lina B. im Verlauf dieser Strafuntersuchungen auch ein, dass der Nachbar, in dem Ernst B. 1896 ihren Liebhaber vermutete, Vater «des zweiten Kindes» sei. Vgl. StABS, Gerichtsarchiv KK2, Strafgerichtsrekursakten Bd. 31, 1900, Nr. 21. Aktendossier der strafrechtlichen Untersuchung gegen Lina B. betreffend Kuppelei, 18, Protokoll des Verhörs mit Lina B. vom 30.4. 1900.

25 Ebd., 40[a], Brief von Lina B. an den Untersuchungsrichter II Dr. Wilhelm Lüber. Basel 11.5. 1900.

26 StABS, Sanität T 13.1, ERNST B.: Meine Erlebnisse: Klage & Beschwerde-Bericht,: und Rapport. über die Herren Hypnotiseuren D[r]. Adolph H. (Wallstraße.) Salamon G. (Leimenstraße). und Ihren (Polizei) Spion complice Hans Sch. Packer (Itelpfadgss.) alle wohnhaft in Basel. – Thatsachen. –, 23.

27 Archiv des Amtsgerichts Büren a.A., Protokoll der Scheidungsverhandlung Lina B. gegen Ernst B. vom 22.2. 1902, 662.

Nervös

Von einem Basler Coiffeur, der an die falschen Leute und die falsche Literatur geraten ist, ohne dass sein Zeitalter sich in seinem verzweifelten Rationalisierungsversuch hätte wiedererkennen wollen

Martin Stingelin

Suggestion von Suggestibilität: In diese Formel lässt sich die Rückkoppelungsschleife fassen, die am Ende des 19. Jahrhunderts nicht nur einzelne Individuen im besonderen, sondern die westlichen Gesellschaften im allgemeinen ‹nervös› machte.

Emblematisch für die individuelle Nervosität dieser Epoche ist ‹die› Hysterikerin geworden. Die uns aus dem *Fin de siècle* vertrauten Gesichtszüge der Hysterie, die sich bis in die schwungvollen hysterischen Bögen des Jugendstils fortsetzen,[1] hat der Pariser Psychiater und Neurologe Jean-Martin Charcot, der «Napoleon der Neurosen»,[2] modelliert. Schauplatz dieser Modellierung war das sogenannte *Amphithéâtre* der von Charcot geleiteten Pariser Universitätsklinik Salpêtrière. Hier pflegte Charcot im ebenso einvernehmlichen wie heimlichen Wechselspiel mit seinen ‹Mannequins›, allen voran den beiden Lieblingspatientinnen Blanche Wittman und Augustine, einen Blickwechsel mit dem öffentlichkeitswirksamen Medium der Photographie, hatte doch auch Albert Londe, Charcots «Chef du service photographique», die *«photographische Platte»* als *«die wahre Netzhaut des Gelehrten»* bezeichnet.[3] Folgerichtig wurde Londe 1883 von Charcot angewiesen, Hysterikerinnen mit Serienbelichtungskameras aufzunehmen, um sie in der *Iconographie photographique de la Salpêtrière* auf bislang nicht festgehaltene Symptome wie den grossen hysterischen Bogen behaften zu können. Tatsächlich machte erst die von Londe entwickelte Instantan- und Chronophotographie die vier idealtypischen Phasen des «grossen hysterischen Anfalls» – die epileptoide Phase, die Possenphase des Clownismus, die Phase der leidenschaftlichen Gebärden und die Endphase – in ihrem filmischen Ablauf sichtbar, die von Charcots Starmodels im *Amphithéâtre* mit der Pünktlichkeit und Genauigkeit von Automaten aufs augenfälligste reproduziert wurden. *Erfindung der Hysterie* hat Georges Didi-Huberman denn auch seine Untersuchung dieses (Blick-)Wechselspiels genannt.[4] Und Michel Foucault sieht in der Salpêtrière folgerichtig die «Schwelle der Perfektion, der allzu wunderbaren Perfektion», war die Hysterikerin doch «die perfekte Kranke, da sie *zu erkennen gab.* Sie transkribierte selbst die Effekte der medizinischen Macht in Formen, die der

Arzt einem wissenschaftlich akzeptablen Diskurs gemäss beschreiben konnte. Was freilich das Machtverhältnis anlangt, das diese Operation erst ermöglichte, wie hätte es in seiner determinierenden Rolle aufgedeckt werden können, wo doch die Hysterikerinnen (höchste Tugend der Hysterie, Fügsamkeit ohnegleichen, wahrhaftige erkenntnistheoretische Heiligkeit) es selbst auf sich luden und die Verantwortung dafür übernahmen: In der Symptomenlehre tauchte es als krankhafte Suggestibilität auf.»[5]

Emblematisch für die kollektive Neurotisierung mag die sogenannte «criminelle Suggestion» sein.[6] Das ausgehende 19. Jahrhundert war verliebt in das «Schreckgespenst des hypnotischen Verbrechens»,[7] das die Menschen in einem um so fesselnderen Bann hielt, je mehr sie sich dessen Faszination zu entziehen versuchten. Zwar sind nur zwei umstrittene Fälle vor europäischen Gerichten überhaupt aktenkundig geworden und zur Verhandlung gelangt: Gabrielle Bompard will sich 1890 in Paris nur unter dem posthypnotischen Einfluss ihres Liebhabers Eyraud an der Ermordung des Gerichtsvollziehers Alexandre Gouffé beteiligt haben,[8] und Ceslav Lubic-Czynski soll fünf Jahre später in München die vermögende Gräfin Hedwig von Zedlitz durch Hypnose zur Heirat gezwungen haben.[9] Doch die schiere Möglichkeit, seines Willens durch einen anderen Menschen in verbrecherischer Absicht beraubt zu werden, war eine brennende Frage, an der sich die Spekulationen von Medizinern und Schriftstellern gleichermassen entzündeten und gegenseitig befeuerten.[10] Dabei zirkulierten verschiedene Argumentationsfiguren und Denkmuster zwischen den Disziplinen. Während die Mediziner in Form sogenannter «Laboratoriumsverbrechen» dem Bühnenvorbild nacheiferten, dramatische Schauspiele inszenierten und hypnotisierte Versuchspersonen mit Platzpatronen mehrfach auf vermeintliche Opfer schiessen liessen, um die fehlenden Fälle von eindeutig nachweisbarer «crimineller Suggestion» zu simulieren,[11] referierten literarische Erzählungen und Romane einschlägige medizinische Abhandlungen aus dem Schulenstreit zwischen Hippolyte Bernheim (Nancy), Verfechter einer psychischen Erklärung der Hypnose, und Jean-Martin Charcot (Salpêtrière, Paris), Verfechter einer physiologischen Erklärung der Hypnose,[12] um ihre Handlung zu motivieren. Umgekehrt zogen die Mediziner in ihren Debatten über die physiologische oder psychische Ursache der Hypnose gerne literarische Fallgeschichten als Belege heran. Beliebt war unter den Nervenärzten und Psychiatern aber auch das Gegenargument, die «Schilderung krimineller Suggestionen» als «Auferstehung» der «Schauerromane früherer Zeiten» niederzuschlagen und die «Laboratoriumsverbrechen» als «kindliche *Schaustücke*» zu entlarven, «über deren *rein schauspielerische Bedeutung* [...] die hypnotisierten Kranken ein volles Verständnis besitzen»,[13] wie Otto Binswanger 1890 in seinem «Gutachten über Hypnose und Suggestion» behauptete. Dass die Bühne gerade von der Unentscheidbarkeit der Frage fasziniert war, ob es sich bei der Hysterie und ihrer Autosuggestion um eine blosse, den Akteuren gegebenenfalls bewusste Simulation oder um eine ihnen nicht bewusste Simulation der Simulation, also um eine Simulation zweiter Ordnung handelte, dokumentiert Stefan Andriopoulos schlüssig an den Einaktern *Die Frage an das Schicksal* (1889) und *Paracelsus* (1898) von Arthur Schnitzler, der als Mediziner selbst mit hypnotischen Laboratoriumsverbrechen experimentierte.[14] Tatsächlich waren die Autoren in diesem Wechselspiel zwischen medizinischem und literarischem Diskurs gelegentlich identisch, so im Fall von Charcots Schüler Charles Richet, der literarische Darstellungen der «Hysterie» nicht nur als «Ergänzung» der Medizin begrüsste, sondern 1887 unter dem Pseudonym Charles Epheyre selbst einen Roman mit dem Titel *Possession* verfasste.[15] Folgerichtig bezeichnet Jules Claretie sein Erfolgsbuch *Jean Mornas,* das im ersten Jahr seiner Veröffentlichung 36 Auflagen erlebte, im Vorwort sowohl als «Erzählung» wie auch als «gerichtsmedizinische Studie». Die Unentscheidbarkeit der Frage wiederum, ob im Fall des «hypnotischen Verbrechens» die Medizin sich von der Literatur mehr ernähre oder diese mehr speise, reflektiert am eindrücklichsten Guy de Maupassants Novelle «Le Horla», deren Ich-Erzähler nicht weiss, ob er zum «Spielball seiner überreizten Einbildung» oder das Opfer von «Suggestionen» geworden ist, die ihn schliesslich zum Selbstmord treiben.[16]

Den Verfechtern der «criminellen Suggestion» schien die Kontrolle, die der Hypnotiseur über seinen Probanden ausübte, schrankenlos zu sein. Der Akt der Hypnose entkernte dessen Körper, indem er ihn sowohl der Persönlichkeit wie des freien Willens beraubte. Übrig blieb ein willkürlich programmierbarer «Automat», der sich dem Hypnotiseur fügte «wie der Stock in der Hand des Wanderers»[17] – eine Waffe, deren Zielstrebigkeit und Naturgewalt so unaufhaltsam war «wie ein Stein, der zu Boden fällt».[18] Vor allem die «posthypnotischen Suggestionen» wurden als schier unbegrenzte Dunkelziffer «hypnotischer Verbrechen» verbucht: Der ihnen innewohnende Befehl, der sich durch die mitbefohlene Amnesie selbst auslöschte, wirkte erst zu einem bestimmten Zeitpunkt nach dem hypnotischen Schlaf und hüllte den Hypnotisanden dadurch in die unerschütterliche Illusion, aus freien Stücken gehandelt zu haben. Zahlreiche juristische Stellungnahmen bezeichnen das «Opfer einer Suggestion» deshalb als «unzurechnungsfähig». Die Verantwortlichkeit für ein hypnotisches Verbrechen lag in den Augen von Juristen wie Karl von Lilienthal ganz beim Hypnotiseur; er war «als mittelbarer Thäter zu behandeln».[19]

Der Spiritist Carl du Prel, Verfasser zahlreicher populärer ‹Aufklärungsschriften› über okkultistische Phänomene, beflügelte die Furcht vor posthypnotisch suggerierten Verbrechen noch dadurch, dass er ihre Übermittlung nicht nur «brieflich» oder «durch [das] Telephon»,[20] sondern auch auf dem telepathischen Weg der «Gedankenübertragung» für möglich hielt: «Der Erfolg [bei Versuchen der ‹Psychologischen Gesellschaft› in München mit der Probandin Fräulein Lina] trat meistens schon nach wenigen Sekunden ein, trotzdem das Experiment oft noch durch Gedankenübertragung erschwert war, indem der Hypnotiseur die betreffende Visitenkarte oder Photographie nur stillschweigend fixirte, bei deren Anblick der Schlaf eintreten sollte, und der auch eintrat, wenn Lina nach dem Erwachen innerhalb einer größeren Anzahl von Bildern dasjenige in die Hand nahm, welches hypnogen wirken sollte. Bei solchem posthypnotischen Schlafeintritt ist die Anwesenheit des Hypnotiseurs nicht erforderlich.»[21] Auch die Möglichkeit «hypnotischer Erzeugung von Symptomen des Irrsinns»,[22] wodurch gleichzeitig der verschleiernde Anschein juristischer Unzurechnungsfähigkeit erzeugt werden konnte,[23] stand für du Prel ausser Frage. Er erwog gar die durch «unbewußte Gedankenübertragung» ausgelöste «retroaktive Hallucination», die ein falsches, «somnambules Geständnis herbeiführen würde».[24]

Wie hätten Individuen, die unter dem Eindruck der allgemeinen ‹Hysterisierung› und ‹Hypnotisierung› um 1900 glaubten, für die posthypnotische Suggestion krankhafter Suggestibilität empfänglich zu sein, sich diesem breiten Angebot möglicher Übertragungswege entziehen können? Deshalb sollten die ‹Symptome›, die im Fall von Ernst B. ‹auffällig› wurden, nicht nur als Indizien für eine individuelle, sondern für die kulturkritische Diagnose einer ganzen Epoche gelesen werden (die sich in der Regel allerdings erst den folgenden Epochen offenbart). Ich schlage im folgenden also eine ausdrücklich kosmopolitische Lektüre vor,[25] die den *citoyen* der Stadt Basel, der für seine öffentliche Anerkennung kämpft, als Weltbürger versteht: Ernst B. wird durch die Hypnose im allgemeinen beziehungsweise die Möglichkeit «crimineller Suggestion» im besonderen nervös gemacht und hysterisiert wie das ganze Zeitalter um 1900. Darin weist sein ‹Verfolgungswahn› weit über das blosse klinische Erscheinungsbild der «Paranoia» hinaus. Der Eindruck, als Opfer einer Immobilienspekulation von Dritten um sein Vermögen gebracht worden zu sein, war keine halluzinatorische Einbildung. Und in Ernst B.s verzweifeltem Versuch, dieses ‹Verbrechen› als «criminelle Suggestion» zu ‹rationalisieren›, hätte sich ein ganzes Zeitalter wiedererkannt, würde es nur genügend Abstand von sich selbst gewonnen haben können.

In der 27seitigen

«III.
– Copie. –
Meine Erlebnisse:
Klage & Beschwerde-Bericht,: und Rapport.
über die
Herren Hypnotiseuren Dr. Adolph H. (Wallstraße.)
" " Salamon G. (Leimenstraße).
und Ihren (Polizei) Spion complice Hans Sch. Packer (Itelpfadgss.)
alle wohnhaft in Basel.
– Thatsachen. –.»[26]

führt Ernst B., erfahren im Umgang mit dem Justizapparat, polizeigerecht Rapport über seine Erlebnisse, nachdem er von einem seiner ‹imaginären› Verfolger, dem Immobilienhändler Salomon G., zur besagten Spekulation verführt und realiter ruiniert worden ist. In der Irrenanstalt Münsingen liess Ernst B. sich im März 1903 von den Psychiatern bescheinigen, «B. ist & war niemals – Geistesgestört –, sondern am Körper v. den schweren Krankheiten an die er gelitten habe, sehr sehr müde; !!»[27] Hautwassersucht, Herzverfettung und Lungenaffektion[28] aber werden von den (so)genannten «Hypnosen» verursacht, die Ernst B., kaum aus Münsingen entlassen, von neuem befallen: «In St. Gallen, wurde ich wieder vomfrischen von den Hypnotiseuren systematisch v. Hypnosen d. D^r^. H. & G. (hypnotisiert) & sugeriert & die Hypnose Sch.s & von vielen anderen Persönlichkeiten deren ^entnomenen^ ÊHypnosen, die aber der D^r^. H. auf seine Befehlen hin zu dirigiren wußte von neuem gepeinigt, gequält & von Giftstoffen inhalierend auf meine Athmungsorgane hinwirkend traktiert.»[29] Seit dem Spätherbst 1893, wahrscheinlich der Termin der entscheidenden Verkaufsverhandlungen, will Ernst B., «von den beiden Herren in Basel am Centralbahnhof im Hause N^o^6 III Stock hypnotisiert & sugeriert», «unter deren magnetischem Einfluß»[30] stehen.

Coiffeur Ernst B. begegnet diesen widrigen Schicksalsschlägen, indem er liest und schreibt. «Hypnosen sind unsichtbare Wesen, die von Hypnotiseuren, tausende von Meilen, die Luft durch schwirren auf deren Befehlen hin gehen müßen, und sicher Ihre Aufträge ausführen, und in die weite Ferne schweifen müßen»,[31] personifiziert Ernst B. die Suggestionen von Dr. Adolph H. und Salomon G. (deren Adressen er korrekt wiedergibt, wie sich in den zeitgenössischen Basler Adressbüchern überprüfen lässt) nach der Lektüre der Broschüre *Die Philosophie des persönlichen Einflusses. Eine wissenschaftliche Abhandlung über die Anwendung und Möglichkeiten von Persönlichem Magnetismus, Hypnotismus, Mesmerismus, Suggestiver Heilkunde, Magnetischer Heilung und verwandten Erscheinungen*, die er seinem *«Klage & Beschwerde-Bericht»*, versehen mit erläuternden Randglossen, «zur etwaige Aufklärungen»[32] beilegt. Es handelt sich um eine Broschüre, die durch Vorenthaltungen für einen «gründlichen Unterricht durch Correspondenz»[33] wirbt, verspricht sie doch «Vortheile, von denen wir manche im Druck gar nicht erwähnen dürfen».[34] Ernst B. erfährt aus dieser Broschüre immerhin, dass im Zustand der «post-hypnotischen Suggestion» «alle Arten von Zuständen und Sinnestäuschungen hervorgerufen werden»[35] können. Er lernt die «best bekannten Aerzte» kennen, «welche den Hypnotismus in ihrer Praxis anwenden», unter anderen «*Herr Liebeault*, Dr. med.», «Dr. S. Weir Mitchell, berühmter Arzt und Schriftsteller, Philadelphia, Pa.», «Prof. W[illia]m. James, Dr. med., Dr. phil. Harvard Universität, Cambridge, Mass.» und «Dr. H. Bernheim, Universität von Frankreich»[36] (Jean-Martin Charcot ist zu diesem Zeitpunkt seit zehn Jahren tot). Auch die von Carl du Prel in seinem Buch *Das hypnotische Verbrechen und seine Entdeckung* erwogene Möglichkeit, eine «criminelle» posthypnotische «Suggestion» brieflich oder telephonisch zu übermitteln, ist Ernst B. bekannt. Die Broschüre empfiehlt ihm als «Mittel zur Unterhaltung»: «Man hypnotisire auch jemand, indem man ihn auf eine Karte blicken läßt, welche vorher zu diesem Zweck präpariert worden ist.»[37] Nicht zuletzt liest er vom ‹geglückten› Experiment, «vermittels des Telephons oder durch eine telegraphische Botschaft zwischen Denver und Pueblo jemand zu hypnotisiren».[38] Seine Marginalien fallen alle in das Kapitel «Was unser Kursus Sie lehrt». Die Broschüre verspricht Unterweisung in 54 Punkten, etwa in der Kunst posthypnotischer Suggestion im Schlaf: «13. Wir lehren Sie, wie man eine Person in ihrem natürlichen Schlaf hypnotisiren kann, sodaß sie am nächsten Morgen aufwacht, ohne zu wissen, daß sie hypnotisirt worden war. Sie wird nicht wissen, welche Befehle Sie ihr gegeben haben, und doch wird sie diese Befehle ausführen, weil sie dieselben für ihre eigenen Ideen hält.»[39] Dazu notiert Ernst B. sich zwischen den Zeilen: «Wie bei mir B. mich zum heftigen Trinken anhaltend, daß er gehen & laufen muß.»

Vor der Jahrhundertwende fehlen im Kanton Basel-Stadt gesetzliche Bestimmungen über Hypnotismus. Zwar wird seit Juli 1886 (auf Ersuchen des Sanitätsdirektors Wilhelm Klein) die «Abhaltung von Vorträgen über Hypnose und Suggestion», durch die sich Josef Breuer und Anna O. wenige Jahre zuvor in Wien gleichermassen beeindruckt gezeigt haben,[40] «grundsätzlich und im Einverständnis mit unserem Physikus» untersagt, wie das Polizeidepartement Basel-Stadt der Direktion des Gesundheitswesens des Kantons Bern am 10. März 1903 auf eine entsprechende Anfrage hin mitteilt: «sobald jedoch bei derartigen Vorträgen nicht demonstrirt oder experimentiert wird und dieselben mehr zur Belehrung oder Orientierung u.s.w. dienen, so gestatten wir in der Regel deren Abhaltung».[41] Aufgrund dieser unsicheren Rechtslage kann die Basler Polizei noch 1906 nicht unterbinden, dass ein gewisser Professor Otto Reinhold N. «Schriften auf hiesigem Platz verbreitet, welche einen Lehrplan über Magnetismus & Hypnotismus bieten sollen», obwohl seit dem 13. Oktober eine Betrugsklage gegen N. hängig ist. Als Lehrmethode ist Hypnotismus polizeilich nicht verfolgbar, und so kann der entsprechende Polizeibericht nur festhalten: «Unter Nachnahme eines Betrages von Fr. 5,– empfängt der Besteller eine Anzahl Heftchen unter der Bezeichnung ‹Radiopathy›, mit welchen angeblich die Ausübung des Magnetismus und Hypnotismus erlernt werden kann.» Die Polizei muss sich darauf beschränken, entsprechende Vorlesungen so lange wie möglich zu verweigern, «indem die als Medium benutzten [...] Personen leicht Schaden davon tragen könnten, wie es auch schon der Fall gewesen ist. Ob das Verbot aber unter allen Umständen aufrechterhalten werden könnte, scheint ihm [dem Physikus Adolf Streckeisen] fraglich zu sein».[42]

Auf einem ähnlichen Weg kann auch Coiffeur Ernst B. an die Broschüre *Die Philosophie des persönlichen Einflusses* geraten sein. Dieses 100seitige Heft illustriert mit Photographien von «thatsächlichen hypnotischen Scenen»,[43] die auf Ernst B. eine ähnliche Wirkungsmacht ausgeübt haben müssen wie auf zeitgenössische Betrachterinnen

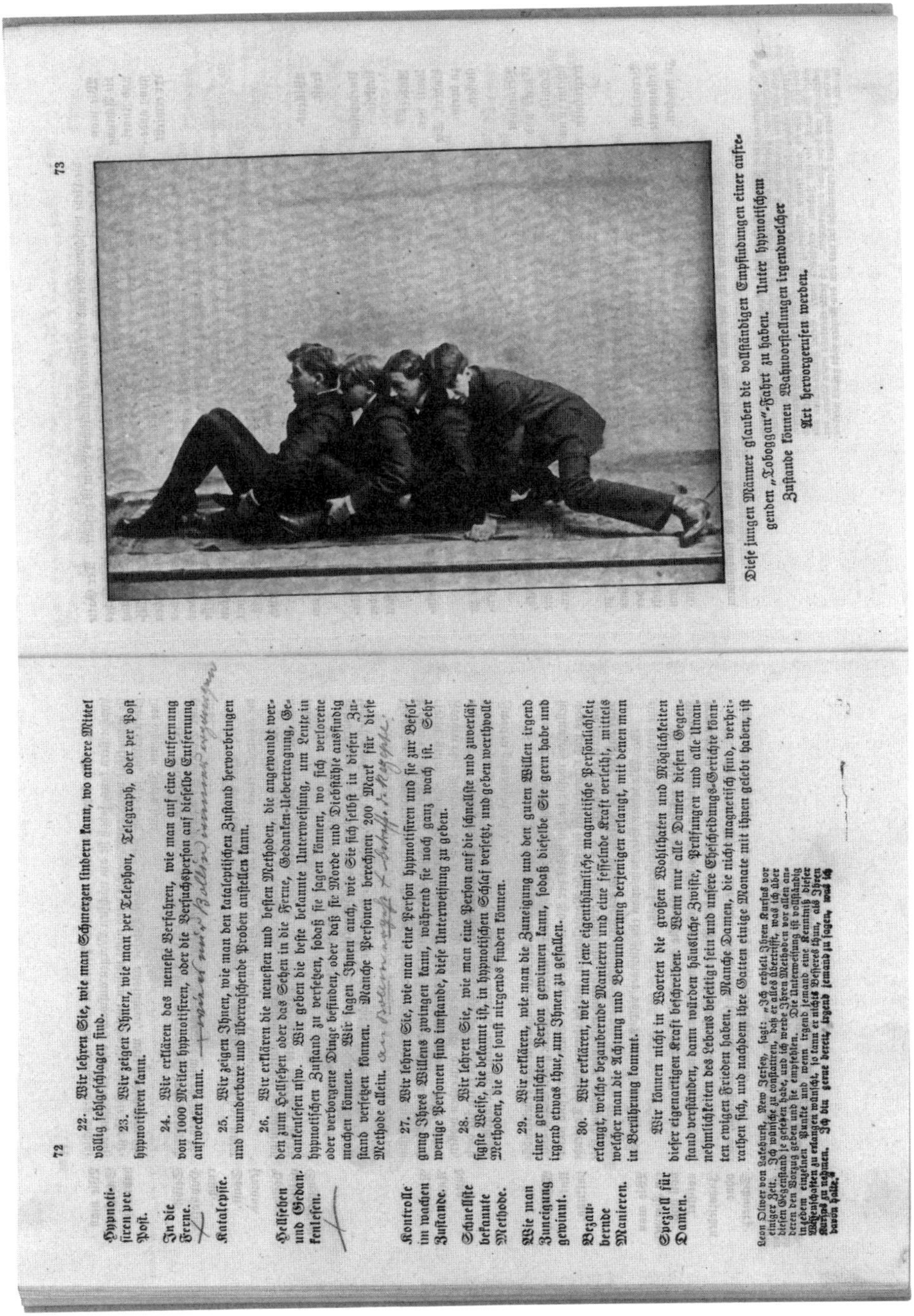

72

Hypnotisiren per Post. 22. Wir lehren Sie, wie man Schmerzen lindern kann, wo andere Mittel völlig fehlgeschlagen sind.

23. Wir zeigen Ihnen, wie man per Telephon, Telegraph, oder per Post hypnotisiren kann.

In die Ferne. 24. Wir erklären das neueste Verfahren, wie man auf eine Entfernung von 1000 Meilen hypnotisiren, oder die Versuchsperson auf dieselbe Entfernung aufwecken kann.

Katalepsie. 25. Wir zeigen Ihnen, wie man den kataleptischen Zustand hervorbringen und wunderbare und überraschende Proben anstellen kann.

Hellsehen und Gedankenlesen. 26. Wir erklären die neuesten und besten Methoden, die angewandt werden zum Hellsehen oder das Sehen in die Ferne, Gedanken-Uebertragung, Gedankenlesen usw. Wir geben die beste bekannte Unterweisung, um Leute in hypnotischen Zustand zu versetzen, sodaß sie sagen können, wo sich verlorene oder verborgene Dinge befinden, oder daß sie Morde und Diebstähle ausfindig machen können. Wir sagen Ihnen auch, wie Sie sich selbst in diesen Zustand versetzen können. Manche Personen berechnen 200 Mark für diese Methode allein.

Kontrolle im wachen Zustande. 27. Wir lehren Sie, wie man eine Person hypnotisiren und sie zur Befolgung Ihres Willens zwingen kann, während sie noch ganz wach ist. Sehr wenige Personen sind imstande, diese Unterweisung zu geben.

Schnellste bekannte Methode. 28. Wir lehren Sie, wie man eine Person auf die schnellste und zuverlässigste Weise, die bekannt ist, in hypnotischen Schlaf versetzt, und geben werthvolle Methoden, die Sie sonst nirgends finden können.

Wie man Zuneigung gewinnt. 29. Wir erklären, wie man die Zuneigung und den guten Willen irgend einer gewünschten Person gewinnen kann, sodaß dieselbe Sie gern habe und irgend etwas thue, um Ihnen zu gefallen.

Bezaubernde Manieren. 30. Wir erklären, wie man jene eigenthümliche magnetische Persönlichkeit erlangt, welche bezaubernde Manieren und eine fesselnde Kraft verleiht, mittels welcher man die Achtung und Bewunderung derjenigen erlangt, mit denen man in Berührung kommt.

Speziell für Damen. Wir können nicht in Worten die großen Wohlthaten und Möglichkeiten dieser eigenartigen Kraft beschreiben. Wenn nur alle Damen diesen Gegenstand verständen, dann würden häusliche Zwiste, Prüfungen und alle Unannehmlichkeiten des Lebens beseitigt sein und unsere Ehescheidungs-Gerichte könnten ewigen Frieden haben. Manche Damen, die nicht magnetisch sind, verheirathen sich, und nachdem ihre Gatten einige Monate mit ihnen gelebt haben, ist

Leon Oliver von Lakehurst, New Jersey, sagt: „Ich erhielt Ihren Kursus vor einiger Zeit. Ich wünsche zu constatiren, daß er alles übertrifft, was ich über diesen Gegenstand je gesehen habe, und ich werde Ihren Methoden vor allen anderen den Vorzug geben und sie empfehlen. Die Unterweisung ist vollständig in jedem einzelnen Punkte und wenn irgend jemand eine Kenntniß dieser Wissenschaften zu erlangen wünscht, so kann er nichts Besseres thun, als Ihren Kursus zu nehmen. Ich bin gerne bereit, irgend jemand zu sagen, was ich davon halte."

73

Diese jungen Männer glauben die vollständigen Empfindungen einer aufregenden „Toboggan"-Fahrt zu haben. Unter hypnotischem Zustande können Wahnvorstellungen irgendwelcher Art hervorgerufen werden.

Die Philosophie des persönlichen Einflusses. Eine wissenschaftliche Abhandlung über die Anwendung und Möglichkeiten von Persönlichem Magnetismus, Hypnotismus, Mesmerismus, Suggestiver Heilkunde, Magnetischer Heilung und verwandten Erscheinungen. Zusammen mit einem Kapitel über: «Wie die Macht erlangt wird.» Illustriert mit thatsächlichen hypnotischen Scenen, Rochester (New York Institute of Science) o.J., 72f.
StABS, Sanität T 13.1. Einzelne Geisteskranke, 1894–1912. Transkription auf S. 181

und Betrachter die Photographien hypnotisierter Hysterikerinnen in der *Iconographie photographique de la Salpêtrière,* ein System, «das Ihre Macht tausendfach vermehrt»,[44] und versichert ganz im Sinne der Verfechter einer «criminellen Suggestion», «daß eine starke magnetische Persönlichkeit eine Waffe ist, gegen welche der Stärkste keinen Widerstand leisten kann».[45] Coiffeur Ernst B., bewaffnet mit wenig mehr als seinem Notizheft und einem Rasiermesser, muss in seinem ungleichen Machtkampf mit den Immobilienspekulanten lesen, wie diese Broschüre die unsichtbare Macht der Hypnose mit der tödlichen Kraft eines dünnen elektrischen Drahts und der Unvorstellbarkeit telegraphischer Botschaften vergleicht: «Wir können uns keine richtige Vorstellung von der Möglichkeit machen, eine telegraphische Botschaft in einem Augenblick 5000 Meilen weit zu senden, und doch wissen wir, daß dies geschehen kann.»[46] Folgerichtig beschreibt Ernst B. die drahtlose Telegraphie, deren Opfer zu sein er glaubt, mit den Worten: «so wurde ich vom D^{r}. aus, von unsichtbaren elektrischen Drähten maltretiert und d. D^{r}. wußte sich diese Drähte e so gut zu bedienen, daß er mir Solche wenn ich jedes mal reklamierte, mir dieselben durch den Haarboden in mein Gehirn hinein dirigierent tauchte, daß wie glühende Nadeln hineinstoßen würde, kolosale fühlbare brennende Schmerzen provozierten», und fügt, analog zum «Aufschreibesystem» von Daniel Paul Schrebers 1903 erschienenen *Denkwürdigkeiten eines Nervenkranken,* hinzu: «Herrn D^{r}. H., hypnotisierte & sugerierte mich auf die Gehirns äderchen und Nerven um den Gedankengang in fühlen & denken, alles was ich mich im meinem Kopf (Gehirn) überlege & Nachdenke auf jeder geringste Gedanken die mir ins Gedächtniß komt, weiß er mir zu wiederlegen & genau alles was mich in Gedanken kommend, & sogar leitend zu controllieren sich wohl wissend, fwas für einen Werth für D^{r}. & G. sei^{Solches} anzueignen gewußt und dieser Verfahren unter sich die Gehirnsthelegraphie nannten. Durch dieser systemmatische erwischen von meiner denkenden Gedanken, machten sich der D^{r}. H. & G. nebst Sch., nutzen davon, und copierten in meiner ahnungsloser Meinung, es könne ^{mir} nie^{manden}Êmein Denken & Gedanken stehlen, der ^{ertappte}ÊD^{r}. H., mich auf einmal beim, wiederlegen in Gedanken versunken, Ein Rezept sich aus meinem Gehirn entnehmen».[47]

Mit diesem ‹gestohlenen› Rezept für ein Schönheitswasser sollen H. und G. Ernst B. um «1 Million & 50,000 Franken»[48] Tantiemen gebracht haben. Selbst Daniel Paul Schrebers Furcht vor der Leichenobduktion seines Gehirns[49] teilt Ernst B.: «G. und D^{r}. H. & Polizeispion Sch. Diese 3 Verbündete zusammen, beabsichtigten unter einander, mich ins Grab oder auf den Seksiertisch zu liefern»;[50] Anfang März 1899 kann er von der Polizei im letzten Moment gerettet werden, nachdem er sich – unter Einfluss der Hypnosen – mit dem Rasiermesser die Pulsadern geöffnet hat; doch «wenn es dem D^{r}. den Streich gelungen wäre, so hätte ich als Selbstmörder vor der Oeffentlichkeit gelten solle, und daß die Anatomie Basel, meine Körper sekzierend, nebst dem Gehirn nach meine Todte untersuchen vorzunehmen wollte».[51]

Doch während Coiffeur Ernst B. sich im Spiegel der Öffentlichkeit wahrgenommen hat, wollte diese sich in seinem Schicksal nicht wiedererkennen. Seine Appelle verhallten ohne Echo.

1 Vgl. Manfred Schneider: Hysterie als Gesamtkunstwerk. Aufstieg und Verfall einer Semiotik der Weiblichkeit. In: Merkur. Deutsche Zeitschrift für europäisches Denken 39 (1985), 879–895.

2 Vgl. zu dieser Selbstinszenierung Charcots in den von ihm erhaltenen Porträtphotographien im besonderen Andreas Mayer: «Ein Übermass an Gefälligkeit». Der Sammler Jean-Martin Charcot und seine Objekte. In: Lydia Marinelli (Hg.): «Meine ... alten und dreckigen Götter». Aus Sigmund Freuds Sammlung. Frankfurt a.M./Basel 1998, 47–59, v.a. 57; zu Jean-Martin Charcot im allgemeinen Marcel Gauchet / Gladys Swain: Le vrai Charcot. Les chemins imprévus de l'inconscient. Paris 1997.

3 Zu diesem epistemologischen Topos naturwissenschaftlicher Erkenntnis im *Fin de siècle* vgl. Bernd Stiegler: Philologie des Auges. Die photographische Entdeckung der Welt im 19. Jahrhundert. München 2001, v.a. 33, 97, 136, 139, 384 und 387; zu Londe ebd., 97, sowie Schneider, Hysterie als Gesamtkunstwerk.

4 Vgl. Georges Didi-Huberman: Erfindung der Hysterie. Die photographische Klinik von Jean-Martin Charcot. Aus dem Französischen übersetzt und mit einem Nachwort von Silvia Henke, Martin Stingelin und Hubert Thüring. München 1997.

5 Michel Foucault: Macht-Wissen. Aus dem Französischen übersetzt von Claudia Honegger. In: Franco Basaglia / Franca Basaglia-Ongaro (Hg.): Befriedungsverbrechen. Über die Dienstbarkeit der Intellektuellen. Frankfurt a.M. 1980, 63–80, hier 74–75; die jüngste deutsche Übersetzung – Michel Foucault: Die psychiatrische Macht. Aus dem Französischen übersetzt von Michael Bischoff. In: ders.: Dits et Écrits 1954–1988. Herausgegeben von Daniel Defert und François Ewald unter Mitarbeit von Jacques Lagrange. Frankfurt a.M. 2002, Bd. II, 829–843 – gibt «suggestibilité morbide» mit «morbide Anfälligkeit für Suggestionen» (836) wieder.

6 Zum Folgenden vgl. ausführlich Stefan Andriopoulos: Besessene Körper. Hypnose, Körperschaften und die Erfindung des Kinos. München 2000, insbes. 29–49 und 75–128.

7 Albert von Schrenck-Notzing: Die gerichtlich-medizinische Bedeutung der Suggestion. In: Archiv für Kriminalanthropologie und Kriminalistik 5 (1900), 1–36, hier 12.

8 Vgl. dazu die für die Schnittstellen zwischen dem juristischen, dem medizinischen und dem literarischen Diskurs um 1900 sehr aufschlussreiche Studie von Anja Sya: Literatur und juristisches Erkenntnisinteresse. Joachim Maass' Roman «Der Fall Gouffé» und sein Verhältnis zu der historischen Vorlage. Baden-Baden 2001.

9 Vgl. Stefan Andriopoulos: Besessene Körper. ‹Criminelle Suggestion› und ‹Körperschaftsverbrechen› in Literatur, Medizin und Rechtswissenschaft des späten 19. Jahrhunderts. In: Scientia Poetica. Jahrbuch für Geschichte der Literatur und der Wissenschaften 2 (1998), 129–150, insbes. 132f. und 138.

10 Zur gerichtsmedizinischen und juristischen Literatur über die forensische Bedeutung der Hypnose vgl. vor allem Jean-Roch Laurence / Perry Campbell: Hypnosis, Will, and Memory. A Psycho-Legal History. New York / London 1988.

11 Vgl. etwa Didi-Huberman, Erfindung der Hysterie, 260f. («Am Rand des perfekten Verbrechens»), mit weiterführender Literatur.

12 Zu diesem Schulenstreit vgl. zuletzt Andreas Mayer: Mikroskopie der Psyche. Die Anfänge der Psychoanalyse im Hypnose-Labor. Göttingen 2002, insbes. 19–93.

13 Zit. nach Andriopoulos, Besessene Körper. Hypnose, 82.

14 Vgl. ebd., 84–89.

15 Vgl. Jacqueline Carroy: Les personnalités doubles et multiples. Entre science et fiction. Paris 1993, 116–121.

16 Vgl. Andriopoulos, Besessene Körper. Hypnose, 47–49.

17 Leopold Loewenfeld: Der Hypnotismus. Wiesbaden 1901, 434.

18 So wird Ambroise A. Liébeault zitiert von G. Ballet: La suggestion hypnotique au point de vue médico-légal. In: Didi-Huberman, Erfindung der Hysterie, 333–335, hier 334.

19 Karl von Lilienthal: Der Hypnotismus und das Strafrecht. Berlin 1887, 110.

20 Carl du Prel: Das hypnotische Verbrechen und seine Entdeckung. München 1889, 34.

21 Ebd., 13f.

22 Ebd., 17.

23 Vgl. ebd., 32.

24 Ebd., 50.

25 Das Vorbild von Mazzino Montinari: Nietzsche in Cosmopolis. Französisch-deutsche Wechselbeziehungen in der europäischen Décadence. In: Frankfurter Allgemeine Zeitung Nr. 164 (19. Juli 1986), Tiefdruckbeilage «Bilder und Zeiten» – vgl. auch ders.: Aufgaben der Nietzsche-Forschung heute: Nietzsches Auseinandersetzung mit der französischen Literatur des 19. Jahrhunderts. In: Sigrid Bauschinger / Susan L. Cocalis / Sara Lennox (Hg.): Nietzsche heute. Die Rezeption seines Werkes nach 1968. Bern/Stuttgart 1988, 137–148 –, lässt sich ebenso zwanglos wie gewinnbringend auf den schweizerischen ‹Fall› von Ernst B. übertragen.

26 Staatsarchiv Basel (StABS), Sanität T 13.1. Einzelne Geisteskranke, 1894–1912.

27 StABS, Sanität T 13.1, Ernst B.: Meine Erlebnisse: Klage & Beschwerde-Bericht,: und Rapport. über die Herren Hypnotiseuren Dr. Adolph H. (Wallstraße.) Salamon G. (Leimenstraße). und Ihren (Polizei) Spion complice Hans Sch. Packer (Itelpfadgss.) alle wohnhaft in Basel. – Thatsachen. –, 5.

28 Vgl. ebd., 2.

29 Ebd., 6.

30 Ebd., 8.

31 Ebd., 25.

32 Ebd., 27.

33 StABS, Sanität T 13.1, Die Philosophie des persönlichen Einflusses. Eine wissenschaftliche Abhandlung über die Anwendung und Möglichkeiten von Persönlichem Magnetismus, Hypnotismus, Mesmerismus, Suggestiver Heilkunde, Magnetischer Heilung und verwandten Erscheinungen. Zusammen mit einem Kapitel über «Wie die Macht erlangt wird». Illustrirt mit thatsächlichen hypnotischen Scenen, Rochester (New York Institute of Science) o.J., 62.

34 Ebd., 61.

35 Ebd., 16. (Die Broschüre muss nach 1900 erschienen sein, da sie den «Internationalen Congress für Hypnotismus, abgehalten in Paris am 12. August 1900», 49, zitiert.)

36 Ebd., 23f.

37 Ebd., 39.

38 Ebd., 30.

39 Ebd., 71.

40 Vgl. Mikkel Borch-Jacobsen: Anna O. zum Gedächtnis. Eine hundertjährige Irreführung. Aus dem Französischen übersetzt und mit einem Nachwort von Martin Stingelin. München 1997, insbes. 70–82 («Carl Hansen»).

41 StABS, Sanität U 6. Hypnotismus, Gesundbeten, Reg. (Nr. 698).

42 StABS, Sanität U 6, Polizeirapport vom 13.9. 1906. Noch am 17.12. 1912 berichtet Physikus Dr. Hunzicker: «Es gibt in Basel mehrere Nervenärzte die Hypnose ausüben, wenn sie angezeigt erscheint.» Sie darf allerdings nur «von staatlich approbierten Aerzten ausgeübt werden», StABS, Sanität U 6, Reg.-Contr. IIa 11.

43 StABS, Sanität T 13.1, Die Philosophie des persönlichen Einflusses, 1.

44 Ebd., 60.

45 Ebd., 46.

46 Ebd., 15.

47 StABS, Sanität T 13.1, Ernst B., Meine Erlebnisse, 13.

48 Ebd., 9f.

49 Vgl. Daniel Paul Schreber: Denkwürdigkeiten eines Nervenkranken. Herausgegeben von Gerd Busse. Giessen 2003, 357f., und dazu Friedrich Kittler: Flechsig/Schreber/Freud. Ein Nachrichtennetzwerk der Jahrhundertwende. In: Der Wunderblock Nr. 11/12 (März 1984), 56–68, insbes. 62.

50 StABS, Sanität T 13.1, Ernst B., Meine Erlebnisse, 17.

51 Ebd., 21.

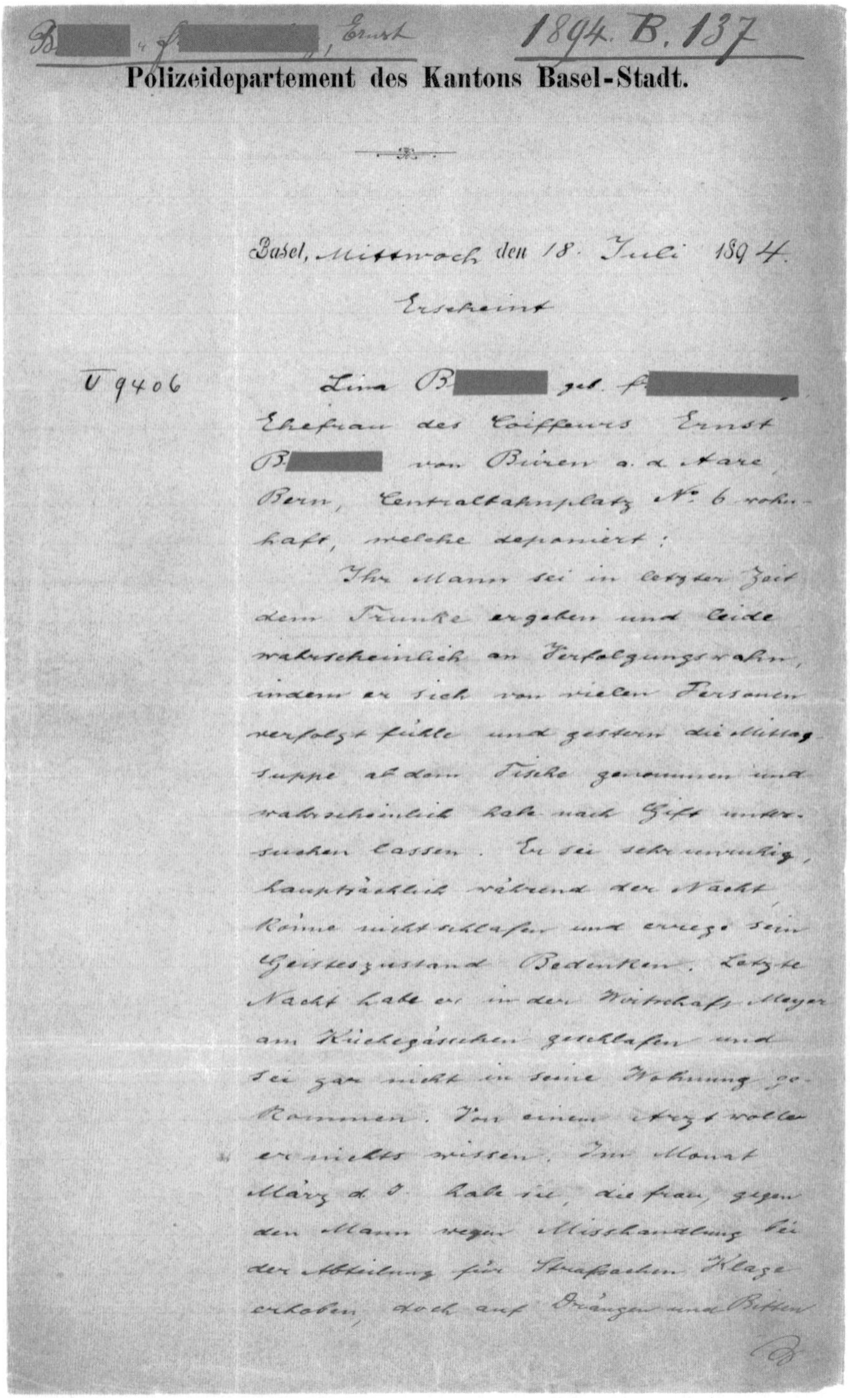

B[redacted] u. F[redacted], Ernst 1894. B. 137

Polizeidepartement des Kantons Basel-Stadt.

Basel, Mittwoch den 18. Juli 1894.

Erscheint

U 9406

Lina B[redacted] geb. F[redacted], Ehefrau des Coiffeurs Ernst B[redacted] von Büren a. d. Aare, Bern, Centralbahnplatz No. 6 wohnhaft, welche deponiert:

Ihr Mann sei in letzter Zeit dem Trunke ergeben und leide wahrscheinlich an Verfolgungswahn, indem er sich von vielen Personen verfolgt fühle und gestern die Mittagsuppe ab dem Tische genommen und wahrscheinlich habe nach Gift untersuchen lassen. Er sei sehr unruhig, hauptsächlich während der Nacht könne nicht schlafen und errege sein Geisteszustand Bedenken. Letzte Nacht habe er in der Wirtschaft Meyer am Küchegässchen geschlafen und sei gar nicht in seine Wohnung gekommen. Von einem Arzt wolle er nichts wissen. Im Monat März d. J. habe sie, die Frau, gegen den Mann wegen Misshandlung bei der Abtheilung für Strafsachen Klage erhoben, doch auf Drängen und Bitten

B.

Polizeirapport und Vernehmungsprotokoll. Basel 18.–20.7. 1894
StABS, Sanität T 13.1. Einzelne Geisteskranke, 1894–1912. Transkription auf S. 95

Psychopathographien des Alltagslebens
Polizeiliche Aufschreibepraktiken im Vorraum der Psychiatrie

Stefan Nellen und Robert Suter

Vorfälle

Bevor Ernst B. sich in Basel niedergelassen hat, wird er als einer von vielen Fremden den Bahnhof passiert haben, wird er als unauffälliger Reisender durch dieselben Bahnhofshallen gegangen sein, in denen andere Passagiere von der Polizei bereits als auffällige und potentiell gefährliche Geisteskranke angehalten und registriert worden sind. Er selbst ist der Polizei erst verdächtig geworden, nachdem er den Bahnhof längst passiert hat, aber noch in seiner unmittelbaren Nähe, am «Centralbahnplatz N° 6» wohnt. Der Vorfall, durch den Ernst B. sich erstmals dem methodischen Verdacht ausgesetzt sieht, ein gefährlicher und versorgungsbedürftiger Geisteskranker zu sein, ereignet sich laut Polizeirapport am 18. Juli 1894, als seine Ehefrau «das Polizeidepartement auf den Zustand ihres Mannes aufmerksam» macht: «Ihr Mann sei in letzter Zeit dem Trunke ergeben und leide wahrscheinlich an Verfolgungswahn, indem er sich von vielen Personen verfolgt fühle und gestern die Mittagsuppe ab dem Tische genommen und wahrscheinlich habe nach Gift untersuchen lassen.»[1] In diesen wenigen Worten, die Lina B. über ihren Mann zu Protokoll gibt, ist schon mehr als eine Geschichte verpackt: Während sie ihrem Mann «Verfolgungswahn», also eine psychische Erkrankung attestiert, vermutet dieser eine Vergiftung, eine kriminelle Handlung von seiten seiner Frau, wie sich bei seiner anschliessenden Vernehmung herausstellt.

Vorfälle wie dieser bestehen aus Fragmenten einer Erzählung, aus Fragmenten wie solchen Aktennotizen, die im Hinblick auf den psychiatrischen Diskurs vordiskursiv bleiben, weil sie als Produkt polizeilicher Verwaltungspraktiken einer anderen Ordnung als Diskursen angehören. Aus einem Vorfall kann zwar wie bei Ernst B. ein Fall werden, trotzdem ist der Vorfall selbst kein Fall, keine stringente Erzählung, die als Fallgeschichte etwa in eine psychiatrische Publikation eingehen kann. Die Polizei produziert keine grossen Erzählungen, sondern Akteneinträge in Form von Anekdoten, wie sie Lina B. zu Protokoll gibt. Im Polizeibericht über das

Ereignis, dass ein Mann «die Mittagsuppe ab dem Tische genommen und wahrscheinlich habe nach Gift untersuchen lassen», überlagern sich schon zwei potentielle Erzählungen, von denen die eine von einem Krankheitsfall und die andere von einem Kriminalfall berichtet. So wird die Geschichte der Frau von einer Gegengeschichte durchkreuzt, von einer anderen Geschichte, durch die sie sich legitimiert, in der sie sich aber auch bricht. «Gemäss dieser Lesart der Anekdote ist Geschichte», wie Marianne Schuller formuliert, «was passiert, wenn die Paradigmatik der kausalen Verknüpfung sich lockert, löst, an Halt und Formierungskraft verliert. Wenn die Anekdote Geschichten passieren lässt, kommt mit ihr das Zufällige und Kontingente ins Spiel.»[2] Auch der Gang der Ehefrau zur Polizei, wo sie dem Polizeimann Georg Haller, einem Büralgehilfen der Abteilung für Administrativsachen, die Auffälligkeiten ihres Mannes anzeigt, stellt die Kontingenz jenes Übersetzungsaktes heraus, den die polizeiliche Erfassung ihrer Aussage darstellt. Denn erst durch die Registrierung, durch die Protokollierung wird für die Polizei das sonderbare Verhalten von Ernst B. zu einem Vorfall, erst die Beschreibung seiner Paranoia macht diese zu einem Ereignis. Der Vorfall findet mit anderen Worten an zwei Orten statt: im Alltag der Ehefrau und ihres Mannes sowie im Büro der Polizei, wo dieser Alltag aufgezeichnet wird. Die Geschichte von Vorfällen zu schreiben heisst daher nicht, die Geschichte des einen oder anderen Ortes zu schreiben, sondern die Geschichte der Übertragungen zwischen beiden, der Übersetzungen und jenes unübersetzbaren Restes, der erst durch die Übersetzung anfällt. Vorfälle folgen nicht einer menschlichen oder sozialen Handlungslogik, sondern zunächst der Logik eines polizeilichen Aufschreibesystems, das nicht weniger als die ganze Wahrheit in Erfahrung bringen will. So findet nach der Anzeige der Ehefrau auch die Einvernahme ihres Mannes statt. Aussage reiht sich an Aussage. Durch die Protokollierung solcher Äusserungen kann schliesslich schriftlich über die Leben derer verfügt werden, die in ihnen zur Sprache kommen. Zeugenaussagen, Einvernehmungen, Stellungnahmen, Anschuldigungen und Rechtfertigungen gerinnen zu Texten, «die eine Rolle in dem Realen spielen, von dem sie sprechen, und die bei all ihrer Ungenauigkeit, ihrer Emphase, ihrer Heuchelei von der Realität wiederum durchfahren werden: Diskursfragmente, die die Fragmente einer Realität nach sich ziehen, deren sie ein Teil sind».[3]

Die Geschichte dieser Übersetzungen zu schreiben heisst daher, mehr als eine Geschichte zu schreiben, es mit einem Vorfall unter anderen Vorfällen zu tun zu haben, mit einer Unmenge von kleinen Ereignissen, die sich alle im Vorraum der Psychiatrie ereignen. So hausen an der Adresse, welche die Familie B. zu ihrem Domizil gewählt hat, zur gleichen Zeit auch jene ominösen Brüder Ernst Theobald und Hans Sch., die Basel mit «einige[n] Dutzend Raketen» in Schutt und Asche legen wollen.[4] Diese Nachbarn kennt Ernst B. gut genug, um einen von ihnen, Hans Sch., für einen «(Polizei) Spion complice» zu halten.[5] So spektakulär wie diese Attentatspläne sind

Vorfälle aber selten, meistens bleiben sie banal wie jene, welche die Polizei im benachbarten Bahnhof registriert: Eine Frau belästigt Passanten mit der immer gleichen Geschichte, ein Mann betet laut in den Bahnhofshallen, ein anderer schlägt im Gepäcklokal wild um sich. Aus kleinen Ereignissen wie diesen werden nur dann Vorfälle, wenn sie der Polizei nicht bloss auffallen, sondern von ihr auch schriftlich festgehalten werden. Aber erst der Physikus, dem die Polizei den Verdacht auf Geisteskrankheit anzeigt, entscheidet mit seinem Gutachten, ob aus einem Vorfall ein psychiatrischer Fall wird oder nicht. Sowohl die Polizei wie auch der Physikus nehmen eine doppelte Übersetzung vor, einmal die Übertragung eines Augenscheins in eine schriftliche Form, dann die Überstellung der Akten zuhanden einer anderen Behörde: Die Polizei schickt ihre Akten an den Physikus, der sein Gutachten zurück an die Polizei sendet, und die wiederum überstellt das Dossier an die Irrenanstalt. Durch die Ankopplung des polizeilichen an ein psychiatrisches Aufschreibesystem eröffnen sich der Irrenanstalt unterschiedlichste Vorräume, die nicht innerhalb der Anstaltsmauern liegen: angefangen bei Gaststätten, Wohnungen oder Bahnhöfen bis hin zu den Büros der Polizei und dem Untersuchungsgefängnis. So wie die schriftlichen Übersetzungen immer mehr als eine Geschichte hervorbringen, multiplizieren sich auch die Vorräume unter dem polizeilichen Blick, der in ihnen Auffälligkeiten von Individuen und damit auch die Individuen selbst registriert.

Umreisst man diese erste Ebene polizeilicher Erfassung, bleibt jener Vorfall, den die Ehefrau der Polizei meldet, ein Vorfall unter anderen Vorfällen. Auf dieser ersten Ebene, bevor der Vorfall in einen eigenen Fall übergeht, besteht immer auch die Möglichkeit, dass er gar nicht oder zu einem anderen Fall wird, etwa zu einem Gerichtsfall. Es geht uns also nicht nur um jenen Vorfall, der im Polizeiprotokoll vom 18. Juli 1894 auftaucht, sondern um die Entstehungsbedingungen von Fällen überhaupt. Der Vorfall ist kein Fall, aber er stellt jene Vorbedingung dar, ohne die kein Fall zustande kommt. Die Geschichte eines Vorfalls lässt sich nicht als Fallgeschichte schreiben, sondern nur als die Geschichte jener verstreuten kleinen Ereignisse, die eine Person in den Augen der Polizei auffällig machen. Wir wollen daher nicht jene Fallgeschichte rekonstruieren, die Ernst B. durch Polizei und Psychiatrie auf den Leib geschrieben worden ist, sondern die Mikrologik jener unspektakulären Ereignisse, die überhaupt zur Konstitution eines Falles und dann einer solchen Fallgeschichte führen, ohne dass sie selbst schon einen Fall darstellen. Diese Ereignisse spielen auf keiner eigenen Bühne, vielmehr verteilen sie sich auf verschiedene Schauplätze, die durch die ihnen eigene Architektur, Ausdehnung oder Geschlossenheit jedem einzelnen Ereignis ein spezifisches Gepräge verleihen. Ein solcher Ort ist der Bahnhof, einer jener Knotenpunkte des modernen Massenverkehrs, die erst seit dem 19. Jahrhundert das Stadtbild prägen. Wie Ernst B. das erste Mal den Bahnhof passiert hat, bleibt, anders als bei den Vorfällen, von denen gleich die Rede sein wird, im Dunkel seiner Vorgeschichte. Nur wie er Basel durch den Bahnhof verlassen musste, ist in den Dokumenten überliefert: «Er ist gut nach Münsingen transportabel.»[6] Nachdem Ernst B. als Fremder nach Basel gekommen ist, eine Familie gegründet, ein Geschäft eröffnet und ein Haus gekauft hat, wird er durch diesen Transport wieder zum Fremden. Im Bahnhof entscheidet sich mit anderen Worten, wer in der Stadt ein Einheimischer werden darf, wer sie wieder als Fremder verlassen muss oder ein Fremder bleibt, weil er sie gar nicht erst betreten darf.

Akten

«Heute Abend», rapportiert Polizeimann Schmid im April 1894, «den 15. d. Mts. um 7 Uhr überbrachte mir der Portier Buchli auf dem Zentralbahnhof eine irrsinnige Frauensperson auf den Zentralbahnposten.»[7] Leute wie diese verwirrte Reisende erhalten dadurch, dass sie schriftlich erfasst werden, ein amtliches Double, das sie fortan bei ihrer Reise durch die behördlichen Instanzen begleitet, einen Wiedergänger in der für sie unsichtbar bleibenden Gestalt eines sich anreichernden Aktenkorpus. Er sorgt dafür, dass Akten und Individuen, Symbolisches und Reales miteinander verklammert bleiben.[8] Als daher Maria Magdalena F. in das kantonale Untersuchungsgefängnis Lohnhof gebracht wird, werden auch ihre Akten vom Zentralbahnposten ins Polizeidepartement, genauer in die Abteilung für Administrativsachen, überstellt. Diese Abteilung veranlasst auch die Begutachtung solcher Leute, über die man mittels ihrer Akten nun schriftlich verfügen kann, aus denen auf diese Weise anschreibbare und beschreibbare Personen geworden sind. So kann Ludwig Lutz, Chef dieser Abteilung und Sekretär des Polizeidepartements, in den Akten jeweils vermerken: «Physikatsbericht verlangt».[9] Der Physikus II ist als einer der beiden Stadtärzte allgemein für die Gerichts- und Polizeimedizin zuständig, für die Kontrolle der städtischen Apotheken ebenso wie für die medizinische Untersuchung der aufgegriffenen Prostituierten, aber auch für die Physikatsberichte über den Geisteszustand und die Transportfähigkeit von Personen, die ihm vom Polizeidepartement zugewiesen werden.[10] Er ist es daher auch, der am nächsten Tag die verwirrte Frau untersucht, die noch immer im Lohnhof einsitzt, und in seinem Gutachten zuhanden der Polizei nicht nur erkennt, «dass Explorandin geistesgestört ist» sowie «an einer hochgradigen Verrücktheit mit Aufregungszuständen» leidet, sondern auch ihre «sofortige Verbringung […] in die hiesige Irrenanstalt» verfügt.[11] Der Physikus ist das entscheidende Relais zwischen medizinischen und polizeilichen Institutionen, er nimmt die Übersetzung zwischen polizeilichem und psychiatrischem Aufschreibesystem vor, sorgt für die Überstellung von Personen aus dem Gefängnis in die Psychiatrie. Er entscheidet mit und in seinem Gutachten, wer fortan als Geisteskranker zu gelten hat.

Mit Maria Magdalena F. werden auch ihre Akten mitsamt dem entscheidenden Gutachten in die Irrenanstalt überstellt, wo Auszüge aus ihnen in die Krankengeschichte eingehen, exzerpiert vom aufnehmenden Arzt.[12] Obwohl also die Polizei- und Sanitätsakten in der Krankenakte zitiert werden, Auszüge aus ihnen als Vorgeschichte der eingelieferten Kranken deren Akte eröffnen, sind sie nicht Teil der Krankenakte. Denn was sich in der Krankenakte niederschlägt, um mit einer Unterscheidung von Deleuze und Guattari zu operieren, ist der Anfang einer Krankheit oder Krankengeschichte, während es auf der Ebene des Vorfalls, in den Polizeiprotokollen und Physikatsberichten, um ihre Gründung geht.[13] Dieser Umstand schlägt sich auch in den Verwaltungspraktiken nieder: Während die Krankenakte in der Irrenanstalt bleibt und archiviert wird, gehen die übrigen Akten wieder an die Abteilung für Administrativsachen zurück, wo sie dann vom Sekretär Lutz archiviert werden. Auch wenn Zitate aus ihnen in die Krankengeschichte eingehen, handelt es sich bei diesen Akten nicht um Psychiatrieakten: Bis hin zum Physikus sind es keine Psychiater, die sie verfasst haben. Stadtärzte und Polizeibeamte fertigen diese Akten an, Polizeimänner wie Schmid, der noch vor dem Physikus oder dem Psychiater als erster in seinem Rapport notiert, dass «eine irrsinnige Frauensperson auf den Zentralbahnposten» gebracht worden sei. Auch wenn er schon den Verdacht auf eine Geisteskrankheit festhält, ist damit noch nicht die Entscheidung gefallen, dass diese Person auch tatsächlich für geisteskrank erklärt wird. Was auf der Ebene des Vorfalls vielmehr passiert, ist die Anbahnung der Möglichkeit, solche Personen für geisteskrank zu erklären. Der Vorfall begründet auf diese Weise einen Fall, ohne dessen Anfang zu sein. Indem Alltag hier im Register des Ungewöhnlichen erfasst wird, schreiben sich in die Akten jene kleinen Auffälligkeiten, Abweichungen und Verwirrungen ein, die durch ihre polizeilich-administrative Übersetzung zu Psychopathographien des Alltagslebens gerinnen.

Passagiere

Der Eisenbahnbau schlägt Schneisen durch die alten Städte, die dadurch für den modernen Weltverkehr geöffnet werden. Dieser bringt den Städten zwar auch den einen oder anderen Gast, vor allem aber eine Unmenge von Passagieren, die sie Tag für Tag durchqueren. Hat der Reisende vorher in der Stadt, in der er Station machte, meist auch übernachtet, bleiben viele Bahnreisende gewöhnliche Passagiere, die nicht zu Gästen werden, sondern als Fremde eine Stadt durchqueren, von der sie schliesslich nicht viel mehr als den Bahnhof gesehen haben werden. Das ist die neue Gattung von Reisenden, welche die Bahn hervorbringt: Passagiere, die nicht zu Gästen werden, sondern Fremde bleiben. Die Stadt ist für sie statt Unterbrechung ihrer Reise nur noch vorbeiziehende Durchgangsstation.

Die Bahn befördert Reisende, die immer in Gefahr sind, zu ewigen Passagieren zu werden. Reisende wie Albert Dadas, Angestellter bei einer Gasgesellschaft, der eines Tages hundert Franc erhält, um Kohle zu kaufen, und Stunden später, als er wieder zu sich kommt, in einem Zug mit einer Fahrkarte nach Paris sitzt. Das ist nur die erste der Fahrten, die Dadas unternimmt, spektakulärere Reisen folgen, unter anderem durch Sibirien und nach Konstantinopel. Für ihn ist der Eisenbahnverkehr tatsächlich zur «bewohnbaren Zirkulation» geworden.[14] In *Les Aliénés voyageurs*, seiner 1887 erschienenen Dissertation, entwirft der französische Psychiater Philippe Tissié für solche Reisenden ein neues Krankheitsbild: *Fugue*, «d.h. seltsame und unvermittelte Reisen, oft ohne klares Bewusstsein unternommen», ist in Frankreich von 1887 bis 1909 eine intensiv diskutierte, oft diagnostizierte Geisteskrankheit.[15] Anders als Fallgeschichten wie diese weiten sich die Vorfälle, die von der Basler Bahnhofspolizei registriert werden, nicht zu abenteuerlichen Reiseromanen aus, sondern bleiben fragmentarische Anekdoten, die von vorzeitig unterbrochenen Reisen erzählen wie jener von Maria Magdalena F. Weder aus dem Polizeirapport noch später aus dem Physikatsbericht geht hervor, woher sie kommt und wohin sie will: «Dieselbe gibt auf jede Frage keine Antwort, woraus man ersehen köñte wie sie heißt oder woher selbe ist, einmal äußerte sich dieselbe, sie koñe von Zwingen u. frug einem F. nach, auch spricht dieselbe viel von Amerika.»[16] Mag sein, dass sie aus Zwingen kommt und nach Amerika will, sicher ist vorderhand nur, dass ihre Reise im Untersuchungsgefängnis ein vorläufiges Ende findet.

Ein Passagier wie Dadas, der in der Zirkulation selbst haust, kann Haltestellen auch verschlafen – im Unterschied zu Reisenden in der Postkutsche. Denn bei Unterbrechungen auf einer Postkutschenreise wartet immer ein Gasthaus, in dem aus dem Reisenden vorübergehend wieder ein Gast wird. Und während sich dem Reisenden in der Postkutsche eher das unebene Gelände mitteilt, das die über Stock und Stein holpernde Kutsche gerade durchfährt, teilt sich dem Zugpassagier vor allem die Bahn selbst mit, durch das schnelle Anziehen der Lokomotive oder das gleichmässige Rattern über die Schienen.[17] In der Postkutsche war durchfahrenes Gelände noch erfahrbar, der «vorindustrielle Überlandverkehr eingebunden in den Landschaftsraum, durch den er führte».[18] Die Eisenbahn jedoch ist daraufhin angelegt, Landschaftsdifferenzen auszugleichen. Eine «ebene und gerade Linie muss durch ein unebenes natürliches Gelände» verlegt werden.[19] Erst durch die Nivellierung werden verkehrstechnisch die hohen Geschwindigkeiten möglich, welche die Eisenbahn kennzeichnen. Für die Passagiere bedeutet Eisenbahnfahren die eigene Deterritorialisierung, da ihre Reise einer vorgespurten Bahn folgt, die das Gelände durchschneidet, sich aber nicht in dieses integriert. Die Reise ist nicht mehr durch Unterbrechungen charakterisiert, durch ihre Aufspaltung in mehrere Reiseetappen, sondern dadurch, dass das durchreiste Gelände zu einem einzigen gleichförmigen Zwischenraum zusammenschmilzt.[20] Die Städte rücken einander näher. Am Bahnhof passiert die Übersetzung zwischen diesem ausgedehnten deterritorialisierenden Reiseraum, den die Bahn durch ihr nivelliertes Trassee und ihre grosse Geschwindigkeit geschaffen hat, und der alten, im 19. Jahrhundert noch durch ihre Stadtmauern umgebenen Stadt. Der Bahnhof ist der Ort, an dem Passagiere zwischen Städten übersetzen, von einem Zug in den anderen umsteigen. Er ist auch der Ort, an dem aus Passagieren wieder Passanten werden, an dem ihre Recodierung in auswärtige Gäste, niedergelassene Einwohner oder einheimische Bürger stattfindet und an dem das Passagierwerden oder das Passantwerden folglich auch scheitern kann. Passieren falsche Übersetzungen, können aus Passanten, wie Dadas einer ist, Weltreisende werden und Weltreisen, wie Maria Magdalena F. eine unternimmt, vorzeitig unterbrochen werden. Und mag es auch «irrsinnig» anmuten, von Zwingen gleich nach Übersee reisen zu wollen, so ist es doch eine Tatsache, dass Amerika Zwingen durch die Eisenbahn näher gerückt ist.

Die Bahn bringt Basel aber nicht nur mehr und andere Fremde, sie kommt auch aus der Fremde. Denn die Geschichte der Basler Eisenbahn beginnt in Frankreich: «Im Jahre 1839 rückte die im Bau begriffene Bahnlinie von Strassburg her der Basler Grenze immer näher.»[21] Ein Jahr später wollen zwei im Elsass niedergelassene Basler Fabrikanten eine Bahnverbindung von Saint-Louis nach Basel bauen. Der Anschluss an die Eisenbahn ist allerdings nicht unumstritten. Vor allem wird eingewendet, dass die Identität der Stadt «durch eine allzunahe Verbindung mit Frankreich und dem – schon damals ganz zur Fabrikstadt entarteten – Mülhausen gefährdet» sei.[22] Basel ist zu jener Zeit noch durch die mittelalterlichen Stadtmauern geprägt, die der Stadt klare Konturen verleihen. Und um diese sicheren Grenzen fürchtet man. Stimmen werden laut, Frankreich würde mit einem eigenen Bahnhof innerhalb der Stadtmauern «festen Fuss fassen» und die «politische Unabhängigkeit» bedrohen. Denn am «meisten Eindruck [...] machte die Erwägung, dass die Bahn unmittelbar aus dem Ausland in die Grenzstadt führte».[23] Als Argument gegen einen französischen Bahnhof vor der Stadtmauer wird angeführt, dort «könnte ein übles Quartier sich ansammeln, das schwierig zu überwachen wäre».[24] Schliesslich baut man 1845 den Bahnhof innerhalb der Stadt und muss dazu den Mauerring nach aussen verlegen. Um die Abgeschlossenheit der Stadt zu wahren, errichtet man ferner ein Eisenbahntor, das den Zugang zur Stadt regeln soll. Dessen Fallgatter wird nach Einfahrt des letzten Zugs um 21 Uhr geschlossen und vor der Abfahrt des ersten Zugs um 5.30 Uhr wieder geöffnet. Dennoch kommen mit der Bahn auch die Fremden. Auf sie sind zwei Drittel des Bevölkerungswachstums am Ende des 19. Jahrhunderts zurückzuführen: 1900 zählt die Stadt Basel 109 161 Einwohner, rund 72 000 sind Zugewanderte.[25]

Bahnhöfe

1855 gibt es in Basel drei Bahnhöfe verschiedener Nationen. Nach dem französischen Bahnhof wird 1852 der Bahnhof der Schweizerischen Centralbahn eröffnet und 1855 der Bahnhof der Grossherzoglichen Badischen Bahn. Weil es drei Kopfbahnhöfe sind, stellt sich das Problem ihrer Vernetzung untereinander. Auf der einen Seite argumentiert die Basler Regierung, Kopfbahnhöfe seien im «Lebensinteresse Basels», denn «die Waren müssen von einem Bahnhof zum andern geführt, sie müssen gelagert und umspediert werden. Und auch die Reisenden machen diesen Weg und lassen manch schönes Stück Geld liegen, das Basel bei durchgehenden Bahnhöfen niemals zu sehen bekäme.»[26] Die Bahngesellschaften hingegen bestehen auf durchgehendem Zugsverkehr, um ihren Passagieren die Mühen des Umsteigens zu ersparen. Tatsächlich setzt sich diese Position durch: 1860 wird der gemeinsame Bahnhof der französischen und schweizerischen Bahn eröffnet, und 1873 wird die Verbindungsbahn zwischen diesem und dem Badischen Bahnhof in Betrieb genommen.[27] Durch die Vernetzung der Bahnhöfe schliessen die Bahngesellschaften Basel auch an das europäische Verkehrsnetz an. Denn mit dem Bau der Gotthardbahn wird Basel zu einer Durchgangsstation des Transitverkehrs zwischen Deutschland und Italien, zwischen der Nordsee und dem Mittelmeer. Als Durchgangsstation kann die Stadt den Zugsverkehr aber nur mehr begrenzt beherrschen. So verliert sie tatsächlich einen Teil ihrer Souveränität. «Doch», berichtet der Chronist Siegfried, wird Basel «dafür mehr als entschädigt durch sein gewaltiges Aufblühen, das mit eine Folge seines vernunftgemässen Bahnanschlusses an den grossen Weltverkehr» ist.[28]

Schon mit dem Bau des ersten Bahnhofs sind es nicht mehr die Stadttore, die als Grenzposten den alltäglichen Verkehr von Menschen und Gütern regeln, sondern der Bahnhof wird zum neuen Grenzposten, den Menschen und Güter auf ihrem Weg in die Stadt und aus ihr heraus passieren müssen. Der Grenzposten ist von der Stadtgrenze ins Stadtinnere gerückt, aus einer äusseren eine innere Grenze geworden. Auch die Bahnhofsarchitektur verweist auf diese internalisierte Grenze: Wenn ein Passagier in Basel ankommt, findet er sich zunächst in der grossen Bahnhalle wieder, einem Industriekomplex aus Stahl mit Holzverzierungen, um dann durch das Empfangsgebäude, das in seiner Steinarchitektur auf die Stadt verweist, den Centralbahnplatz zu betreten.[29] Türhüter wie Polizeimann Schmid oder Portier Buchli, den Ernst B. als einen seiner Zeugen anführt,[30] wachen über die Personen, die den Bahnhof verlassen oder betreten, der eine im Centralbahnposten auf der rechten Seite, der andere in seinem Büro auf der linken Seite des Hauptportals.[31] So wird Maria Magdalena F. durch Portier Buchli auf den Centralbahnposten gebracht, wo Polizeimann Schmid sie vergeblich nach ihren Personalien fragt. Nachdem ihre Identität aber einmal feststeht, kann sie ein Jahr später, als die Polizei sie erneut anhält, einfach wieder zurückgeschickt werden: «Die F. ist letzte Nacht wegen Obdachlosigkeit aufgegriffen und heute gemäss Verfügung des Hrn. Vorstehers wieder nach Laufen transferirt worden.»[32]

Polizeirapporte

Als Fall hat ein Individuum einen Namen, einen Ort und eine Diagnose, alles Adressierungen, die ein Vorfall als Voraussetzung nicht hat, die er als Voraussetzung für einen Fall vielmehr produziert. Ein Fall setzt sich aus zwei Körpern zusammen, aus einem Aktenkorpus und einem Individuum, dem jener zugeordnet ist, während ein Vorfall diese Beziehung erst stiftet. Krankengeschichten verweisen schon durch die Art, wie sie als Formular konfiguriert sind, auf ein einziges Individuum: In der Kopfmaske erfassen sie persönliche Daten und die Diagnose eines Patienten und in der nachfolgenden Liste seinen Krankheitsverlauf mit den medizinischen Massnahmen. Auf diese Weise individualisieren sie den Patienten, machen ihn aber auch mit anderen Patienten vergleichbar, machen aus ihm einen Fall unter vergleichbaren Fällen. Polizeiakten dokumentieren dagegen neben dem Ereignis, das zur polizeilichen Erfassung und ärztlichen Begutachtung einer Person führt, immer auch ein anderes Ereignis: Durch ihre Datierung und die Unterschrift ihres Verfassers verweisen sie auch auf die Schreibszene, aus der sie hervorgegangen sind. Zwischen diesen beiden Ereignissen, dem Wahrnehmen einer Auffälligkeit durch einen Polizisten und ihrer nachträglichen Protokollierung, entspannt sich der Vorfall. Anders als die Krankengeschichte ist er immer mehr als die Geschichte eines Individuums, eines einzigen Patienten, da er zugleich die Geschichte des Polizisten erfasst, der das Gesehene auch als seine eigene Erfahrung schriftlich festhält. Der Vorfall ist die Geschichte der Übersetzung eines Sichtbaren in ein Sagbares, die auch vom Zusammenstoss zweier Individuen erzählt, von der nicht selten gewaltsamen Begegnung zwischen einem Polizisten und Personen, die von ihren Ehegatten angezeigt werden, in Gaststätten randalieren, sich von Brücken stürzen wollen oder in Bahnhöfen umherirren.

Polizeirapporte und Physikatsberichte sind zweiseitige oder vierseitige linierte Papierbogen mit einer vorgedruckten Kopfzeile, durch die das Papier nicht einem Individuum, sondern einer Behörde zugewiesen wird: dem «Polizeidepartement des Kantons Basel-Stadt» oder dem «Physikat». Psychiatrische Krankengeschichten hingegen sind gedruckte Formulare, vorgegebene Lückentexte, in denen als erstes die persönlichen Daten eines Patienten eingetragen werden, eines kranken Individuums, dem dann alle weiteren Eintragungen über seine Vorgeschichte, sein Betragen und den Krankheitsverlauf zugeordnet werden können. Vordrucke wie der Polizeirapport oder die Krankengeschichte sind die elementare mediale Voraussetzung, damit individuelles Betragen in einer allgemeinen Form überliefert werden kann. Der Polizeirapport setzt allerdings das Vorhandensein eines anschreibbaren Individuums nicht voraus, sondern beschreibt eine Begebenheit, durch die ein Individuum erst auffällig wird. Er kann sich daher nur durch die Signatur eines Anderen authentifizieren, durch die Signatur jenes polizeilichen Berichterstatters, der diese Begebenheit mit einem bestimmten Datum und unter Hinzufügung seines eigenen Namens protokolliert.

In seinem Rapport vom 6. Juni 1880 bringt Landjäger Weber, «stat.[ioniert] am S.[chweizerischen] C.[entral] B[ahn]hof», einen Vorfall zu Papier «betreffend einer alten blödsinnigen Jungfer», die «schon seit 2 Jahren in allen Wartesäälen im S. C. Bhof» herumstreicht. «Dieselbe hat nämlich die fixe Idee, daß der Knabe Rudolf Suter 11 Jahre alt, mit dem sie in naher Verwandtschaft steht, u. ihn früher gehütet hat, an eine Seiltänzerbande verkauft werde, u. hält sich deßhalb von früh bis späht, in u. außer dem Bahnhofgebäude auf, in der Meinung der Knabe werde per Eisenbahn heimlich fortgeliefert.» Am 7. Juni hält ein Aktenvermerk lapidar fest: «Die K. angemessen verwahrt».[33]

Am Mittwoch, den 18. Oktober 1893, schreibt ein Polizeimann namens Scherer folgenden Rapport: «Heute, Mittwoch, Vormittags um 10¼ Uhr mußte der Melker Jos. M., von Wolfenschießen, Kt. Unterwalden, geboren den 15 August 1857, Sohn des Melchior und der Anna Marie, geb. O., im Gepäcklokal der Elsaß-Lothringenbahn, wo er sich (wahrscheinlich im geistesgestörten Zustande), durch Schlagen, etc. die anwesenden Leute belästigte, worauf dann Unterzeichneter requirirt wurde. Daselbst angelangt, konnte Unterzeichneter sehen, bezw. vermuthen, daß derselbe, wie oben schon erwähnt, Geistesgestört sein muß, und deßhalb zum weiterfahren nicht mehr aufgenohmen werden konnte. Derselbe wurde alsdann, nach vielem Bemühen, indem er sich auf äußerste wiedersetzt hatte, per Droschke auf den Lohnhof verbracht.»[34]

Der Polizeimann Regennaß rapportiert am 22. Januar 1894 «betreffend dess Geisteskranken W.»: «Carl W., v. Hardheim Bad. Amt Stauffen gb. 1865 20. Novemb. Bäker, ohne Schriften, alles angeblich, wurde heute Abend 5½ Uhr in der Einsteighalle Bad. Bahn wo derselbe mehrmals zu Boden kniete & bettete & dadurch Aufsehen erregte, desshalb angehalten & mit Hilfe des Grenzjäger Bürki auf den Claraposten verbracht.»[35]

Kollisionen

Weil das Stadttor Verkehr nur in zwei Richtungen zulässt, in die Stadt und aus ihr heraus, teilt das Tor die passierenden Leute in zwei disjunkte Mengen: in Einreisende und Ausreisende. Das Stadttor steht für eine Ordnung, die auf eindeutigen Unterscheidungen zwischen innen und aussen, Einreisenden und Ausreisenden, Stadt und Land beruht, und ist zugleich jener Ort, der als befestigte Grenzwache diese Ordnung sichert. Der Bahnhof, im Innern der Stadt gelegen, durchkreuzt solche diskreten Unterscheidungen, denn die Leute, die sich in seinen Hallen durchmischen, lassen sich nicht mehr in zwei disjunkte Mengen unterteilen, sondern ballen sich zu einer drängelnden Masse: Passagiere steigen um, Gäste kommen an, Einwohner reisen ab, Bahnangestellte gehen arbeiten, aber auch Touristen stehen herum, die den in jedem Fremdenführer erwähnten Bahnhof nur besichtigen wollen.[36] In den Bahnhofshallen kann daher jeder dem anderen in die Quere kommen, jeder dem anderen zum Irrgänger oder zum Denunzianten werden. In diesem Wirrwarr sich überkreuzender Wege muss es zu Zusammenstössen kommen, zu einer «Folge von Chocks und Kollisionen», wie Walter Benjamin die Wirkung zusammenfasst, die das Durcheinander in einer solchen amorphen Menge hat.[37]

So hält der Polizeirapport auch über Josef M. fest, dass dieser aufgefallen sei, als er «durch Schlagen, etc. die anwesenden Leute belästigte». Dass der Melker Josef M. nicht der erste Passant ist, der auf diese Weise auffällt, findet sich im Rapport eher beiläufig dadurch vermerkt, dass der aufnehmende Polizist offensichtlich voraussetzen kann, was bei «Schlagen, etc.» mit dem Etcetera gemeint ist. Der Angehaltene selbst wird später zu Protokoll geben, dass er seit einiger Zeit «oft plötzlich Leute um sich» spüre, «die ihn bedrohen & anpacken, so dass er sich dañ aus Leibeskräften wehren müsse. Deshalb habe er seine Stelle in Toul verlassen & wolle daheim Schutz u. Ruhe vor diesen Leuten suchen; aber auch auf der Reise habe er solche Bedrohungen erleben müssen.»[38] Er hat offenbar nicht damit gerechnet, dass jene Reise, die er unternommen hat, um seine körperliche Integrität zu wahren, diese erst recht gefährden musste, schon weil die Fahrt, die er mit der Eisenbahn nach «daheim» unternahm, ihn zunächst erst recht in die Fremde und unter fremde Leute führen musste. Auf diese Weise konnte er in den Augen der Polizei, während er sich gegen Übergriffe anderer zu verteidigen glaubte, selbst zum Angreifer werden.

Polizeimann Scherer schreibt, dass er «sehen, bezw. vermuthen» konnte, dass der randalierende Passant «Geistesgestört sein muß, und deßhalb zum weiterfahren nicht mehr aufgenohmen werden konnte». Seltsam genug, dass es nicht Gewalttätigkeit, sondern eine Geistesgestörtheit sein soll, die eine Weiterfahrt schliesslich undenkbar macht. Noch aufschlussreicher aber ist der Blickmodus, der hier vom «Unterzeichneten», wie er sich selbst nennt, beschrieben wird: «sehen, bezw. vermuthen», als wenn es keinen Unterschied machen würde, ob man sieht oder bloss vermutet. Wenn der polizeiliche Blick mehr registriert, als von blossem Auge zu sehen ist, erweist er sich aber als ein informierter Blick, der nicht nur akustische, haptische und optische Informationen verarbeitet, sondern auch spekulativ ist.[39] Scherer ist kein unmittelbarer Augenzeuge, sondern wird erst requiriert, nachdem sich die anwesenden

Leute belästigt gefühlt haben. Er weiss also bereits vom Hörensagen, was ihn am Schauplatz erwartet. Wenn er dann zu sehen glaubt, «daß derselbe, wie oben schon erwähnt, Geistesgestört sein muß», bestätigt das Gesehene nur, was er vorher schon für wahrscheinlich gehalten hat. Der polizeiliche Blick ist kreativ, er stellt eine Ebene von Sichtbarkeit her, die ohne ihre Beschreibung unterhalb des Offensichtlichen oder auch nur Wahrscheinlichen bliebe. Er macht eine Geisteskrankheit sichtbar, die ohne ihre Übersetzung in ein Sagbares diesem nicht als ein Sichtbares unterstellt werden könnte.[40] Auf diese Weise kann sich Sehen auch als Vermuten darstellen. So macht der Rapport mehr sichtbar als das plötzliche Um-sich-Schlagen eines Passanten, indem er als zugleich sichtbaren und unsichtbaren Grund dieser blossen Gewalt eine Geisteskrankheit wahrscheinlich macht. Hier schlägt sich im Bericht ein spekulativer Blick nieder, der die Wirklichkeit schon immer dadurch verdoppelt haben wird, dass nur wirklich sein kann, was nicht ohne Grund, Motiv oder Referenz ist. Wirklichkeit erscheint als Effekt ihrer Beschreibung.

Die Bezeichnung und nähere Beschreibung einer Geisteskrankheit als ursächliche Referenz eines auffälligen Benehmens fällt dem Physikus zu, aber bereits der Polizeirapport dreht sich um nichts anderes als die Herstellung einer schriftlichen Referenz, die allein eine wirkliche Existenz belegbar macht: «Carl W., v. Hardheim Bad. Amt Stauffen gb. 1865 20. Novemb. Bäker, ohne Schriften, alles angeblich».[41] Auch dieser Mann, welcher der Polizei durch öffentliches Beten auffällt, ist auf der Heimreise und möchte eigentlich nur den Zug wechseln. Die «(abgelaufenen) Schriften will er», wie Journalführer Meyer im Polizeibericht später ergänzt, «im Koffer nach Krotzingen gesandt haben».[42] Seine Identität bleibt dadurch buchstäblich offen, wie in den Akten die divergierenden Schreibweisen seines Nachnamens belegen: Schreibt der erste Polizeimann diesen mit «tt», so wird er vom zweiten Polizisten, der die Ergänzung wegen der Schriften nachträgt, nur mit «d» geschrieben. Erst als die Behörden von Hartheim, das er als seine Heimatgemeinde angegeben hat, seine mündlichen Angaben schriftlich bestätigen, steht mit seiner Identität auch fest, wie sein Nachname korrekt geschrieben wird. Wenn die badischen Behörden bestätigen, «daß die Angaben desselben der Wahrheit getreu sind», weil sie «mit Allem übereinstim̄en», macht ihre Stellungnahme deutlich, dass für die Behörden um 1900 nur wahr ist, was anderswo festgeschrieben ist.[43] Das Individuum trägt seine Identität nicht in sich, sondern auf sich. Es ist auf deren Bestätigung von einem Anderen her angewiesen. So stehen bei diesem Vorfall alle Angaben, die das Individuum über sich macht, unter dem Vorbehalt ihrer nachträglichen schriftlichen Bestätigung durch die Behördenpost: «ohne Schriften, alles angeblich». Aufgabe der Polizei ist denn auch, diese Referenzen herzustellen und zu stabilisieren, unter anderem weil nach der Familie die Heimatgemeinde für die Versorgung von Geisteskranken verantwortlich ist. Tatsächlich wird Carl W. ein halbes Jahr später von seinem Bruder in der Irrenanstalt abgeholt, nachdem ihm der Physikus eine «Form von Melancholie mit religiösen Wahnideen» bescheinigt hat. Aber selbst wenn das nicht ohnehin sein Reiseziel gewesen wäre, wenn er nicht zurück in sein Heimatdorf gewollt hätte, wäre ihm dieses durch die Behörden zur Heimat gemacht worden, weil es so und nicht anders in den Akten steht.

War bisher von Passagieren die Rede, deren Reisen nach Übersee, der Heimat oder zur Familie unterbrochen werden, handelt es sich bei Magdalena K. um eine Einheimische, die beinahe auch schon zu den Bewohnern des Bahnhofs gehört und aus diesem Grund zum Vorfall wird. Sie erscheint am Bahnhof, um die Entführung ihres Neffen zu verhindern, und wird deshalb, wie im Polizeirapport vermerkt ist, «wiederholt von Bahnbeamten & Angestellten, sowie auch von Prifaten gerügt».[44] Trotzdem gehen diese Beschwerden erst in die Akten ein, als die «energischen Wegweisungen» durch den Landjäger keinen Erfolg haben, als die Weggewiesene zur Wiedergängerin wird, die immer wieder mit der immer gleichen Geschichte am Bahnhof auftaucht. Der polizeiliche Blick registriert hier kein alltägliches Geschehen, sondern macht aus einem solchen, das sich schon seit zwei Jahren wiederholt, durch seine schriftliche Übersetzung ein besonderes Ereignis. Ein Vorfall ist nicht ein Ereignis, das seiner schriftlichen Erfassung vorgängig wäre, sondern ein Ereignis, das sich erst durch seine Übersetzung, formiert. Die Übersetzung in eine schriftliche Form macht ein sich alltäglich wiederholendes Ereignis als ein besonderes Ereignis darstellbar, ohne dass dabei das eigentliche Ereignis, nämlich die Übersetzung, als solches kenntlich würde. Wenn die Legitimation dafür, dass Magdalena K. einen Tag später, wie in der Akte nachgetragen wird, «angemessen verwahrt» wird, der Vorfall vom 6. Juni 1880 ist, dann referiert dieser auf ein Ereignis, das er sich selbst unterstellt oder genauer als Übersetzung selbst darstellt. Gerade dadurch, dass hier aus einem alltäglichen Geschehen ein Vorfall gemacht wird, ist sichergestellt, dass es sich nicht wiederholen und die Akte geschlossen werden kann.

1 Staatsarchiv Basel (StABS), Sanität T 13.1. Einzelne Geisteskranke, 1894–1912. Polizeirapport von Georg Haller. Basel 18.7. 1894.

2 Marianne Schuller: Zu klein für zwei. Eine Anekdote Kleists. In: Marianne Schuller / Gunnar Schmidt: Mikrologien. Literarische und philosophische Figuren des Kleinen. Bielefeld 2003, 120.

3 Michel Foucault: Das Leben der infamen Menschen. Übersetzt aus dem Französischen von Walter Seitter. Berlin 2001, 14.

4 Zitiert nach Martin Stingelin: Gehirntelegraphie. Die Rede der Paranoia von der Macht der Medien 1900, Falldarstellungen. In: Friedrich A. Kittler / Georg Christoph Tholen (Hg.): Arsenale der Seele. Literatur- und Medienanalyse seit 1870. München 1989, 56.

5 StABS, Sanität T 13.1, 1894–1912, Ernst B.: Meine Erlebnisse: Klage & Beschwerde-Bericht,: und Rapport. über die Herren Hypnotiseuren D[r]. Adolph H. (Wallstraße.) Salamon G. (Leimenstraße). und Ihren (Polizei) Spion complice Hans Sch. Packer (Itelpfadgss.) alle wohnhaft in Basel. – Thatsachen. –.

6 StABS, Sanität T 13.1, 1894–1912, Physikatsbericht von Dr. Gustav Schaffner. Basel 25.10. 1904.

7 StABS, Sanität T 13.1, 1894–1912, Polizeirapport von Polizeimann Schmid. Basel 15.4. 1894.

8 Vgl. Bernhard Siegert: Passagiere und Papiere. Schreibakte auf der Schwelle zwischen Spanien und Amerika. München 2006, 77f.

9 Vgl. z.B. StABS, Sanität T 13.1, 1894–1912, Aktenvermerk von Ludwig Lutz. Basel 15.4. 1894.

10 Vgl. dazu StABS, Sanität E 1.1. Stadtarzt, Physici, Gesundheitsamt 1821–1915, die «Geschäftsvertheilung der beiden Physici, Physicus II» und die «Physikat Amtsordnung» vom 28. Februar 1884. Der Physikus I ist für die Sanitätspolizei, also für den Stand der öffentlichen Gesundheit und die Verfolgung von epidemischen Krankheiten verantwortlich.
11 StABS, Sanität T 13.1, 1894–1912, Physikatsbericht von Prof. Ernst Sury. Basel 16.4. 1894.
12 Vgl. Archiv der Psychiatrischen Universitätsklinik (PUK) Friedmatt, Krankengeschichte Maria Magdalena F.
13 Vgl. Gilles Deleuze / Félix Guattari: Was ist Philosophie? Aus dem Französischen übersetzt von Bernd Schwibs und Joseph Vogl. Frankfurt a.M. 2000, 49.
14 Vgl. Paul Virilio: Geschwindigkeit und Politik. Ein Essay zur Dromologie. Aus dem Französischen übersetzt von Ronald Voullié. Berlin 1980, 12.
15 Ian Hacking: Mad Travellers. Reflections on the Reality of Transient Mental Illnesses. London 1998, 21 und 8 (aus dem Englischen übersetzt durch die Verfasser).
16 StABS, Sanität T 13.1, 1894–1912, Polizeirapport von Polizeimann Schmid. Basel 15.4. 1894.
17 Vgl. Ralf Roth: Das Jahrhundert der Eisenbahn. Die Herrschaft über Raum und Zeit 1800–1914. Ostfildern 2005, 14.
18 Wolfgang Schivelbusch: Geschichte der Eisenbahnreise. München/Wien 1977, 152.
19 Ebd., 26.
20 Vgl. ebd., 39.
21 Paul Siegfried: Basel im neuen Bund, I. Teil (= Neujahrsblatt der Gesellschaft für das Gute und Gemeinnützige 103). Basel 1925, 24.
22 Ebd., 25.
23 Ebd., 25f. Sogar die NZZ fürchtete, dass ein französischer Bahnhof innerhalb der Basler Stadtmauern bewirke, «dass hier eine eidgenössische Stadt französische Uniform anziehe». Zitiert nach Ernst Born: Der Anschluss Basels an die Eisenbahnen in der Schweiz. In: Hansrudolf Schwalbe (Hg.): Die älteste Eisenbahn auf Schweizer Boden. Basel 1994, 16.
24 Siegfried, Basel im neuen Bund, 25.
25 Regina Wecker: Vom Anfang des 19. Jahrhunderts bis zum Anfang des 20. Jahrhunderts. In: Georg Kreis/ Beat von Wartburg (Hg.): Basel. Geschichte einer städtischen Gesellschaft. Basel 2000, 198.
26 Siegfried, Basel im neuen Bund, 38.
27 Brigitte Meles: Die Bahnhöfe der Schweizerischen Centralbahn in Basel. Basel 1984, 34–44.
28 Siegfried, Basel im neuen Bund, 40.
29 Vgl. dazu Meles, Die Bahnhöfe der Schweizerischen Centralbahn in Basel, 40, Abbildung 7, und Schivelbusch, Geschichte der Eisenbahnreise, 154f.
30 StABS, Sanität T 13.1, 1894–1912, Ernst B., Meine Erlebnisse, 27.
31 Vgl. den Grundriss des Centralbahnhofs von 1860 in: Meles, Die Bahnhöfe der Schweizerischen Centralbahn in Basel, 39.
32 StABS, Sanität T 13.1, 1894–1912, Akteneintrag von Journalführer Meyer. Basel 17.6. 1895.
33 StABS, Sanität T 13.1, 1819–1880, Polizeirapport von Landjäger Weber. Basel 6.6. 1880.
34 StABS, Sanität T 13.1, 1893, Polizeirapport von Polizeimann Scherer. Basel 18.10. 1893.
35 StABS, Sanität T 13.1, 1894–1912, Polizeirapport von Polizeimann Regennaß. Basel 22.1. 1894.
36 Vgl. Führer durch Basel und Umgebung. Hg. vom Verkehrsverein Basel und dem Verein Basler Gastwirte. Basel 1906, 32.
37 Walter Benjamin: Charles Baudelaire. Ein Lyriker im Zeitalter des Hochkapitalismus. In: ders.: Gesammelte Schriften Bd. I/2. Hg. von Rolf Tiedemann und Hermann Schweppenhäuser. Frankfurt a.M. 1991, 630 und 618.
38 StABS, Sanität T 13.1, 1893, Physikatsbericht von Prof. Ernst Sury. Basel 18.10. 1893.
39 Der polizeiliche Blick hat also dieselbe Fähigkeit wie der ärztliche Blick, dem Foucault die «paradoxe Fähigkeit» zuschreibt, «eine *Sprache zu vernehmen*, während er ein *Schauspiel wahrnimmt*». Michel Foucault: Die Geburt der Klinik. Eine Archäologie des ärztlichen Blicks. Aus dem Französischen übersetzt von Walter Seitter. Frankfurt a.M. 1999, 122.
40 Vgl. Gilles Deleuze: Foucault. Aus dem Französischen übersetzt von Hermann Kocyba. Frankfurt a.M. 1992, 93.
41 StABS, Sanität T 13.1, 1894–1912, Polizeirapport von Polizeimann Regennaß. Basel 22.1. 1894.
42 StABS, Sanität T 13.1, 1894–1912, Aktenvermerk von Journalführer Meyer. Basel 22.1. 1894.
43 StABS, Sanität T 13.1, 1894–1912, Bericht des Bürgermeisteramtes. Hartheim 25.1. 1894.
44 StABS, Sanität T 13.1, 1819–1880, Polizeirapport von Landjäger Weber. Basel 6.6. 1880.

Bürgerlicher Tod

Von der Angst, gesund ins Irrenhaus eingesperrt zu werden

Hans Jakob Ritter

> And you search in vain to find
> some law-abiding citizen.
> Just remember that death is not the end.
>
> Bob Dylan, Death is not the end

Ernst B. wurde zweimal in die Basler Irrenanstalt Friedmatt und ein weiteres Mal in die Berner Irrenanstalt Münsingen eingewiesen, in der er bis zu seinem Tod im Jahr 1923 verblieb: 1894 zeigte ihn seine Frau bei der Polizei an, 1899 war ein Suizidversuch Grund für die Einweisung. 1904, beim dritten Mal, hatte Ernst B. dem Basler Polizeihauptmann Mangold seinen Bericht «Meine Erlebnisse» zukommen lassen. Nach polizeilichen Ermittlungen und einer Begutachtung durch den Basler Stadtarzt kam B. aufgrund dieser Aufzeichnungen in die Irrenanstalt Münsingen seines Heimatkantons Bern.[1]

Da Ernst B. als Geisteskranker keine Klage führen konnte,[2] schickte er zur Bestätigung seines gesunden Geisteszustandes den Anschuldigungen im zweiten Teil seines Berichts die Schilderung voraus, wie er im Frühling 1904 versucht hatte, irrenärztliche Hilfe in Anspruch zu nehmen. Zuerst war ihm dies verwehrt worden, mit einem ärztlichen Zeugnis und auf eigenen Wunsch wurde er aber vorübergehend von der Irrenanstalt Münsingen aufgenommen, die ihn bald wieder als geheilt entliess. Sein Bericht führte aber nicht zu weiteren Ermittlungen durch die Polizei. Für die Psychiatrie wie für die Behörden bestätigte die Schrift «Meine Erlebnisse» vielmehr die Geisteskrankheit ihres Autors und führte dieses Mal zur endgültigen Internierung in der Irrenanstalt Münsingen.

Wie der Fall des Ernst B. zeigt, erfolgte die Aufnahme in die Irrenanstalt mühelos, wenn eine behördliche Einweisung oder ein ärztliches Zeugnis vorlag. Wenn man aus freien Stücken eintreten wollte, konnte man allerdings abgewiesen werden. Im folgenden möchte ich den Fall des Ernst B. im Kontext der Debatten um die Rechtmässigkeit von Einweisungen in Irrenanstalten darstellen, die im Kanton Basel-Stadt und in der Schweiz um 1900 intensiv geführt wurden. Diese Debatten verdeutlichen die Angst davor, gesund in der Irrenanstalt eingesperrt zu werden. Die Sorge, ohne tatsächlich krank zu sein, in die Irrenanstalt eingewiesen und dort zurückbehalten zu werden, begleitet die Geschichte des Auf- und Ausbaus der psychiatrischen Institu-

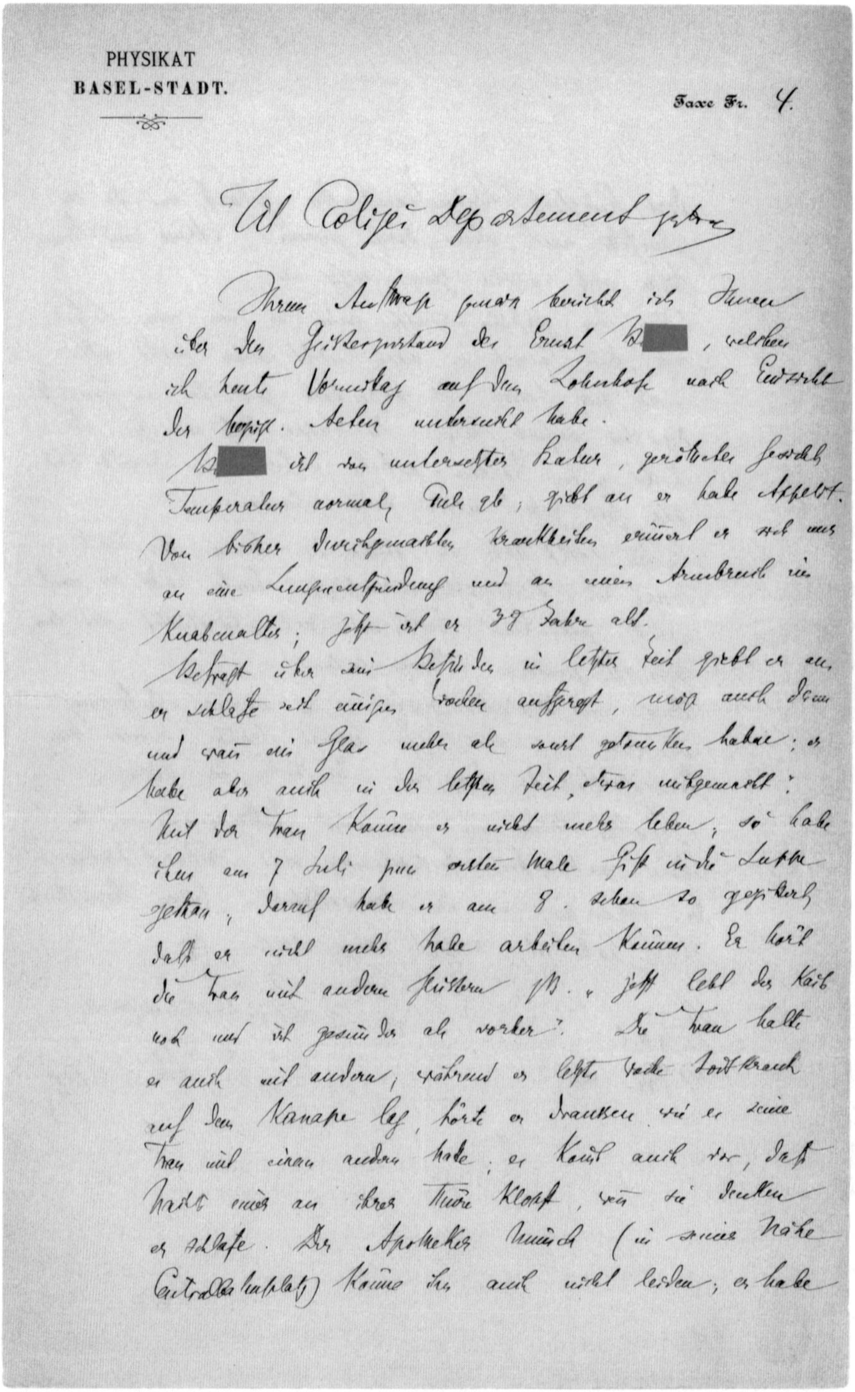

PHYSIKAT
BASEL-STADT.

Taxe Fr. 4.

Tit. Polizei-Departement [illegible]

Ihrem Auftrage gemäss berichte ich Ihnen über den Geisteszustand des Ernst [redacted], welchen ich heute Vormittag auf dem Lohnhof nach Einsicht der bezügl. Akten untersucht habe.

[redacted] ist von untersetzter Statur, gerötheter Gesichtsfarbe; Temperatur normal, Puls 80; giebt an er habe Appetit. Von bisher durchgemachten Krankheiten erinnert er sich nur an eine Lungenentzündung und an einen Armbruch im Knabenalter; jetzt ist er 37 Jahre alt.

Betreffs über sein Befinden in letzter Zeit giebt er an, er schlafe seit einigen Wochen aufgeregt, weil auch dann und wann ein Glas mehr als sonst getrunken habe; er habe aber auch in der letzten Zeit, etwas mitgemacht: Mit der Frau könne er nicht mehr leben; sie habe ihm am 7 Juli zum ersten Male Gift in die Suppe gethan, darauf habe er am 8. schon so gespürt, dass er nicht mehr habe arbeiten können. Er hört die Frau mit andern [illegible] [illegible] & jetzt lebt das Kind noch und ist gesünder als vorher?. Die Frau hatte er auch mit andern; während er letzte Woche Sonntag Nacht auf dem Kanapee lag, hörte er draussen wie er seine Frau mit einem andern hatte; er kennt auch den, dass Nachts einer an ihrer Thüre klopft, wenn sie denken er schlafe. Der Apotheker Münch (in seiner Nähe Centralbahnplatz) könne ihn auch nicht leiden; er habe

Physikatsbericht von Dr. Theophil Lotz. Basel 19.7. 1894
StABS, Sanität T 13.1. Einzelne Geisteskranke, 1894–1912. Transkription auf S. 97

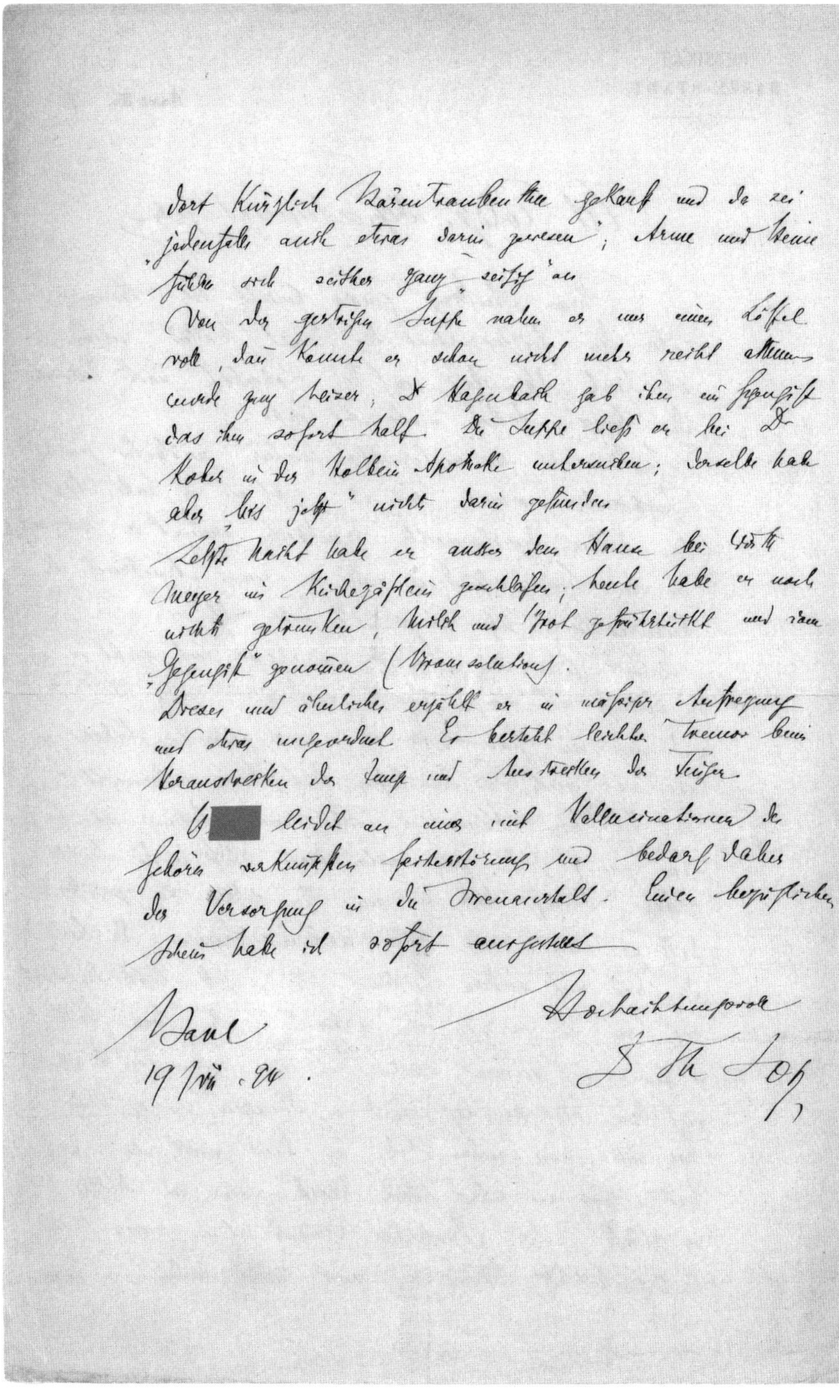

dort kürzlich Bärentraubenthee gekauft und da sei jedenfalls auch etwas darin gewesen"; Arme und Beine fühlen sich seither ganz "steif" an.

Von der gestrigen Suppe nahm er nur einen Löffel voll, dann konnte er schon nicht mehr recht athmen wurde ganz heiser; Dr Hagenbach gab ihm ein "Gegengift" das ihm sofort half. Die Suppe ließ er bei Dr Kober in der Goldenen Apotheke untersuchen; derselbe habe aber "bis jetzt" nichts darin gefunden.

Letzte Nacht habe er außer dem Hause bei Wirth Meyer im Kirchgäßlein geschlafen; heute habe er noch nichts getrunken, Milch und Brot gefrühstückt und ein "Gegengift" genommen (Bromsolution).

Dieses und ähnliches erzählt er in mäßiger Aufregung und etwas ungeordnet. Er bietet leichten Tremor beim Herausstrecken der Zunge und Ausstrecken der Finger.

G[redacted] leidet an einer mit Hallucinationen des Gehörs verknüpften Geistesstörung und bedarf daher der Versorgung in der Irrenanstalt. Einen bezüglichen Schein habe ich sofort ausgestellt.

Basel
19 VIII. 94.

Hochachtungsvoll
Dr Th Lotz

tion. Eine Internierung in der Irrenanstalt galt als «bürgerlicher Tod».[3] Denn für den Verlust der Bürgerlichkeit genügte es, dass man «die Grenze zum Asyl überschreitet, um ein Irrer zu sein, ein medizinisch, institutionell und juristisch bestimmter Abhängiger».[4]

Irrenrecht

Zwischen 1850 und 1914 entstand das schweizerische «Irrenwesen»[5]. In vielen Kantonen liessen die Kantonsregierungen öffentliche Irrenanstalten bauen. Mit dem Entstehen des Irrenwesens bildete sich auch die schweizerische Psychiatrie als medizinische Disziplin aus, die über ein spezifisches Wissen und praktische Kompetenzen der Behandlung von Geisteskranken verfügte. Der Auf- und Ausbau der öffentlichen Irrenpflege bildete damit den institutionellen Hintergrund für die Professionalisierung der schweizerischen Psychiatrie. Wie es die zeitgenössische Bezeichnung Irrenwesen nahelegt, wurde in dieser ersten Phase der Professionalisierung die «arme Bürgerklasse der Irren»[6] in administrativ-rechtlicher wie medizinisch-therapeutischer Hinsicht wichtig. Die Irrenanstalt respektive die Unterbringung, Beschäftigung und der geordnete Alltag in spezifischen, von anderen Spitälern räumlich getrennten Anstalten galt als *das* therapeutische Mittel zur Behandlung von Geisteskranken.[7] Im Kanton Basel-Stadt wurde 1886 die Irrenanstalt Friedmatt eröffnet. Sie löste die dem Bürgerspital angegliederte Irrenabteilung ab und war die erste Irrenanstalt der Schweiz, die im Pavillonsystem gebaut wurde.[8]

Wie in den meisten Schweizer Kantonen war im Kanton Basel-Stadt das Irrenwesen, und insbesondere die Aufnahme in Irrenanstalten, gesetzlich kaum geregelt.[9] Verschiedene Verfassungsartikel, Gesetze und Verordnungen schrieben auf Bundes- wie Kantonsebene den Rechtsstatus der Irren wie auch die Befugnisse von Angehörigen, Behörden und der Polizei ihnen gegenüber fest.[10] Gleichwohl war der rechtliche Status des Irren nicht genau definiert. Der Irre war rechtlich teilweise disqualifiziert, bedurfte aber auch des besonderen rechtlichen Schutzes, da er als handlungsunfähig galt. Das Bundesgesetz über Handlungsfähigkeit von 1881 erklärt diejenigen Personen für handlungsunfähig, «welche keinen bewussten Willen haben oder des Vernunftgebrauchs beraubt sind» und «welche entweder wegen geistiger oder körperlicher Gebrechen zur Besorgung ihrer ökonomischen Interessen unfähig sind».[11]

Die Handlungsfähigkeit konnte allerdings nur durch ein behördliches Verfahren entzogen und die betroffene Person nur nach richterlichem Beschluss entmündigt und unter Vormundschaft gestellt werden. Das Vormundschaftswesen war dabei bis zum Inkrafttreten des eidgenössischen Zivilgesetzbuches von 1912 kantonal geregelt und betraf nur insofern die Einweisung in die Irrenanstalt, als eine Internierung in der Wahrnehmung der Betroffenen einer Entmündigung gleichkam oder zur psychiatrischen Begutachtung im Zusammenhang mit einem Bevormundungsverfahren erfolgte.

Mit der Eröffnung trat 1886 auch das Organisationsgesetz der Basler Irrenanstalt in Kraft.[12] Das Gesetz regelte den Kontakt zwischen Behörden, Irrenanstalt und den Angehörigen von Geisteskranken. Für die Aufnahme in die Irrenanstalt hatte demnach ein Gesuch von Angehörigen, Aufsichtspersonen oder einer Behörde vorzuliegen. Zudem sollten eine Garantie des Kostgeldes durch die Heimatgemeinde und ein ärztliches Zeugnis eines Arztes vorliegen, das Geisteskrankheit diagnostizierte und den Anstaltsaufenthalt empfahl.[13] Zur Begutachtung oder auch in Notfällen konnte eine Person allerdings auch provisorisch in die Irrenanstalt aufgenommen werden, wobei die Aufnahmeformalitäten nachgeholt werden mussten.[14] Das Organisationsgesetz schrieb zudem vor, eine Aufsichtskommission zu bestellen. Diese hatte die Aufgabe, zwischen der Direktion der Irrenanstalt, der Verwaltung und den Insassen zu vermitteln.[15] Bereits 1890 und 1891 wurden ergänzende Verordnungen zur Internierung von Personen in die Basler Irrenanstalt erlassen.[16] Auf Anweisung des Direktors der Irrenanstalt oder des Stadtarztes konnte «im Interesse der Sicherheit der Geisteskranken oder deren Umgebung» polizeiliche Hilfe bei der Aufnahme von Geisteskranken in Anspruch genommen werden. In Notfällen konnte die Polizei aber auch von sich aus eine Einweisung vornehmen.[17] Die Verordnung von 1891 ermächtigte den Regierungsrat, die Versorgung eines Geisteskranken gegen den Willen der Angehörigen durchzusetzen, «insofern der betreffende Geisteskranke die öffentliche Ordnung, Sicherheit oder Sittlichkeit gefährdet oder sonst infolge eines Krankheitszustandes der Versorgung bedürftig ist».[18] Erst 1905 regelte das Gesetz über die Verwaltungsrechtspflege die Massnahme der Versorgung in Anstalten und räumte den in Irrenanstalten versorgten Personen Rekursrechte ein.[19]

Die rechtliche Regelung der Aufnahme Geisteskranker in die Irrenanstalt im Kanton Basel-Stadt stand im Brennpunkt unterschiedlicher Interessen, die sich gegenseitig ergänzten. Der Bau einer neuen Irrenanstalt war durch die Unterstützung breiter bürgerlicher Schichten zustande gekommen. Die Anstalt sollte der «Behandlung und Verpflegung heilbarer und unheilbarer Geisteskranker, Idioten und Epileptischer» dienen und den Bürgern und Einwohnern des Kantons, aber auch Auswärtigen zugänglich sein.[20] Der medizinisch-therapeutische Anspruch der Psychiatrie hatte sich durchgesetzt. Geisteskranke Bürger und Einwohner des Stadtkantons sollten eine Anstaltsbehandlung – arme Kantonsbürger sogar kostenlos – in Anspruch nehmen können.[21] Insofern der Polizei und der Regierung aber das Recht zugestanden wurde, Personen, welche die öffentliche Ordnung, Sittlichkeit und Sicherheit gefährdeten, in die Irrenanstalt einzuweisen, zeigte sich in den ergänzenden Verordnungen von 1890 und 1891 aber auch das ordnungspolitische Interesse des Staates an der öffentlichen Irrenpflege. Das Irrenrecht im Kanton Basel-Stadt sollte einerseits die Irren vor inadäquater Behandlung, andererseits das öffentliche Zusammenleben vor ‹gefährlichen› Irren schützen.

Zacharias Nigg, Orchesterdiener und «Quärulant»

Das Verfahren zur Aufnahme in die kantonale Irrenanstalt Friedmatt geriet bald nach deren Eröffnung in die Kritik. Auslöser waren der Fall des Orchesterdieners Zacharias Nigg von 1896 und später der Fall des Unternehmers Emil Mertz von 1909. Nigg wie Mertz wandten sich nach ihrer vorübergehenden Internierung in die Friedmatt an die Öffentlichkeit. Sie stellten ihre Einweisung als willkürlich dar und prangerten die Zustände in der Anstalt an. Beide veröffentlichten nach ihrer Entlassung Pamphlete gegen das Basler Irrenwesen, führten Klagen oder Prozesse und lösten eine Debatte im kantonalen Parlament und Anfragen an die Regierung aus.

Der Orchesterdiener Nigg hatte, nachdem er aus seiner Anstellung entlassen worden war, auf offener Strasse seinen ehemaligen Vorgesetzten angegriffen. Dieser zeigte ihn bei der Polizei an, worauf diese Nigg zur Begutachtung seines Geisteszustandes in die Irrenanstalt einwies. Das Verfahren bei Nigg entsprach einer provisorischen Einweisung zur Beobachtung. Auf Antrag eines Freundes wurde Nigg wieder aus der Anstalt entlassen. Anschliessend veröffentlichte er das Pamphlet «Moderne Zwingburgen»[22] und in kurzer Folge eine Reihe weiterer Broschüren gegen das Basler Irrenwesen. Zugleich begann er verschiedene Beschwerden gegen die Behörden und die Irrenanstalt zu führen, die er zusammen mit seinen Pamphleten publik machte.[23] Nigg führte dabei an, dass er durch das Vorgehen von Polizei und Irrenärzten in seinen Rechten verletzt worden sei. Zudem erhalte er nun keine Arbeit mehr, da er wegen seines Aufenthalts in der Irrenanstalt als geisteskrank gelte. Seinen Fall stellte er in den Kontext ähnlich gelagerter Fälle und präsentierte in seiner ersten Broschüre auch Zeugnisse anderer ehemaliger Patientinnen und Patienten der Friedmatt. Zeugnisse, die gewalttätige Übergriffe auf Anstaltsinsassen, schlechte Verpflegung und die Zurückbehaltung Gesunder in der Irrenanstalt dokumentieren wollten.[24] So forderte Nigg nicht nur die Wiederherstellung seiner Rechte, sondern betrachtete seine Erfahrungen als relevant für die Behandlung anderer Patientinnen und Patienten und forderte die Einhaltung von Bürgerrechten und Minimalstandards für die Behandlung in der Irrenanstalt ein. Während seine persönlichen Klagen und Beschwerden von den Behörden zurückgewiesen wurden,[25] führte seine erste Publikation zu einer Anfrage im kantonalen Parlament. Verschiedene Parlamentarier forderten die Regierung auf, «zu prüfen und zu berichten, ob nicht das Organisationsgesetz der Irrenanstalt […]

und der Grossratsbeschluss [...] betreffend Versorgung von Geisteskranken in Irrenanstalten hauptsächlich im Sinne eines stärkeren Schutzes gegen ungerechtfertigte Internierung zu revidieren sei, und ob nicht Zustände in der Irrenanstalt bestehen, die einer Remedur bedürfen».[26] Mit der Untersuchung der Zustände in der Friedmatt wurde eine Parlamentskommission beauftragt. Ihr Bericht entkräftete indes den Vorwurf gegen die Irrenanstalt, «dass geistig Gesunde vorsätzlich oder fahrlässig darin untergebracht oder festgehalten werden».[27] Allerdings empfahl die Kommission, bei «polizeilichen Einweisungen in die Irrenanstalt, besonders wenn sie zum Zwecke irrenärztlicher Beobachtung geschehen»,[28] vorsichtig vorzugehen. Der gleiche Bericht verwies auch auf ein Gutachten des Berner Irrenarztes Wilhelm von Speyr, das die Aufnahmepraxis rechtfertigte, obwohl sie nicht ganz den Aufnahmebestimmungen des Organisationsgesetzes entsprach.[29]

In dem Bericht der parlamentarischen Kommission übernahmen die politischen Behörden die Argumentation von Speyrs. Obwohl die Aufnahmen in die Irrenanstalt nicht gesetzeskonform waren, sahen die Behörden keinen Anlass, auf eine Veränderung des Aufnahmeverfahrens hinzuwirken. Der Bericht forderte jedoch, der Anstaltsbetrieb müsse reformiert werden. Niggs Vorgehen führte laut Jahresbericht der Friedmatt von 1896 zu einer Unruhe in der Irrenanstalt.[30] Bereits ein Jahr später verwies der Anstaltsdirektor Ludwig Wille im Jahresbericht auf die Reformierung des Anstaltsregimes: Es herrsche nun wieder Vertrauen in das «wissenschaftliche Institut» der Irrenanstalt.[31]

In einem Vortrag über «Rechthaber, Quärulanten und Prozesssüchtige» vor dem Basler Irrenhilfsverein ging Wille auf Fälle wie denjenigen Niggs ein. Anhand dreier Falldarstellungen erläuterte er das Krankheitsbild des «Quärulantenwahnsinns».[32] Dieser könne bei «Menschen, die von den Ärzten als psychopathische, [...] als problematische Naturen bezeichnet werden», durch Umwelteinflüsse hervorgerufen und weiterentwickelt werden. Wille betonte, dass «Quärulanten» in hohem Masse befähigt seien, den «Eindruck eines geistigen Normalzustandes» zu erwecken.[33] Mit der Verwendung des Psychopathiebegriffs wurde der Expertenanspruch der Psychiatrie für den für Laien nicht sichtbaren Übergang zwischen Normalität und Anormalität behauptet.[34] Dabei pathologisierte Wille diese Fälle in doppelter Weise: Er erklärte sie nicht nur für geisteskrank, sondern verstand gerade ihr Einfordern von Bürger- und Patientenrechten als Ausdruck ihrer psychopathischen Konstitution. Nigg war nicht der einzige ehemalige Anstaltspatient, der an die Öffentlichkeit trat und Beschwerden gegen Psychiatrie und Behörden vorbrachte. Vielmehr waren die Veröffentlichung einer Broschüre über die Internierung in einer Irrenanstalt sowie das Führen einer Klage Teil einer grösseren psychiatriekritischen Debatte im deutschen Sprachraum, die sich am Irrenrecht entzündet hatte. Die Diagnose des «Quärulantenwahnsinns» pathologisierte das Problem und war damit die der Psychiatrie entsprechende Reaktion auf eine

Prozessflut von ehemaligen Anstaltsinsassen und auf die zunehmende Kritik an der Psychiatrie in der bürgerlichen Öffentlichkeit.[35] Wie es der Fall Nigg für den Kanton Basel-Stadt verdeutlicht, standen in der öffentlichen Wahrnehmung bürgerlich-liberale Rechtsgrundsätze wie etwa das Gleichbehandlungsgebot und das Willkürverbot zunehmend in Widerspruch zur administrativen Logik der sich etablierenden Gesundheits- und Sozialverwaltung.

Emil Mertz, Unternehmer und Steuerzahler

Öffentliche Aufmerksamkeit erhielt in Basel auch der Fall der willkürlichen Internierung des stadtbekannten Unternehmers Emil Mertz, der 1910 mit seinem Pamphlet «Eine Blüte baslerischer Irrenpflege und Bevogtigungspraxis» ans Publikum gelangte.[36] Sein Fall veranschaulicht, dass nicht nur ein kleiner Mann und Angestellter wie Nigg, sondern auch ein Vertreter der bürgerlichen Oberschicht in Anspruch nahm, durch die Zusammenarbeit von Psychiatrie und Behörden nicht in seiner Integrität verletzt zu werden. So wie Mertz in seiner Broschüre seinen Fall darstellt, stand für ihn mit der Internierung in der Irrenanstalt Friedmatt und mit dem gleichzeitig gegen ihn angestrengten Entmündigungsverfahren nicht weniger als seine Rolle als Ehe- und Geschäftsmann, Familienvater, Soldat und politisch aktiver Bürger auf dem Spiel. Ohne sich auf andere Fälle zu beziehen, rekurrierte er in seinem Pamphlet auf seine Reputation als stadtbekannter Unternehmer und Steuerzahler, um das Vorgehen von Behörden und Irrenärzten gegen seine Person zu skandalisieren. Wie es einleitend in seiner Broschüre heisst, drängte ihn seine «Bürgerpflicht» dazu, seinen Fall und damit auch den Familienkrach im Hause Mertz publik zu machen.[37]

Den Hintergrund für die Einweisung des Industriellen in die Irrenanstalt stellte nämlich ein Streit um die Übergabe der Unternehmensleitung an seine Söhne dar. Es kam zu handgreiflichen Szenen, worauf ihn sein Sohn als «nervös» bei der Polizei anzeigte. Diese leitete Ermittlungen ein und ordnete eine Untersuchung durch den Stadtarzt an, der Mertz zur Begutachtung seines Geisteszustandes in die Irrenanstalt einwies. Gleichzeitig beantragte Frau Mertz die Entmündigung ihres Mannes, worauf das Waisenamt das entsprechende Verfahren einleitete und die Maschinenfabrik Mertz durch einen provisorischen Vormund verwalten liess.

Über die Vorgänge der Einweisung in die Irrenanstalt und über das Entmündigungsverfahren, das mit einer Abweisung der Entmündigungsklage durch ein Urteil des Zivilgerichts endete, liegt neben der Broschüre von Mertz auch ein Bericht des Regierungsrates vor.[38] Denn auch Mertz' Pamphlet hatte zu einer Anfrage im kantonalen Parlament geführt, durch welche die Regierung beauftragt wurde, die Rechtmässigkeit des Verhaltens von Psychiatrie und Verwaltung gegenüber Mertz zu überprüfen und einen Rechtsschutz gegen willkürliche Internierungen zu etablieren.[39]

Beide Darstellungen des Falles zeigen, dass Mertz über ungleich grössere Ressourcen verfügte als Nigg. Mertz schaltete Anwälte ein, um aus der Irrenanstalt Friedmatt in ein Privatsanatorium verlegt zu werden. Er setzte durch, dass der Zürcher Psychiater Eugen Bleuler ein unabhängiges Gegengutachten zum Gutachten des Basler Klinikdirektors Gustav Wolff erstellte, das im Gegensatz zu letzterem seine geistige Gesundheit bestätigte. In seiner Broschüre, die er nach dem Urteil des Zivilgerichts publizierte, verweist er denn auch genüsslich auf den tautologischen Charakter des Gutachtens von Wolff und karikiert den Anstaltspsychiater als Figur, die nicht nur nichts von Geschäftsführung verstehe, sondern vom Unternehmer begierig habe erfahren wollen, wie man in der freien Wirtschaft zu Wohlstand und Vermögen komme.[40] Zudem habe Wolff bei den Konsultationen mit Mertz immer wieder ausgerufen: «Das ist ja Wahnsinn! Das grenzt an Wahnsinn!»[41] und habe sich damit als Irrenarzt und Therapeut disqualifiziert. Indem Mertz zuerst die berufliche Stellung und dann das berufliche Können Wolffs diskreditierte, verfuhr der per Gerichtsurteil in seiner Mündigkeit und geistigen Gesundheit bestätigte Unternehmer mit dem Anstaltsdirektor rhetorisch so, wie dessen Vorgänger Wille mit Fällen wie dem des Orchesterdieners Nigg verfahren war.

Auch die Regierung schien der Internierung des Unternehmers grosse Bedeutung zuzubilligen. Rasch befleissigte sie sich, das Verhalten der Basler Psychiatrie und der Behörden gegenüber Mertz zu rechtfertigen.[42] So räumte der Bericht des Regierungsrats ein, dass bei bestehender Gesetzeslage «die theoretische Möglichkeit [vorhanden ist], dass jemand grundlos, auf irrtümliche ärztliche Zeugnisse hin, zwangsweise in die Irrenanstalt gebracht werden kann».[43] Doch kam die Regierung dem Auftrag für eine neue gesetzliche Regelung der Aufnahmepraxis in die «Heil- und Pflegeanstalt Friedmatt» erst 50 Jahre später nach. Erst 1961 sollte das «Gesetz zur Hospitalisierung seelisch kranker Personen» in Kraft treten.

Verrechtlichung des Irrenwesens – Entrechtlichung des Irren

Die beiden Basler Fälle Zacharias Nigg und Emil Mertz lösten in Basel eine zögerliche Reform des Irrenwesens aus. Sie standen im Kontext der schweizerischen Debatte um das Irrenrecht und im Kontext der Irrenrechtsreformbewegung im gesamten deutschen Sprachraum. Die Bewegung wurde von ehemaligen Anstaltspatienten, aber auch von Juristen, Ärzten und Parlamentariern getragen und war vor allem ein Phänomen des männlichen mittelständischen Bürgertums. Von der Psychiatrie als «Antipsychiatrie» bezeichnet, beinhaltete sie eine bürgerliche Kritik am Irrenwesen.[44] Die Berichte, die Nigg und Mertz über ihre Erlebnisse in der Irrenanstalt veröffentlichten, gehörten zur Pamphletgattung der Irrenrechtsschriften, die von der Öffentlichkeit breit rezipiert wurden.[45] Allerdings waren die Psychiatriereformer weder wissenschaftsfeindlich, noch richteten sie ihre Kritik direkt gegen die öffentliche Irrenpflege. In der Mehrzahl Juristen, bezweckten die Reformer vielmehr eine Verrechtlichung des Irrenwesens und forderten ein gerichtliches Rekursrecht bei Internierungen und eine Kontrolle der psychiatrischen Institutionen durch Laien.[46] Ihr zentrales Argument war, dass mit einer Internierung in die Irrenanstalt die bürgerlichen Freiheiten und Rechte der Betroffenen ohne qualifiziertes Verfahren wenn nicht aberkannt, so doch eingeschränkt wurden. 1892 machte es sich der erste europäische Irrenrechtsreformverein in Zürich denn auch zur Aufgabe, die Öffentlichkeit über willkürliche Internierungen in Irrenanstalten zu informieren, «da mangels eines richtigen Irrengesetzes totale Rechtlosigkeit» herrsche.[47]

Irrenärzte und ihre Kritiker trafen sich aus unterschiedlichen Motiven im Bestreben nach einer Verrechtlichung des Irrenwesens. Seit den 1870er Jahren hatte der Verein schweizerischer Irrenärzte (VSI) bei den Bundesbehörden Postulate für ein nationales Irrengesetz eingebracht[48] und versucht, den Anspruch der Psychiatrie auf die Entscheidung über die Internierung geisteskranker Personen auf Bundesebene rechtlich zu regeln. Dabei ging es den Irrenärzten vor allem darum, der Abschiebung unliebsamer Angehöriger ins Irrenhaus vorzubeugen und die Internierung und Anstaltsbehandlung auf die ‹berechtigte› Gruppe der Irren einzuschränken. Der Psychiater Auguste Forel, ‹Gründervater› der modernen schweizerischen Psychiatrie und langjähriger Leiter der Zürcher Irrenanstalt Burghölzli, legte dem VSI 1893 einen Entwurf für ein schweizerisches Irrenrecht vor, das in den nächsten Jahren die Diskussion bestimmte.[49] Der Entwurf forderte eine zentralistisch organisierte Aufsicht für das gesamte schweizerische Irrenwesen durch eine Kommission aus Irrenärzten und Juristen. Mit seinem Entwurf verfolgte Forel zwei Anliegen: Einerseits sollte der «Verwahrlosung von Irren» in privater Pflege vorgebeugt und sollten damit die Irren geschützt werden.[50] Andererseits argumentierte er auf der Höhe der zeitgenössischen sozial- und rassenhygienischen Diskurse und postulierte, nur durch die staatliche Aufsicht über die Geisteskranken könne die Gesellschaft vor der Verbreitung von Geisteskrankheiten geschützt werden.[51]

Die Ambivalenz des Schutzarguments wurde auch im vorgeschlagenen Aufnahme- und Entlassungsverfahren deutlich. Aufgenommenen Geisteskranken wurden Rekursrechte gegen Entscheidungen der Anstaltsdirektoren eingeräumt. Hingegen sollte ein «eigentlich Geisteskranker» nicht freiwillig in eine Anstalt eintreten dürfen. Grundlage für eine Aufnahme sollte das Zeugnis eines patentierten, von der Anstalt unabhängigen Arztes darstellen oder ein richterlicher Beschluss, der eine Begutachtung anordnete. Die Abweisung freiwillig Eintretender begründete Forel therapeutisch: Ein freiwillig in die Anstalt eingetretener Geisteskranker würde den Umstand, dass man ihn bei gewünschtem Austritt möglicherweise zurückbehalten müsse, als

Vertrauensbruch erfahren. Der «eigentlich Geisteskranke» habe einen «kranken Willen», er könne nicht «adäquat reagieren».[52] Damit gestand der Entwurf Forels den Irren Rechte zu, doch charakterisierte er ihren Willen zugleich als krankhaft und sprach ihnen mit der Urteils- und Handlungsfähigkeit die Rechtsfähigkeit ab. Die Irrenanstalt war aus Forels Sicht ein Ort, an den man nicht freiwillig gelangte. An diesem Punkt von Forels Entwurf wurde das auch für die Modernisierung des schweizerischen Irrenwesens konstitutive Paradoxon von Inklusion und Exklusion deutlich,[53] auf das auch die Irrenrechtsreformer hingewiesen hatten: Mit der Verrechtlichung des Irrenwesens ging die Entrechtlichung der Irren einher, die von den Irrenärzten nur medizinisch-therapeutisch gerechtfertigt werden konnte.

Forels Entwurf fand in der schweizerischen Irrenrechtsdebatte Resonanz und wurde von den Schweizer Irrenärzten in Form von «Grundsätzen» verabschiedet.[54] Weil aber weder die französischsprachigen Gebiete noch die Kantone Bern und Zürich eine Vereinbarung zum Irrenrecht unterstützten, scheiterten allerdings die Bemühungen des VSI um ein gesamtschweizerisches Irrenrecht.

Ernst B., Coiffeur, Bürger und Kaiser

Wie die Fälle von Zacharias Nigg und Emil Mertz verdeutlicht der Fall des Ernst B. die Angst Angehöriger unterschiedlicher sozialer Schichten vor willkürlicher Internierung in die Irrenanstalt, die den Verlust der Bürgerlichkeit mit sich brachte. Bürgerlichkeit zeigte in diesem Zusammenhang denn auch weniger Schichtzugehörigkeit als vielmehr die Möglichkeit zur politisch und rechtlich gleichberechtigten Teilnahme am bürgerlich-liberalen Diskurs an. Die öffentliche Irrenpflege war auch nur durch die Unterstützung unterschiedlicher sozialer Schichten etabliert worden und hatte den Anspruch verfolgt, dass medizinisch-therapeutische Einrichtungen unterschiedslos allen Einwohnern und Bürgern Basels offenstehen sollten. Um 1900 wandten sich nun dieselben Bürger und Einwohner kritisch gegen die institutionelle Psychiatrie. Die Frage nach der Rechtmässigkeit der Einweisung in die Irrenanstalt wurde zentral für die Irrenrechtsdebatte. Eine willkürliche Internierung bedeutete nämlich, dass für die «arme Bürgerklasse der Irren» zwar medizinisch-therapeutische Einrichtungen zur Verfügung standen, mit den Irrenanstalten dieselben Mitbürger aber als Rechtssubjekte disqualifiziert werden konnten.

In Basel war die Irrenrechtsdebatte durch die Publikation von Pamphleten ausgelöst worden, in denen betroffene Personen über ihre ‹Erlebnisse› in der Irrenanstalt berichteten. Um sich vom Stigma des Anstaltsaufenthaltes zu befreien, traten bürgerliche Männer wie Nigg und Mertz an die Öffentlichkeit. Die Publikation ihrer Manifeste begleitete die von ihnen geführten Klagen und Beschwerden und machte damit sowohl die als willkürlich erfahrene Internierung wie auch das Ergreifen des

Rechtsmittels der Klage zur öffentlichen Sache. Die Irrenrechtspamphlete rekonstituierten somit eine Öffentlichkeit, in der die für das Bürgertum grundlegenden Werte der Individualrechte und der persönlichen Freiheit neu verhandelt wurden und in der die Betroffenen die volle Integrität ihrer Rechte wiederzuerlangen versuchten.[55] Man kann den ersten Teil von Ernst B.s «Meine Erlebnisse» der Gattung der Irrenrechtspamphlete zuordnen. Dann ging es Ernst B. wie Nigg und Mertz darum, den eigenen Fall und «bürgerlichen Tod» zur öffentlichen Sache zu machen, um Freiheit und Ehre wiederherzustellen und ins bürgerliche Leben zurückzukehren, was ihm so aber nicht gelang. Nach seiner Einweisung in die Irrenanstalt Münsingen wandte sich Ernst B. erneut an den Basler Polizeihauptmann Mangold, um sich nach seiner «Gerichtsuntersuchung Angelegenheiten» zu erkundigen. Dabei protestierte er gegen seine Internierung und bezog sich auf die Irrenrechtsdebatte, indem er formulierte: «Ansonst ich es verbohten haben möchte ein gesunder Mensch, da in eine Irrenanstalt zu sperren».[56]

Man kann sich aber auch fragen, ob Ernst B. strategisch verfuhr und beabsichtigt hatte, interniert zu werden. Berichtete Ernst B. seine «Erlebnisse» so, dass das gesetzeskonforme Einweisungsverfahren gegen ihn eingeleitet werden konnte, um im Schutz der heimatlichen Irrenanstalt vom Basler Polizisten Mangold die Verfolgung seiner Widersacher besorgen zu lassen? Für letzteres spricht, dass Ernst B. seinen Fall nicht publizierte, wie Mertz und Nigg es taten. Wie diese aber nahm er die mit seinen Anstaltsaufenthalten einhergehende Disqualifikation als Rechtssubjekt und bürgerlicher Mann nicht hin. In voller Kenntnis der Verfahrensregeln für die Einweisung in die Irrenanstalt, aber auch für das Führen einer Klage und das Erstatten einer Anzeige nahm er mit seinem Bericht wie mit seinem zweiten vergeblichen Schreiben an den Mitbürger und Polizisten Mangold in Anspruch, dass seine Sache verfahrenskonform untersucht und weiterverfolgt wurde. So gesehen, verfolgte Ernst B. seine Interessen rational und nahm Gleichbehandlung und Rechtsschutz in Anspruch, die gemäss bürgerlichem Selbstverständnis allen offenstanden. Ernst B. wollte eine adäquate psychiatrische Behandlung in Anspruch nehmen können. Gleichzeitig erwartete er, dass er auch als Anstaltsinsasse Anzeige erstatten könne, die zu einer Abklärung geführt hätte, ob er im Verfolgen seiner individuellen Interessen gesetzeswidrig beeinträchtigt worden sei. Obwohl der Basler Regierungsrat in seinem Bericht von 1911 zur Internierung von Emil Mertz darauf hinwies, dass theoretisch die Möglichkeit bestand, dass man gesund ins Irrenhaus kam, schloss ein regelkonformes Verfahren aber aus, dass ein Geisteskranker Klage führen und ein Geistesgesunder in die Irrenanstalt interniert werden konnte. Indem sich Ernst B. mit seinem Bericht an den Polizeihauptmann wandte, wandte er sich mit der Polizei an diejenige öffentliche Institution, die nur Anzeigen und Berichte von Geistesgesunden untersuchte, arme Irre aber in die heimatliche Irrenanstalt transferieren liess. Erst in dieser administrativen Logik wurde das Anliegen des Ernst B., Rechtsschutz und psychiatrische Behandlung gleichzeitig in Anspruch nehmen zu können, auseinanderdividiert, womit sich auch seine Disqualifikation als Rechtssubjekt und bürgerlicher Mann vollzog. Allerdings starb Ernst B. nur verfahrenstechnisch eines bürgerlichen Tods. In der Irrenanstalt Münsingen gab sich der Coiffeur Ernst B. in späten Jahren als Napoleon. Zugleich Bürger und Kaiser unter Mitinsassen und Irrenärzten, verwirklichte er damit im Schutz der Irrenanstalt vielleicht eine persönliche und paradoxe, aber sehr bürgerliche Idee, nämlich als Gleicher unter Gleichen zugleich als Besonderer wahrgenommen und dementsprechend behandelt zu werden.

1 Der Transfer von verarmten Geisteskranken in die Anstalt ihrer Heimatkantone war um 1900 durch eine Vereinbarung zwischen den Schweizer Kantonen und durch ein Bundesgesetz geregelt. Vgl. Konkordat betreffend gegenseitige Vergütung von Verpflegung- und Begräbniskosten für arme Angehörige vom 16.11. 1865. In: Amtliche Sammlung der Bundesgesetze und Verordnungen der schweizerischen Eidgenossenschaft, Bd. 8. Bern 1866, 820–824; Bundesgesetz über die Kosten der Verpflegung erkrankter und der Beerdigung verstorbener armer Angehöriger anderer Kantone. In: Amtliche Sammlung der Bundesgesetze und Verordnungen der schweizerischen Eidgenossenschaft, Neue Folge Bd. 1. Bern 1875, 743f.

2 Geisteskranke galten als handlungs- und damit als rechtsunfähig. Zur Handlungsunfähigkeit geisteskranker Personen vgl. Bundesgesetz betreffend die persönliche Handlungsfähigkeit vom 22.6. 1881. In: Amtliche Sammlung der Gesetze und Verordnungen der schweizerischen Eidgenossenschaft, Neue Folge Bd. 5. Bern 1882, 556–558.

3 Cornelia Brink: «Nicht mehr normal und noch nicht geisteskrank …». Über psychopathologische Grenzfälle im Kaiserreich. In: Werkstatt Geschichte 33 (2003), 22–44, hier 25; vgl. auch Doris Kaufmann: Aufklärung, bürgerliche Selbsterfahrung und die «Erfindung» der Psychiatrie in Deutschland, 1770–1850. Göttingen 1995, 160–168.

4 Robert Castel: Die psychiatrische Ordnung. Das goldene Zeitalter des Irrenwesens. Frankfurt a.M. 1979, 241.

5 Ich verwende in meinen Ausführungen die zeitgenössischen Bezeichnungen «Irrenwesen» und «Irrenpflege» für die institutionelle Psychiatrie und «Irre» für Geisteskranke im folgenden ohne Anführungszeichen.

6 Vgl. Johannes Matthias Hungerbühler: Über das öffentliche Irrenwesen in der Schweiz. St. Gallen 1846, 3. Der erste Bericht zum Zustand der Irrenpflege in der Schweiz verwendete diese Formulierung.

7 Vgl. Urs Germann: Psychiatrie und Strafjustiz. Umfeld, Entwicklung und Praxis der forensischen Psychiatrie im Kanton Bern 1890–1910. Unveröffentlichte Lizentiatsarbeit, Universität Bern 1998, 24.

8 Vgl. Thomas Haenel: Zur Geschichte der Psychiatrie. Gedanken zur allgemeinen und Basler Psychiatriegeschichte. Basel 1982, 111.

9 Die Westschweizer Kantone Genf (1838), Neuenburg (1843) und Waadt (1860) kannten kantonale Irrengesetze. Vgl. Patrick Schwengeler: Die «Grundsätze für ein Grundgesetz zum Schutze der Geisteskranken» des Vereins schweizerischer Irrenärzte von 1895. Ausgangslage, Vorarbeiten und Auswirkungen. Eine Studie zur Professionalisierung der Schweizer Psychiatrie im 19. Jahrhundert. Dissertation. Bern 1998, 24–40.

10 Andreas Walker: Die rechtliche Lage Geisteskranker und Geistesschwacher in Basel im 19. Jahrhundert. Unveröffentlichte Seminararbeit, Universität Basel 1988.

11 Bundesgesetz betreffend die persönliche Handlungsfähigkeit. In: Amtliche Sammlung der Bundesgesetze und Verordnungen der schweizerischen Eidgenossenschaft, Neue Folge Bd. 5. Bern 1882, 556.

12 Gesetz über die Organisation der Irrenanstalt vom 8.2. 1886. In: Gesamtausgabe der Basler Gesetzessammlung, Bde. I–XXIV, enthaltend die in Kraft stehenden Bestimmungen bis zum Ende des Jahres 1900, mit den bis zum 1.8. eingereichten Änderungen. Basel 1913, 507–514.

13 Ebd., § 12, 510.

14 Ebd., § 14, 511.

15 Ebd., § 6, 517.

16 Bekanntmachung betreffend die polizeiliche Mitwirkung bei der Einweisung von Geisteskranken in Irrenanstalten vom 17.5. 1890; Grossratsbeschluss betreffend Versorgung von Geisteskranken in Irrenanstalten vom 12.1. 1891. In: Basler Gesetzessammlung. Basel 1913, 600f. und 603–605.

17 Bekanntmachung polizeiliche Mitwirkung, 600.
18 Grossratsbeschluss betreffend Versorgung, 604.
19 Gesetz über die Verwaltungsrechtspflege vom 9.3. 1905. In: Sammlung der Gesetze und Beschlüsse für den Kanton Basel-Stadt. Basel 1906.
20 Gesetz über die Organisation der Irrenanstalt, § 1, 508; § 8, 508.
21 Grossratsbeschluss betreffend Versorgung, 603.
22 Zacharias Nigg: Moderne Zwingburgen. Ein freies Wort über die Irrenanstalt in Basel. Basel 1896.
23 Zacharias Nigg: Ein neues Kapitel über «Moderne Zwingburgen». Basel 1897; ders.: J'accuse! ein Appell an das Volk gegen die Corruptionswirtschaft in Basel hinsichtlich der Irrenanstalt. Basel 1900; ders.: Auch ein Kampf ums Recht. Basel 1902; ders.: Wahrheit, Recht und Gerechtigkeit. Eine Verteidigungsschrift an Regierung, Rat und Volk des Kantons Baselstadt. Horw bei Luzern 1910.
24 Nigg, Zwingburgen, 21–28.

25 Haenel, Geschichte der Psychiatrie, 116.
26 Anzug Herren Ed. Eckenstein, Fr. Brändlin et al. vom 27.2. 1896, zitiert nach: Staatsarchiv Basel (StABS), DS BS 9. Ratschläge 1112. Bericht der Grossratskommission für Prüfung der Verhältnisse in der Irrenanstalt. Dem Grossen Rate vorgelegt den 6. Mai 1897, 3.
27 Bericht der Grossratskommission, 26.
28 Ebd., 27.
29 Ebd.; vgl. auch StABS, DS BS 9. Ratschläge 1122. Bericht der Aufsichtskommission zur Irrenanstalt. Dem Grossen Rate zugestellt den 23. August 1897, 9f.
30 Bericht über die Irrenanstalt Basel 1896. Basel 1898.
31 Bericht über die Irrenanstalt Basel 1897. Basel 1898.
32 Ludwig Wille: Über Rechthaber, Quärulanten und Prozesssüchtige. In: Elfter Bericht des Basler Irrenhilfsvereins. Basel 1897, 10–40.
33 Wille, Rechthaber, 40.
34 Brink, Nicht mehr normal, 40.
35 Anne Goldberg: A Reinvented Public. 'Lunatic Rights' and Bourgeois Populism in the Kaiserreich. In: German History 21, 2 (2003), 159–182.
36 Emil Mertz: Eine Blüte baslerischer Irrenpflege und Bevogtigungspraxis. Eigene Erlebnisse. Basel 1910. Zum Fall Mertz vgl. auch Regina Wecker: «Eine Blüte baslerischer Irrenpflege». Der Fall Emil Mertz und die Professionalisierung der Psychiatrie um 1900. Unveröffentlichter Vortrag, Universität Basel 2002.
37 Mertz, Eine Blüte, 1.
38 StABS, DS BS 9. Ratschläge 1780. Bericht des Regierungsrates an den Grossen Rat des Kantons Basel-Stadt betreffend die Internierung des Herrn E. Mertz in der Heil- und Pflegeanstalt und den gegen Herrn Mertz geführten Entmündigungsprozess. Dem Grossen Rate vorgelegt den 12. Januar 1911.
39 Vgl. Anzug Dr. K. Frey vom 29.1. 1910, zitiert nach: StABS, DS BS 9. Ratschläge 5158. Ratschlag und Entwurf zu einem Gesetz über die Hospitalisierung seelisch kranker Personen. Den Mitgliedern des Grossen Rates zugestellt am 16. September 1955, 2.
40 Mertz publizierte in seiner Schrift in voller Länge das Gutachten des Zürcher Psychiaters Eugen Bleuler und auch das Zivilgerichtsurteil. Vgl. Mertz, Eine Blüte, 90–120 und 124–149.
41 Mertz, Eine Blüte, 42.
42 Bericht des Regierungsrates betreffend die Internierung des Herrn E. Mertz.
43 Ebd., 62.
44 Zur psychiatrischen Kritik an der Irrenrechtsreformbewegung in Deutschland vgl. Bernhard Beyer: Die Bestrebungen zur Reform des Irrenwesens. Material zu einem Reichs-Irrengesetz für Laien und Ärzte. Halle a.S. 1912.
45 Brink, Nicht mehr normal, 22–44.
46 Heinz-Peter Schmiedebach: Eine «antipsychiatrische Bewegung» um die Jahrhundertwende. In: Martin Dinges (Hg.): Medizinkritische Bewegungen im deutschen Reich (ca. 1870–ca. 1933) (= Medizin, Gesellschaft und Geschichte, Beiheft 9). Stuttgart 1996, 129–158.
47 Ludwig Fliegel: Dunkle Punkte im Irrenwesen. Ein Mahnruf. Zürich 1898, 1.
48 Zur Irrenrechtsdebatte im Verein schweizerischer Irrenärzte (VSI) vgl. Charles Ladame: «Contribution à l'histoire de la Société des médecins aliénistes Suisses». In: Schweizer Archiv für Neurologie und Psychiatrie 7 (1920), 157–166, 352–357; 11 (1923), 130–141; Schwengeler, Die Grundsätze.
49 Auguste Forel: Zum Entwurf eines schweizerischen Irrengesetzes. In: Zeitschrift für Schweizer Strafrecht 6 (1893), 313–331.
50 Forel, Zum Entwurf, 314.

51 Ebd., 315.
52 Ebd., 327.
53 Vgl. hierzu den Beitrag von HUBERT THÜRING in diesem Band.
54 CARL STOOS: Ein schweizerisches Irrengesetz. In: Zeitschrift für Schweizer 8 (1895), 340–349.
55 GOLDBERG, Reinvented Public, 161.
56 StABS, Sanität T 13.1. Einzelne Geisteskranke, 1894–1912. Brief von Ernst B. an Polizeihauptmann Mangold in Basel. Münsingen 2.12. 1904.

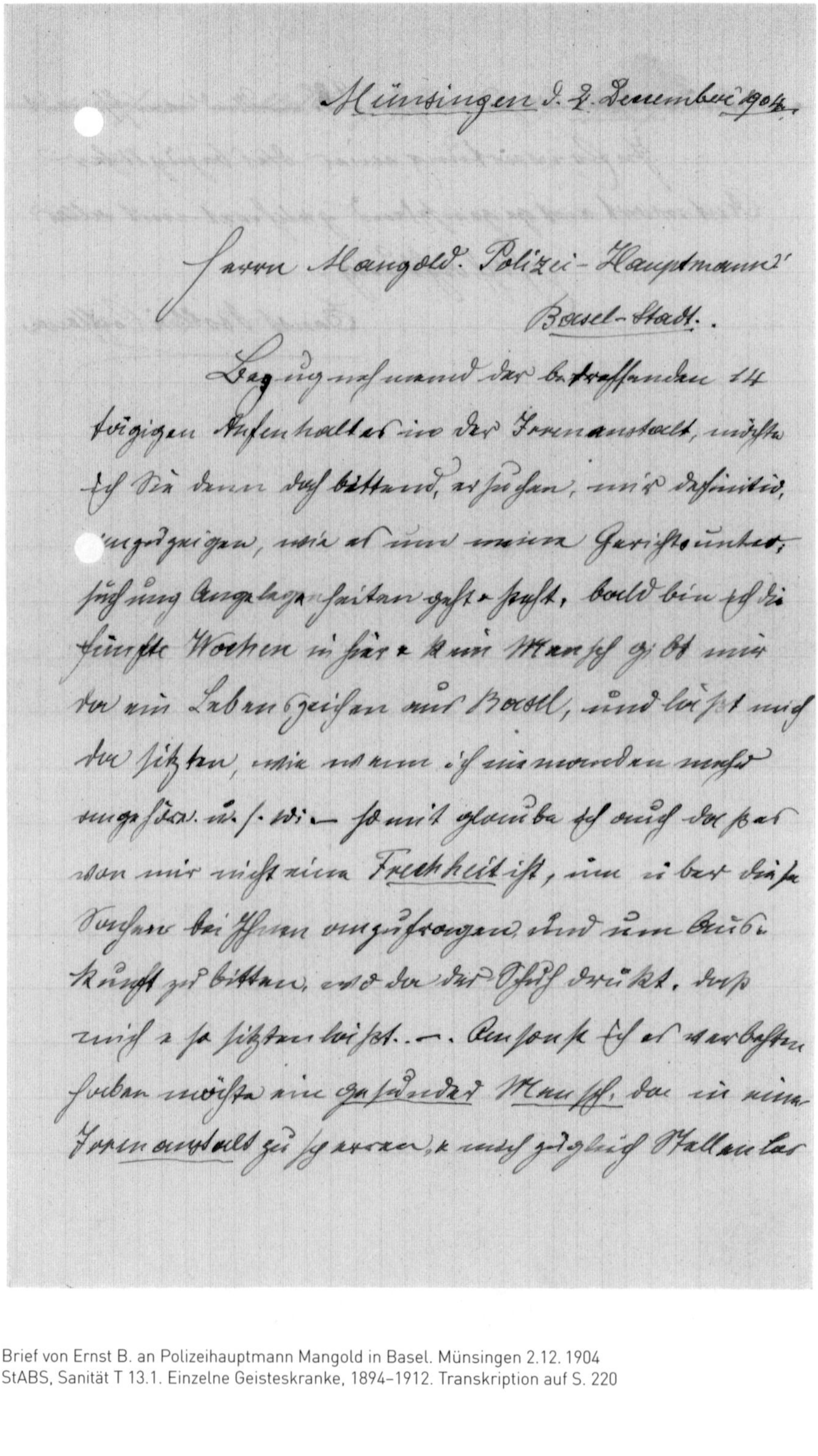

Münsingen d. 2. December 1904.

Herrn Mangold. Polizei-Hauptmann

Basel-Stadt.

Bezugnehmend der betreffenden 14 tägigen Aufenthaltes in der Irrenanstalt, möchte ich Sie dann doch bittend ersuchen, mir definitiv anzuzeigen, wie es nun meine Gerichtsuntersuchung Angelegenheiten geht u. steht, bald bin ich die fünfte Wochen hier u. kein Mensch gibt mir ein Lebenszeichen aus Basel, und läßt mich da sitzen, wie wenn ich ein worden mehr angehören u. s. w. — Somit glaube ich auch daß es von mir nicht eine Frechheit ist, um über diese Sachen bei Ihnen anzufragen und um Auskunft zu bitten, wo da der Schuh drückt, daß mich so sitzen läßt. — Ansonst ich es verbessern haben möchte ein gesunder Mensch, der in eine Irrenanstalt zu sperren, u. mich zugleich Patienten

Brief von Ernst B. an Polizeihauptmann Mangold in Basel. Münsingen 2.12.1904
StABS, Sanität T 13.1. Einzelne Geisteskranke, 1894–1912. Transkription auf S. 220

Zum Beispiel
Überlegungen zu einem Fall im Archiv der Moderne

Hubert Thüring

Die letzten aktenkundigen Zeichen, die Basel von Ernst B. aus der Irrenanstalt Münsingen bei Bern erreichen, beklagen das Ausbleiben von «Lebenszeichen aus Basel». Er möchte nun doch wissen, so schreibt er an den «Herrn Mangold. Polizei-Hauptmann! / Basel-Stadt», «wie es um meine Gerichtsuntersuchung Angelegenheiten geht & steht».[1] Mit letzterer Angelegenheit ist wohl das gemeint, was er im November 1903 als «Klage & Beschwerde-Bericht,: und Rapport» über die hypnotischen Verfolgungen beim Basler Gericht eingereicht hat, nachdem er «dem Polizei-Komando zu Basel» bereits im November 1902 ein «Schriftstük, (Acktenmaterial)» in nämlicher Sache der Basler Polizei übersandt hatte.[2] Jetzt sei er schon «die fünfte Wochen in hier & kein Mensch gibt mir da ein Lebenszeichen aus Basel, und läßt mich da sitzen, wie wenn ich niemanden mehr angehöre».[3]

Der Coiffeur Ernst B. teilt mit anderen sogenannten Paranoikern, unbekannten Baslern oder dem weltbekannten Daniel Paul Schreber, das Schicksal, ein Paradox moderner Existenz in besonders drastischer Weise zu verkörpern: zugleich in das eingeschlossen zu sein, wovon man ausgeschlossen ist. Das ist in der Figur der Verfolgung selbst angelegt: Der ökonomische und psychophysische Ruin, der Ernst B. widerfährt, wirkt zwar als soziale Ausgrenzung, erzeugt aber gleichzeitig das Bedürfnis, von jenen Instanzen beschützt zu werden, die wiederum auch die Schädigung ermöglichen. Dass es sich dabei um einen Zirkel handelt, in dem Ernst B. das Material und Medium abgibt, offenbart aber erst seine Klage über das Ausbleiben von Lebenszeichen und die Verlassenheit, die sich just an die Vertreter jener Instanzen, nämlich Polizei, Justiz und Medizin, wendet, die auch in der Bande der Verfolger zusammen mit dem «(Polizei) Spion»[4] Schneberger vertreten sind. Die Akten und Instanzen, in und vor denen er seine Ausschliessung beklagt, sind dieselben, die ihn zum Schutz in die Anstalt einschliessen und dann im Stich lassen. Das beklagte Stocken der Zirkulation enthüllt die Grundlosigkeit beziehungsweise den wahren Grund der Einsperrung, der die ursprüngliche Ausschliessung ist.

Dieses Paradox kennt viele historische Wendungen und Auslegungen, von denen ich im folgenden ein paar Linien skizzieren möchte, welche die Akten in einen weiteren historischen Kontext stellen. Gleichzeitig lässt sich damit ein Grundproblem historischer Methodik im Umgang mit dem Archiv der Moderne aufwerfen, das von den ‹Inhalten› der Geschichte nicht abzulösen ist. Wenn man die Reihe berühmter kriminologisierter und psychiatrisierter Literaten und Künstler um 1900 wie Adolf Wölfli, Heinrich Anton Müller, Friedrich Glauser und Robert Walser um eine weitere Fallgestalt erweitert, so gilt es, die exemplifizierende und genrebildende Geste zu bedenken.

Der ‹Wahn› ruft gleichzeitig drei diskurshistorische Konstellationen von Wissen und Macht auf: Zunächst präsentiert er sich als «Gehirnsthelegraphie»[5] auf dem neuesten Stand der Wissenschaft und Technik und artikuliert, noch vor der effektiven Vernetzung der Welt, die Möglichkeiten der Machtausübung.[6] Sodann aber aktualisiert er mit der Hypnose auch jene Kommunikation von Materie und Geist, die mehr als 100 Jahre zuvor als animalischer Magnetismus mit den Entdeckungen physikalischer und organischer Naturkräfte (Gravitation, Magnetismus, Elektrizität, Lebenskraft) einherging und zwischen medizinischer Therapie und kosmologischer Heilslehre sämtliche Spielarten politischer und sozialer Machtpraktiken erprobte, wie sie in einem zunehmend weniger vom hierarchischen Souveränitätsprinzip beherrschten Gefüge möglich wurden.[7] Von der Teilhabe am neuen Medienverbund ebenso ausgeschlossen wie ihm völlig ausgeliefert, sieht Ernst B. zuletzt keine andere Möglichkeit der Selbstbehauptung und des Widerstandes als den Griff zum alten Aufschreibesystem von Stift und Papier. In schriftlichen Dokumenten sind die ältesten bekannten zivilen und religiösen Gesetze und Akte niedergelegt, die trotz aller medialen Konkurrenz unbewusst fortwirken;[8] Schrift und Papier tragen auch bis in die Gegenwart alle juridischen Verfahren. Aber im Verlauf des 18. Jahrhunderts beginnen sich die Schriftdaten, zunächst in der staatlich-kollektiven Administration (zwecks Bildung des Nationalstaates), dann zunehmend auch in der institutionell-individuellen Disziplinierung (zwecks Produktion des Subjekts), in Akten zu häufen und diese sich in Archiven zu stapeln. Denn Akten fixieren nun nicht mehr nur Resultate von Verfahren, sondern protokollieren die Verfahren selbst.[9]

Wo und wie lässt sich nun das besagte Paradox – in das eingeschlossen zu sein, wovon man ausgeschlossen ist – in der Geschichte verorten? Natürlich denkt man zuerst an die von Michel Foucault und in der Folge vielfach untersuchte Herausbildung spezifischer Anstalten wie Gefängnis, Kaserne, Schule, Fabrik, Klinik, Irrenhaus und entsprechender Prozeduren um 1800, die mittels Einsperrung und Erziehung der Körper die Unvernunft aus der Gesellschaft verbannen sollten. Im kritischen Anschluss an Foucault siedelt Giorgio Agamben das Paradox auf einer fundamentaleren Ebene an und begreift es als Begründungsparadox des Rechts überhaupt.[10] Der Souverän kann das Recht nur setzen, indem er es zugleich aussetzt. Der Verbannte ist die Figur, an der sich dieser Akt vollzieht; anstatt dieses oder jenes Gesetz auf ihn anzuwenden, wird er aus dem Recht überhaupt ausgeschlossen. Er ist jeglicher politischen, rechtlichen und sozialen Existenz entkleidet und verkörpert das nackte Leben, das von jedem schuldlos getötet (oder anderweitig verwertet) werden kann. Als Gegenfigur des Souveräns bleibt der Verbannte aber mit dem Souverän verbunden, der seinerseits, um das Recht einsetzen zu können, zugleich ausserhalb des Rechts stehen muss. Diese Beziehung bezeichnet Agamben als einschliessende Ausschliessung, was auch die formale Definition der Ausnahme darstellt. Doch gestaltet sich diese Ausnahmebeziehung nicht als leere Form, sondern ergeht als fundamentale Unterscheidung von Existenz und nacktem Leben und eröffnet damit den politischen Raum als ursprünglich biopolitischen.

Im modernen Bürger beginnen sich die beiden formal unterschiedenen und aufeinander bezogenen Figuren des Souveräns und des Verbannten aufzulösen und zu vermischen. Das nackte (biologische) Leben wird zunehmend in die politische, rechtliche und soziale Existenz einbezogen, so dass die Grenzen zwischen den beiden Bereichen ständig neu gezogen werden müssen. Michel Foucaults Analysen der modernen Disziplinar- und Biomacht, an die Agamben anschliesst, haben gezeigt, dass sich das Paradox über den fundamentalen Bereich der Biopolitik bis in die feinsten sozialen Verästelungen auswirkt. Der Bürger muss sich, um Subjekt und Individuum zu sein, unter Einsatz seines biologischen Lebens über die wechselnden Normen unablässig neu objektivieren. Foucault zufolge konstituiert sich das Subjekt in «einer Art politischem ‹double bind [...] der gleichzeitigen Individualisierung und Totalisierung der Strukturen».[11]

Ernst B.s ‹Wahn› besteht darin, dieses *double bind* oder Paradox in seiner Struktur und Substanz transparent und als Wahn der Moderne genealogisch befragbar zu machen. Bei der Erkundung dessen, was Ernst B.s Akten darüber zu berichten haben, werde ich von den individualisierenden Faktoren ausgehen und allmählich zu den totalisierenden oder kollektivierenden übergehen, um gleichzeitig das Problem der Exemplifizierung zu beleuchten.

Wenn Ernst B. bei der Polizei Rechenschaft über ‹seine› Angelegenheit fordert, so erwartet er, individuell wahrgenommen zu werden und nicht als Fall unter Fällen, obwohl er mit der Liste der Hypnotisierten belegt, dass es sich um eine Verschwörung grossen Stils handelt. Aber auch das unterstreicht die Bedeutung seiner eigenen Rolle um so mehr. Woher die ‹Illusion› der individuellen Betroffenheit rührt, könnte man allein schon dem Obertitel «Meine Erlebnisse» seines Schriftstücks ablesen. In dem Brief, den er der Sendung der «Erlebnisse» an den ehemals benachbarten Wirt Hans Leupin im Küchengässlein 13 beilegt, spricht er sodann von einem «umfassende[n] Geständniß, in einem Beschwerde-Schreiben, daß in Basel 1893 bis jetzt in meinem Busen, seither ohne sonst jemanden anvertraut habe». Im übrigen sei er nun «gesund & wohl und seit dem ich dies Schreiben vorläufig dem Papier anvertraut habe so herzlich wohl zufrieden mit mir & ist mir leichter um's Herz».[12]

Der Imperativ des Geständnisses, der als verinnerlichte Beichte das moderne autobiographische Schreiben und die subjektive Innerlichkeit der modernen Literatur überhaupt motiviert, ist unschwer herauszulesen. Man braucht dazu keinen Nachweis von einer Rousseau-Lektüre Ernst B.s oder seiner sonstigen Bildung zu führen, die säkularisierte Passion und die Gewissensprüfung als kulturelle Subjektivierungsmuster reichen hin.[13] Stellt man Ernst B.s Schriftstück etwa Adolf Wölflis Schriftwerk zur Seite, dessen kosmische Dimension sich aus immer neuen ‹Reflexen› auf den Identitätsimperativ der Polizei, Justiz und Psychiatrie, aus erinnertem Schulwissen und der Zeitschriftenlektüre entfaltet,[14] so zeigt sich vielmehr, wie sehr die kriminologische und die moralische (Selbst-)Befragung dieser Diskurspraktiken zu einem poetischen Movens der modernen Literatur verschmolzen sind.

Um die Genealogie der Verwandtschaft von Kriminologie und Literatur zu verstehen und die Position des Basler Coiffeurs zu bestimmen, muss man den Blick zurück auf die Entstehung jenes Archivs werfen, von dem oben die Rede war. Denn nichts ist weniger selbstverständlich, als dass gerade das Familien-«Spektakel» (so der Begriff zweier Zeugen im Scheidungsprozess für den Ehezwist)[15] der B.s von der Ordnungs- und Verfahrensmacht erfasst und der Nachwelt aktenförmig überliefert werden würde. Und nichts ist – trotz und gerade wegen all der mikro- und alltagsgeschichtlichen Forschungen der letzten Jahrzehnte – weniger selbstverständlich, als dass der Fall dieser Leute unter all den archivierten Fällen nun erneut ans Licht der Öffentlichkeit gezogen wird. Man muss sich also fragen: Was macht den Fall Ernst B. zum Exempel? Und wofür ist er exemplarisch?

In *Das Leben der infamen Menschen* greift Foucault aus den archivierten Polizeisachen (Bittbriefe, Denunziationen, Anklagen, Berichte, Internierungsregister) ein paar scheinbar zufällige und marginale Dossiers des 18. Jahrhunderts heraus, um daraus zentrale Konsequenzen für das politische Machtwissen und die Literatur zu ziehen. Jeder beliebige Untertan konnte sogenannte *Lettres de cachet* an den König richten und eine königliche Order erwirken, mittels deren dann Mituntertanen ohne Gerichtsurteil festgesetzt oder auch verbannt wurden. Die *Lettres de cachet* waren nicht nur ein Mittel, mit dem die Staatsmacht ihre namhaften Feinde direkt bekämpfte; sie wurden ebenso von Leuten der unteren Stände benutzt, um Mituntertanen ihrer nächsten Umgebung (Familie, Beruf, Liebe, Nachbarschaft) wegen liederlichen Lebenswandels für unbestimmte Zeit einzusperren.

Foucault interessieren hier nicht so sehr die spezifischen juridischen und sozialen Funktionen und Mechanismen; vielmehr ist er fasziniert von der Tatsache, dass die «unendlich kleinen Leben», die in den *Lettres de cachet* verzeichnet sind, nur gerade in den «wenigen Sätzen, die sie niedergemacht haben», überhaupt eine Existenz haben.[16] Anders als die in die Literatur eingegangenen «Menschen des Schreckens und des Skandals», die bloss eine «Modalität der universalen *fama*» sind und als exemplarische Helden der alten Heldenfabel angehören, sind sie die im eigentlichen Sinn *infamen* Menschen, Menschen ohne Ruhm, Ruf und Namen.[17] Indem die «politische Souveränität

[…] sich auf der elementarsten Stufe des Gesellschaftskörpers» einschaltet, beginnen Politik und Alltag einander zu durchdringen. Diese «neue […] Inszenierung» durchforscht das «gewöhnliche Leben» nach «Unregelmäßigkeiten und unbedeutenden Verstößen»[18] und bildet jenes Dispositiv heraus, das Foucault in *Überwachen und Strafen* (1975) und in *Der Wille zum Wissen* (1976) entlang der zwei konstitutiven Achsen der Disziplinierung des Körpers und der biopolitischen Regulierung des Lebens beschrieben hat.

Für Foucault gehört die moderne Literatur zu diesem «großen Zwangssystem, wodurch das Abendland das Alltägliche genötigt hat, sich zu diskursivieren». Doch «nimmt sie darin einen besonderen Platz ein: verbissen, das Alltägliche unterhalb seiner selbst zu suchen, die Grenzen zu durchbrechen, brutal oder hinterhältig die Geheimnisse zu lüften, die Regeln und die Codes zu verschieben, das Uneingestehbare sagen zu machen, wird sie also danach streben, sich ausserhalb des Gesetzes zu verorten oder zumindest die Last des Skandals, der Überschreitung oder der Revolte auf sich zu nehmen».[19]

Der Text, 1977 in einer Zeitschrift erschienen, wurde als Einleitung zu einem als solches nie erschienenen Buch verfasst, das kein «Geschichtsbuch», sondern eine «Anthologie von Existenzen» hätte werden sollen. Foucault nennt diese in wenige Zeilen oder Seiten gebannten Existenzen *«Exempla»*, die «weniger zum Nachdenken gedachte Lektionen als vielmehr kurze Wirkungen beinhalten, deren Kraft beinahe sofort erlischt»; sie sind Ereignisse, deren Intensität in ihrem Zwitterwesen zwischen Tat und Wort liegt.

Die Zurücknahme oder Zurechtrückung des Begriffs des Exempels ist entscheidend: Denn obwohl Foucault erklärt, eine Auswahl treffen zu müssen, und im Text selbst Fälle zitiert, weil sie ihn bei der ersten Lektüre besonders berührt und erschüttert haben – «tiefer […] als das, was man gewöhnlich die Literatur nennt»[20] –, scheint es ihm bewusst zu sein, dass jedwede Exemplifizierung die Singularität dieser Wort-Taten zerstören würde, sowohl was den einzelnen Text in der Reihe der Exempel angeht als auch die Reihe von Exempeln im Verhältnis zur Gesamtmenge der Texte, die sie repräsentieren. Sie würden unweigerlich mit dem trügerischen Glanz der ‹falschen› Infamie überzogen, den die moderne Literatur erzeugt. Diese Literatur durchkämmt einerseits den Alltag nach dem Kleinsten und Unsagbarsten, wirkt anderseits dennoch exemplarisch. Sie sucht die im strikten Sinn Infamen an den Rändern auf, um ihr nacktes Leben in namentliche Existenz zu verwandeln und sie, wie ‹realistisch› auch immer, zu typisieren und zu figuralisieren. Es ist daher nur konsequent, wenn die Anthologie so nicht zustande gekommen ist oder vielmehr wenn dieser Text Foucaults, der das Paradox des Exempels umschreibt, nicht als Vorwort einer Falldokumentation erschienen ist.[21] Gerade das Fehlen der Anthologie bewahrt die Wort-Taten als Ereignis.

Das Paradox des Exempels lässt sich sowohl in der aus der Pitaval-Sammlung hervorgegangenen Kriminalliteratur (im weitesten Sinn) von Schillers *Verbrecher aus verlorener Ehre* (zuerst unter dem Titel *Verbrecher aus Infamie*) bis zu Glausers *Wachtmeister Studer*-Romanen wie auch in der nicht einschlägigen Erzählliteratur von Goethe bis Thomas Mann ausmachen. In *Wilhelm Meisters Lehrjahre* kommt jenes diskursive Zwangssystem als Voraussetzung für die Entwicklung des Protagonisten exemplarisch, das heisst auf dem bürgerlichen Niveau, in rätselhaften Umrissen zur Darstellung: Eine geheim agierende Turmgesellschaft überwacht und steuert eine Anzahl von Individuen, indem sie deren Lebensläufe protokolliert und archiviert, um ihre Tauglichkeit für eine künftige «Sozietät» zu prüfen und sie entsprechend auszuwählen. Dabei müssen psychologisierte Zwitterwesen wie Mignon oder der psychiatrisierte Harfner als Restexempel auf der Strecke bleiben. Der Roman führt damit sein eigenes Verfahren vor, aus der Masse der verzeichneten Alltagsexistenzen und aus dem statistischen Durchschnittsmenschen ein exemplarisches Individuum zu generieren. Wilhelm Meisters Anflüge von Verfolgungsangst sind ein Hauch jenes Rasens, dessen Systematik Schreber und Ernst B. in je eigener Weise erfahren und mit je eigenen Mitteln protokolliert und analysiert haben.

Was bedeutet es, wenn nun auch der Coiffeur Ernst B. selbst von dieser zweifelhaften Fama/Infamie erfasst und als Beispiel aus der Masse der Archivpapiere herausgehoben wird? Ist damit jener ‹historische› Augenblick und jenes ‹existentielle› Moment der ‹richtigen› Infamie, die Foucault beschwört, verloren? – Wie oben mit Agamben dargelegt, vermischen sich die Positionen von Souverän und Verbanntem, die im alten (biopolitischen) Paradox des Rechts als Beziehung der Ausnahme formalisiert waren, im modernen Subjekt. Damit ist auch die Ausnahme nicht mehr absolute Ausnahme, sondern tendiert dazu, zur Regel zu werden. Das Beispiel ist formal gesehen genau das Gegenteil oder die Umkehrung der Ausnahme, die als einschliessende Ausschliessung funktioniert: Während die Ausnahme dadurch, dass sie ein Element ausschliesst, zu diesem trotzdem eine Beziehung herstellt, die es wieder (als ausgeschlossenes) in die Menge einschliesst, funktioniert das Beispiel als ausschliessende Einschliessung: Ein einzelnes Element, das sich in nichts von den anderen Elementen seiner Art unterscheidet, wird von diesen gerade insofern ausgeschlossen, als es zu ihnen gehört.[22]

Es ist vielleicht nur allzu selbstverständlich, dass Ernst B. in seinem historischen Kontext genausowenig als ‹klassische› Ausnahme im Sinn des Verbannten begriffen werden kann, wie er für die historischen Wissenschaften als klassisches Exempel im Sinn des Helden gelten kann. Dennoch können die historischen Wissenschaften gerade auf das Exemplarische nicht verzichten – wie wenn sie dazu verdammt wären, das Spiel der Fama/Infamie weiterzuspielen und gewissermassen mit der Exemplifizierung auch deren Kehrseite, die Verbannung, zu wiederholen. Und wie wenn es dazu nur die Alternative gäbe, keinen oder alle Fälle zu dokumentieren. Doch somit bliebe das Paradox, von dem ausgeschlossen zu sein, worin man eingeschlossen ist, oder, mit Foucault, das *double bind* der gleichzeitigen Totalisierung und Individualisierung, die das moderne Subjekt in der kapillaren Verteilung der Disziplinierungen und Regulierungen konstituiert, ebenso unberührt, wie wenn man sich der Illusion einer Wiedergutmachung der sozialen Beschädigungen hingibt, sich von der psychologischen ‹Tragik› des individuellen Falls mitreissen lässt oder bloss die ‹Effekte› der neuesten technischen Innovation abliest.

Tatsächlich berichten ja die Akten selbst der Form wie dem Inhalt nach von diesem Paradox und seiner Geschichte: Die Vorgängigkeit der aktenförmigen Mechanismen und die automatische Vervielfältigung der Akten im Durchlauf durch die Diskurspraktiken sind genauso wahrzunehmen wie der von Foucault beschworene Augenblick, in dem ein Leben von Schrift und Papier erfasst wird und eine bestimmte Form der Existenz annimmt. Hier nistet sowohl die subjektivistisch-literarische Möglichkeit, «ich» zu sagen («Ich war in letzter Zeit immer sehr aufgeregt»)[23] und eines Tages seine Geständnisse (sogar mit der heldenhaften Ahnengeschichte des «Freiherr v. Wolfschiessen, Namens Melchior von B.»)[24] niederzuschreiben, wie die objektivistisch-biopolitische Möglichkeit, entmündigt zu werden und gleichsam ausserhalb des Gesetzes[25] als nacktes Leben – je nach Diagnose und Therapie[26] – einer psychiatrischen Restverwahrung oder -verwertung überlassen zu werden («D. v. Herr Physikus berichtet vorläufig mündlich, daß Ernst B. der Irrenanstalt zu übergeben sei»),[27] wo man in der Tat ‹niemandem mehr angehört›.

Diesen beziehungsweise dieses protokollarische Moment der Entscheidung, in dem die Möglichkeiten schon getrennt und noch verbunden sind, gilt es auch und gerade dort offenzuhalten, wo sich die Positionen von Souverän und Verbanntem der fundamentalen Ausnahme längst im Geflecht der normierenden Disziplinierungen und Regulierungen verloren zu haben scheinen. In dieser doppelten und geteilten Potentialität – dem zugleich singulären Ereignis und allgemeinsten Mechanismus, dem flüchtigsten und dem durch Wiederholung beständigsten Moment – liegt das Exemplarische einer Fallgeschichte aus dem Archiv der Moderne.

In dieser doppelten Perspektive einer ursprünglichen (biopolitischen) Ausnahme des Rechts und der alltäglichen Diskurspraktiken von Polizei, Justiz und Psychiatrie gewinnen manche Elemente und Züge der «Erlebnisse» eine andere, fundamentalere oder auch spezifischere Bedeutung als die, welche die (dennoch unverzichtbare) Aufdeckung des ‹Realitätsgehalts› des ‹Wahns› vermittelt. Wenn Ernst B. den «Volksmund» fürchtet, «durch» den ihn die Verfolger «ins Irrenhaus zu liefern & beförderen» trachten,[28] und sich «verfemt»[29] fühlt, so benennt er genau jene buchstäblich intime Durchdringung des Alltags, die die ‹Veröffentlichung› seiner Eheverhältnisse manifestiert: die (jenseits der rechtlichen oder moralischen Berechtigung angesiedelte) Möglichkeit der Lina B., ihren Ehemann polizeilich einziehen zu lassen und wieder aus der Irrenanstalt zu holen, sowie die doch beträchtliche Zeugenaufbietung im Scheidungsprozess. Die *Verfemung (Ächtung, Friedlosmachung, Verbannung)* bezeichnet ebenjenes/n protokollarische/n Moment der ‹richtigen› Infamie,[30] in dem Ernst B. in die diskursive Existenz der Akten eintritt und zugleich als nacktes Leben abgeschoben wird. Ersteres wird ihm ‹erlauben›, im ambivalenten Spiel der literarischen Fama/Infamie seine «Erlebnisse» als «umfassende[s] Geständniß» zu verfassen, letzteres wird ihn zuletzt bloss noch dasein lassen, «wie wenn ich niemanden mehr angehöre».

Dass sich Ernst B.s Schreiben immer schon entlang dieser prekären Grenze zum nackten Leben bewegt, welche die biopolitischen Praktiken markieren, sprechen seine Klagen deutlich aus: Die Einflussnahme seiner «Peiniger»[31] beschränkt sich nicht auf die äusseren Sinne und entsprechende Eingebungen, sondern durchdringt von der ersten Vergiftung an sein Körperinneres und den ganzen «körperlichen Organismus»[32]: «mit inhalierden Beflüsterungen auf die Ahtmungorgane einwirkend»;[33] immer wieder «gieng das Experimentieren meines körperlichen Organismus peinigend & marternt von frischen los»;[34] «mit (Hypnohsen Instrumenten meine Leber & Milze mit ~~stehen~~ stechen so bearbeiten, daß diese Organe kränklich werden sollen».[35]

Wenn solche ‹Techniken› – abgesehen von der Grundverkehrung der Heil- in eine Schadensabsicht – bis in die Einzelheiten mit der Theorie und Praxis des traditionellen Magnetismus übereinstimmen, so zeugt das weder von einem Anachronismus, noch relativiert es die biopolitische Aktualität. Vielmehr wird deutlich, dass bereits die magnetistische Vorstellung einer intersubjektiven Regulierung vitaler Kräfte im ausgehenden 18. Jahrhundert von jenem biopolitischen Phantasma befeuert war, das sich zur gleichen Zeit etwa in dem *System einer vollständigen medicinischen Polizey* von Johann Peter Frank konkretisierte (Frank war es übrigens auch, der die protokollarische Krankengeschichte, wie sie sich auch in Ernst B.s Akten findet, zum Standard erhob).[36] Grundgedanke der «Polizey» war es, unterhalb der expliziten und beständigen Gesetze mittels Normen, die laufend den materiellen, sozialen und lokalen Gegebenheiten angepasst werden, die Lebenskräfte gleichsam unbewusst zu vermehren und zu steuern.[37]

Die biopolitische Prägung der Akten ist auch dann kaum zu übersehen, wenn man nicht weiss, dass Adolf Hägler, einer der beiden Hauptverfolger Ernst B.s, Experte in einem biopolitischen Belang par excellence war. Er fungierte nämlich mehr als 30 Jahre lang als Chefarzt der 1864 gegründeten «Basler Lebensversicherungs-Gesellschaft», hielt in dieser Sache Vorträge und verfasste 1896 eine längere Broschüre *Über die Factoren der Widerstandskraft und die Vorhersage der Lebensdauer beim gesunden Menschen.* Unter «‹*Widerstandskraft*› oder Widerstandsfähigkeit» will Hägler «selbstverständlich nicht ein[en] ontologische[n] Begriff [...] oder eine naturphilosophische Hypothese» (wohl im Sinn der Lebenskraft) verstehen, sondern «den Komplex von Ursachen» zusammenfassen, «welche, an die Lebenstätigkeit des Körpers und der

Gewebe geknüpft, diese befähigen, ein gewisses Mass von Arbeitsleistung und die von aussen einwirkenden chemischen und mechanischen Einflüsse, so z.B. das Eindringen der Spaltpilze, ohne Schädigung zu ertragen, sie zu überwinden, also den nutritiven, funktionellen und formativen Störungen der Lebensvorgänge des Körpers und der Gewebe entgegen zu wirken».[38] Neben den allgemeinen Erörterungen über Disposition und Immunität betrachtet er, unter Verweis auf die zugrundeliegende Empirie der «vielen statistischen Zahlen»,[39] die Einflüsse von Alter, Geschlecht und Zivilstand, Vererbung, Konstitution, Herzkraft, Wohnsitz und Klima, Beschäftigung und Beruf, Wohlstand und Lebensweise und von Nerven und Psyche.

Der Widerstand eines Coiffeurs gegen die im Begriff der Widerstandskraft enthaltene unendliche Negativität solchen Machtwissens über das Leben, das ihn ausschloss, indem es ihn einschloss, ist nun nachzulesen – so wenig beispielhaft wie möglich.

1 Staatsarchiv Basel (StABS), Sanität T 13.1. Einzelne Geisteskranke, 1894–1912. Brief von Ernst B. an Polizeihauptmann Mangold in Basel. Münsingen 2.12. 1904.
2 StABS, Sanität T 13.1, Ernst B.: Meine Erlebnisse: Klage & Beschwerde-Bericht,: und Rapport. über die Herren Hypnotiseuren Dr. Adolph H. (Wallstraße.) Salamon G. (Leimenstraße). und Ihren (Polizei) Spion complice Hans Sch. Packer (Itelpfadgss.) alle wohnhaft in Basel. – Thatsachen. –, 1.
3 StABS, Sanität T 13.1, Brief von Ernst B. an Polizeihauptmann Mangold in Basel. Münsingen 2.12. 1904.
4 StABS, Sanität T 13.1, Ernst B., Meine Erlebnisse, 1.
5 Ebd., 10.
6 Vgl. Friedrich Kittler: Flechsig/Schreber/Freud. Ein Nachrichtennetzwerk der Jahrhundertwende. In: Der Wunderblock. Zeitschrift für Psychoanalyse Nr. 11/12 (März 1984), 56–68; ders.: Aufschreibesysteme 1800/1900. München 1985, 298–310; Martin Stingelin: Ne coupez pas! Die Paranoia der Macher und Benützer. In: Kanalarbeit. Medienstrategien im Kulturwandel. Im Auftrag des Schweizerischen Werkbundes herausgegeben von Hans Ulrich Reck. Basel/Frankfurt a.M. 1988, 224–231; ders.: Gehirntelegraphie. Die Rede der Paranoia von der Macht der Medien 1900. Falldarstellungen. In: Friedrich A. Kittler / Georg Christoph Tholen (Hg.): Arsenale der Seele. Literatur- und Medienanalyse seit 1870 (= Literatur- und Medienanalysen, Bd. 1). München 1989, 51–70.
7 Vgl. Robert Darnton: Der Mesmerismus und das Ende der Aufklärung in Frankreich. Aus dem Amerikanischen und Französischen und mit einem Essay von Martin Blankenburg. Berlin/Frankfurt a.M. 1986; Anneliese Ego: «Animalischer Magnetismus» oder «Aufklärung». Eine mentalitätsgeschichtliche Studie zum Konflikt um ein Heilkonzept im 18. Jahrhundert. Würzburg 1991.
8 Zur unbewussten Konstituierung auch des modernen Subjekts durch die symbolische Ordnung der Gesetzestexte vgl. Pierre Legendre: Leçons VI. Les enfants du Texte. Étude sur la fonction parentale des États. Paris 1992.
9 Vgl. Cornelia Vismann: Akten. Medientechnik und Recht. Frankfurt a.M. 2000, 204–266.
10 Giorgio Agamben: Homo sacer. Die souveräne Macht und das nackte Leben. Aus dem Italienischen übersetzt von Hubert Thüring. Frankfurt a.M. 2002, 23–78.
11 Michel Foucault: Le sujet et le pouvoir. In: ders.: Dits et Écrits 1954–1988. Herausgegeben von Daniel Defert und François Ewald unter Mitarbeit von Jacques Lagrange. Paris 1994, Bd. IV, 222–243, hier 230.
12 StABS, Sanität T 13.1, Begleitbrief zu «Meine Erlebnisse» von Ernst B. an Hans Leupin in Basel. Affoltern am Albis 27.11. 1903.
13 Vgl. Alois Hahn: Zur Soziologie der Beichte und anderer Formen institutionalisierter Bekenntnisse: Selbstthematisierung und Zivilisationsprozess. In: Kölner Zeitschrift für Soziologie und Sozialpsychologie 3 (1982), 409–434; Manfred Schneider: Die erkaltete Herzensschrift. Der autobiographische Text im 20. Jahrhundert. München/Wien 1986, 9–48.
14 Vgl. Bettina Hunger / Michael Kohlenbach / Roman Kurzmeyer / Ralph Schröder / Martin Stingelin / Hubert Thüring: Adolf Wölfli – Porträt eines produktiven Unfalls. Dokumente und Recherchen. Basel/Frankfurt a.M. 1993.
15 StABS, Gerichtsarchiv Um 26. 1896 Juli–Dezember mit Sitzungsprotokoll und Register. Protokoll der Scheidungsverhandlung Ernst B. gegen Lina B., 1426f.

16 MICHEL FOUCAULT: Das Leben der infamen Menschen. In: DERS.: Dits et Écrits 1954–1988. Herausgegeben von Daniel Defert und François Ewald unter Mitarbeit von Jacques Lagrange. Frankfurt a.M. 2002, Bd. III, 1976–1979, 309–332, hier 311. Die Übersetzung wurde teilweise zwecks Anpassung an den Kontext geringfügig verändert.

17 Ebd., 318.

18 Ebd., 321f.

19 Ebd., 331.

20 Ebd., 310f.

21 Dem Projekt der Anthologie entspringen zwei andere Unternehmen: die Reihe «Les Vies parallèles» bei Gallimard, in der Foucault die Memoiren von Herculine Barbin veröffentlicht hat (daneben erschien nur noch «Le Cercle amoureux d'Henri Legrand», herausgegeben von Jean-Paul und Paul-Ursin Dumont), und eine Sammlung von *Lettres de cachet*, die Foucault später mit Arlette Farge herausgegeben hat. Vgl. ARLETTE FARGE / MICHEL FOUCAULT (Hg.): Familiäre Konflikte: Die «Lettres de cachet». Aus dem Französischen übersetzt von Chris E. Paschold und Albert Gier. Frankfurt a.M. 1989. Vgl. die editorische Notiz zu FOUCAULT, Das Leben der infamen Menschen, 309f.

22 Vgl. AGAMBEN, Homo sacer, 31f.

23 StABS, Sanität T 13.1, Vernehmungsprotokoll von Georg Haller. Basel 19.7. 1894.

24 StABS, Sanität T 13.1, ERNST B., Meine Erlebnisse, 7.

25 Zur den (fehlenden) rechtlichen Voraussetzungen der Einweisung in die Irrenanstalt vgl. den Beitrag von HANS JAKOB RITTER in diesem Band.

26 Vgl. LORENZ BENJAMIN KOBER-MATHYS: Zur Geschichte der Schizophrenie-Behandlung in Basel. Historischer Abriss der Entwicklung von somatischen Therapieverfahren in der Behandlung schizophren Erkrankter. Ihre Aufnahme, Anwendung und Beurteilung in der Psychiatrischen Universitätsklinik Basel (Friedmatt). Basel 1988.

27 StABS, Sanität T 13.1, Vernehmungsprotokoll von Georg Haller. Basel 19.7. 1894.

28 StABS, Sanität T 13.1, ERNST B., Meine Erlebnisse, 12.

29 Archiv der Psychiatrischen Universitätsklinik Friedmatt, Krankengeschichte Ernst B., Eintrag vom 9. März 1899; vgl. auch StABS, Sanität T 13.1, ERNST B., Meine Erlebnisse, 27, wo Salomon G. als «ausgezeichneter Verfehmer» tituliert wird.

30 Eine etymologische Verwandtschaft von *Feme* und *Fama* ist nicht nachweisbar; da die Herkunft von *Feme* jedoch unbekannt ist, kann sie auch nicht ausgeschlossen werden. Während für *Feme* bloss *Strafe* oder *Gericht*, insbesondere das *geheime* oder *Freigericht* angeführt wird (wobei in letzterem auch das ‹Ausserrechtliche› mitverstanden sein könnte), steht für *verfemen* neben «verurtheilen» auch «auszerhalb des gerichtsschutzes stellen» (zwei Bedeutungen, die sich eigentlich ausschliessen: verurteilt werden kann nur innerhalb des Rechts), was sich jedenfalls mit der Praxis der *Infamie* überschneidet. Vgl. JACOB und WILHELM GRIMM: Deutsches Wörterbuch, 16 Bände (in 32 Teilbänden). Leipzig 1854–1954 (Quellenverzeichnis 1971); photomechanischer Nachdruck, 33 Bände. München 1984, Bd. 3, Sp. 1516–1518, und Bd. 25, Sp. 327f.

31 StABS, Sanität T 13.1, ERNST B., Meine Erlebnisse, 5.

32 Ebd., 9.

33 Ebd., 8.

34 Ebd., 12.

35 StABS, Sanität T 13.1, Nachtrags-Bericht zum Brief von Ernst B. an Polizeihauptmann Mangold. Basel 20.10. 1904.

36 Vgl. KURT BÖHM / CLAUS O. KÖHLER / RAINER THOME: Historie der Krankengeschichte. Stuttgart 1978, 77.

37 Vgl. JOHANN PETER FRANK: System einer vollständigen medicinischen Policey, Dritter Band. Mannheim 1783, XIVf.

38 ADOLF HÄGLER: Über die Factoren der Widerstandskraft und die Vorhersage der Lebensdauer beim gesunden Menschen. Basel 1896, 5.

39 HÄGLER, Über die Factoren der Widerstandskraft, 20. Die Widerstandskraft ist bereits Thema der Einleitung von ADOLF HÄGLER: Die verschiedenartigen Bestrebungen unserer Zeit zur Fürsorge für Erholungsbedürftige / Anstalten für Genesende, Kränkliche, Kinder und Erwachsene, Ferienkolonien, Seehospizen, Bergsanatorien u. s. w., zwei Vorträge, gehalten im Bernoullianum zu Basel, den 8. und 15. März 1891. Basel 1891, 6f.

Teil B: Falldossier

Editorische Notiz

Ernst B. hat von 1884 bis 1902 in Basel gelebt, wohin er im September 1904 noch einmal zurückgekehrt ist, um seine Peiniger vor Gericht zur Verantwortung zu ziehen. Am 8. November 1904 wird Ernst B. auf Veranlassung der Basler Behörden in die Irrenanstalt Münsingen eingeliefert. Das Dossier umfasst Akten, Briefe und andere Dokumente aus dieser Zeit, die in Basler Archiven lagern und seinen Fall konstituieren – erweitert um ausgewählte Archivalien, die Seitenblicke auf die Person seiner ebenfalls aktenkundigen Frau Lina B. ermöglichen. Die Akten wurden ihrem archivalischen Kontext entnommen, die transkribierten Dokumente chronologisch angeordnet; massgebend ist jeweils das Datum, an dem die Akte angelegt worden ist. Wir haben jedes Dokument mit Signatur und Titel versehen, in Aktendossiers sind diese erst auf dem letzten Dokument verzeichnet. Bei der Transkription haben wir Orthographie und Interpunktion der Akten übernommen sowie versucht, Layout und Gestaltung so originalgetreu wie möglich wiederzugeben. Stempel und Vordrucke sind kursiv gesetzt. Bis auf die Briefe und die «III. Copie: Meine Erlebnisse» von Ernst B. wurden alle Texte linearisiert und bereinigt, d.h. Durchstreichungen weggelassen und interlineare Korrekturen eingefügt. Unleserliche und unsichere Stellen sind in eckigen Klammern nachgewiesen. Die Nachnamen der Hauptbeteiligten haben wir anonymisiert.

Nicht in die Edition aufgenommen haben wir die Notariatsakten über die Liegenschaft Küchengässlein 16, das Aktendossier zum dritten Strafprozess gegen Lina B. aus dem Jahr 1901, das Protokoll des zweiten Scheidungsprozesses von Ernst und Lina B. 1902 in Büren sowie Ernst B.s Krankengeschichte aus der Irrenanstalt Münsingen.

Dr Karl Hagenbach
~~*Kanonengasse 13*~~ Steinengraben 15
Sprechstunde 1½ bis 3 Uhr. – Telephon No. 1558.

BASEL, den 17. Juli *1894*

Holbein-Apotheke Dr. J. Kober Basel
v.Q. 10. 1.45.

Rp.
Kali bromat. 10,0
Aq. Valerianae ad 200,0
M D. S.
Alle 2 Stunden 1 Eßlöffel voll z. n.
Herr B.

D.r. Hb

Arztrezept von Dr. Karl Hagenbach. Basel 17.7. 1894
StABS, Sanität T 13.1. Einzelne Geisteskranke, 1894–1912

Dr Karl Hagenbach
~~*Kanonengasse 13*~~ Steinengraben 15
Sprechstunde 1½ bis 3 Uhr. – Telephon No. 1558.

BASEL, den 18. Juli *1894*

Rp.
Kali bromat. 2,0
D.tal. dos. № 6.
D. 3 mal Tgl. 1 Pulver z. n.
Herr B.

D.r. Hb

Arztrezept von Dr. Karl Hagenbach. Basel 18.7. 1894
StABS, Sanität T 13.1. Einzelne Geisteskranke, 1894–1912

MEMORANDUM

A Herrn Dr Karl Hagenbach.
Basel.

Ernst B., Coiffeur

-------------------- *Basel, den* 18 Juli ....*1894* --------------------

Lege Ihnen zur Untersuchung der fraglichen Sache Fr 50 bei mit dem Bemerken daß sie das Gift noch von H Munch Apotheke ankaufen wollen, ganz hell ist es wie Wasser das neueste wo H Münch hat. und welchen Name es trägt. –

Es grüßt Sie freundlichst
Er. B. Coiffeur

Memorandum von Ernst B. an Dr. Karl Hagenbach. Basel 18.7. 1894
Archiv der PUK Friedmatt, Krankengeschichte Ernst B.

Polizeidepartement des Kantons Basel-Stadt.

Basel, Mittwoch *den* 18. Juli *1894*.

Erscheint

V 9406 Lina B. geb. F., Ehefrau des Coiffeurs Ernst B. von Büren a. d. Aare, Bern, Centralbahnplatz № 6 wohnhaft, welche deponiert:

Ihr Mann sei in letzter Zeit dem Trunke ergeben und leide wahrscheinlich an Verfolgungswahn, indem er sich von vielen Personen verfolgt fühle und gestern die Mittagsuppe ab dem Tische genommen und wahrscheinlich habe nach Gift untersuchen lassen. Er sei sehr unruhig, hauptsächlich während der Nacht, könne nicht schlafen und errege sein Geisteszustand Bedenken. Letzte Nacht habe er in der Wirtschaft Meyer am Küchegässchen geschlafen und sei gar nicht in seine Wohnung gekommen. Von einem Arzt wolle er nichts wissen. Im Monat März d. J. habe sie, die Frau, gegen den Mann wegen Misshandlung bei der Abteilung für Strafsachen Klage erhoben, doch auf Drängen und Bitten des Beklagten den Strafantrag wieder zurückgezogen.

Frau B. findet sich veranlasst, das Polizeidepartement auf den Zustand ihres Mannes aufmerksam zu machen.

in fidem

G Haller

Datum vorstehend.

Ernst B. wird auf morgen Donnerstag, den 19. d Mts, vorm. 8 Uhr zur Besprechung vorgeladen.

G Haller

Basel, den 19. Juli 1894.

Auf Vorberufung erscheint:

Zur Person.

B., F., Ernst, von Büren a. d. Aare, Bern, geboren den 18. October 1856, Coiffeur, verheiratet, Vater von 2 Kindern im Alter von 5 u. 8 Jahren, seit 1883 [sic.] hier niedergelassen, Centralbahnplatz № 6 wohnhaft, noch nie bestraft.

Zur Sache.

Ich war in letzter Zeit immer sehr aufgeregt und hatte Grund zu der Annahme, dass mir meine Frau das Essen mit Gift gemischt habe. Das war auch der Anlass, dass ich die Suppe vom Tische wegnahm und durch Dr. Kober untersuchen liess. Der Chemiker fand jedoch kein Gift darin.

Meine Frau kann mich nicht leiden, gibt sich mit meinen Gehilfen und auch mit dem Maler Wespi, der beim Stadttheater angestellt ist, ab, behandelt mich überhaupt nicht als Mann und will von mir nichts wissen. Das ist auch der Anlass, dass ich hier und da aus Verdruss und Verzweiflung ein Glas zu viel nehme. Unser eheliches Verhältnis kann auf diese Art nicht länger mehr andauern und beabsichtige ich, auf Scheidung zu klagen. Verwirrt bin ich nicht, doch infolge der vorkommenden Unannehmlichkeiten in letzter Zeit sehr aufgeregt.

V. B. u.
Ernst B. Coiffeur
in fidem
G Haller

D. s. v. Herr Physikus wird um Untersuchung des B. u. bez. Bericht ersucht

DER SEKREÄR DES POLIZEI-DEPARTEMENTS
Lutz

D. v. Herr Physikus berichtet vorläufig mündlich, daß B. der Irrenanstalt zu übergeben sei.

Bez. Auftrag an Polzm. A. Müller

Lutz

Basel den 19 Juli 1894.

Auftragsgemäß wurde heute Nachmittag der vorgenannte Ernst B. auf dem Zentralbahnplatz durch die Polizeimänner Lüdin und Müller angehalten, nach dem Lohnhof begleitet und später durch den Unterzeichneten und Polzm. Fuss per Droschke der Irrenanstalt zugeführt.

Lüdin, Polzm.

Basel, den 20. Juli 1894.

Geht angeschlossener Physikatsbericht ein.

Die Akten gehen – Rücksendung vorbehalten – an die Direktion der Irrenanstalt zur Kenntnisnahme

Polizeidepartement
Der Sekretär
Lutz

Polizeirapport und Vernehmungsprotokoll. Basel 18.–20.7. 1894
StABS, Sanität T 13.1. Einzelne Geisteskranke, 1894–1912.
Faksimile der ersten Seite auf S. 48

PHYSIKAT
BASEL-STADT. *Taxe Fr.* 4.

Tit Polizei Departement z. g. H.

Ihrem Auftrage gemäß berichte ich Ihnen über den Geisteszustand des Ernst B., welchen ich heute Vormittag auf dem Lohnhof nach Einsicht der bezügl. Acten untersucht habe.

B. ist von untersetzter Statur, geröthetes Gesicht, Temperatur normal, Puls 96; giebt an er habe Appetit. Von bisher durchgemachten Krankheiten erinnert er sich nur an eine Lungenentzündung und an einen Armbruch im Knabenalter; jetzt ist er 38 Jahre alt.

Befragt über sein Befinden in letzter Zeit giebt er an, er schlafe seit einigen Wochen aufgeregt, möge auch dann und wan̄ ein Glas mehr als sonst getrunken haben; er habe aber auch in der letzten Zeit „etwas mitgemacht". Mit der Frau könne er nicht mehr leben; sie habe ihm am 7 Juli zum ersten Male Gift in die Suppe gethan; darauf habe er am 8. schon so gezittert, daß er nicht mehr habe arbeiten können. Er hört die Frau mit andern flüstern z.B. „jetzt lebt der Kaib noch und ist gesünder als vorher". Die Frau halte es auch mit andern; während er letzte Woche todtkrank auf dem Kanape lag, hörte er draussen wie es seine Frau mit einem andern hatte; es kom̄t auch vor, dass Nachts einer an ihrer Thüre klopft, wen̄ sie denken er schlafe. Der Apotheker Münch (in seiner Nähe Centralbahnplatz) kön̄e ihn auch nicht leiden; er habe dort kürzlich Bärentraubenthee gekauft und da sei „jedenfalls auch etwas darin gewesen"; Arme und Beine fühlen sich seither ganz „seifig" an

Von der gestrigen Suppe nahm er nur einen Löffel voll, dan̄ konnte er schon nicht mehr recht athmen, wurde ganz heiser; Dr Hagenbach gab ihm ein Gegengift, das ihm sofort half. Die Suppe liess er bei Dr Kober in der Holbein Apotheke untersuchen; derselbe habe aber „bis jetzt" nichts darin gefunden.

Letzte Nacht habe er ausser dem Hause bei Wirth Meyer im Küchegäßlein geschlafen; heute habe er noch nichts getrunken, Milch und Brot gefrühstückt und vom „Gegengift" genom̄en (Bromsolution).

Dieses und ähnliches erzählt er in mäßiger Aufregung und etwas ungeordnet. Es besteht leichter Tremor beim Herausstrecken der Zunge und Ausstrecken der Finger.

B. leidet an einer mit Hallucinationen des Gehörs verknüpften Geistesstörung und bedarf der Versorgung in die Irrenanstalt. Einen bezüglichen Schein habe ich sofort ausgestellt.

Basel
19 Juli 94.

Hochachtungsvoll
Dr Th Lotz.

Physikatsbericht von Dr. Theophil Lotz. Basel 19.7. 1894
StABS, Sanität T 13.1. Einzelne Geisteskranke, 1894–1912.
Faksimile auf S. 64f.

HOLBEIN-APOTHEKE BASEL

Dr J. Kober *Basel.* 19. Juli. *1894*
Ecke Holbein- & Leonhardsstrasse
B A S E L Herrn B. Coiffeur Hier!
Telephon 22. Geehrter Herr!

Die übersandte Suppe habe ich, wie Sie aus vorliegender Analyse ersehen, auf einige der wichtigsten Gifte untersucht, und darin̄ keine Spur eines solchen gefunden. Es giebt natürlich noch viele Gifte, die berücksichtigt werden kön̄ten, deren Anwesenheit aber höchst unwahrscheinlich ist. Eine völlig erschöpfende Untersuchung würde mindestens 8 Tage in Anspruch nehmen, würde gegen F 500 kosten, und müßte wohl vom Cantons Chemiker ausgeführt u. beglaubigt sein.
Ich glaube jedoch, daß eine solche resultatlos wäre in diesem Fall, und bitte Sie das Gefäß mit dem Rest der Suppe bei mir abholen zu lassen, da ich eine weitere Untersuchung jetzt anderer Arbeiten wegen nicht vornehmen kann. Für vorliegende Analyse bitte mir den Betrag von F 9. zukom̄en zu lassen.

Hochachtungsvoll Dr. J. Kober

Begleitbrief von Dr. Johann Kober zur toxikologischen Analyse der Suppe.
Basel 19.7. 1894
Archiv der PUK Friedmatt, Krankengeschichte Ernst B.

ANALYTISCHES LABORATORIUM

für

mineralogische, mikroscopische, bacteriologische,
chemische und hygienische Untersuchungen aller Art,
insbesondere Harn- und Sputumanalysen.

HOLBEIN-APOTHEKE VON DR. J. KOBER IN BASEL

TARIF:

Qualitative Harnanalyse	. .	*von*	*Fr.*	*1. –*	*bis*	*Fr.*	*3. –*
Quantitative »	. .	»	»	*2.50*	»	»	*5. –*
Mikroscopische »	. .	»	»	*1. –*	»	»	*3. –*
Sputumanalyse	. . . . .	»	»	*5. –*	*an.*		

Die übrigen Analysen im Verhältnis zur Arbeit.

⇐ ***Die Herren Ärzte erhalten Rabatt.*** ⇒

Resultat der Analyse Nr. 2800.

Toxikologische Untersuchung einer Suppe.

Die mir zur Untersuchung auf „Gift“ überbrachte Suppe wurde genau analysirt mittelst der üblich. chem. Reagentien:

1) auf Arsen (mittelst Mars'hsch Apparat u. salpeteri. Silberlösung); Resultat: Keine Spur von Arsen; /3.

2) auf Phosphor (Mitscherlich'sche Methode nach Frerenius)
Resultat: Keine Spur von Phosphor; /3.

3) auf Blausaeure u. Cyanverbindungen (Methode Hoppe-Sayler) Resultat: Keine Cyanverbindungen nachweisbar; /3.

Basel, d. 19 Juli. 1894 T. Dr. J. Kober /9.

Tarif F 9.–

Resultat der toxikologischen Analyse. Basel 19.7. 1894
Archiv der PUK Friedmatt, Krankengeschichte Ernst B.

S 5795

Irrenanstalt
Empfehlung ~~*in den Spital*~~
für Ernst B.
auf die ....*Abtheilung*

Krankheit:
Alcohol. Psychose

Bisherige Behandlung:
/

Basel, 19*ten* ....Juli.........*189*....4

Unterschrift des Arztes Lotz

⇛ *Aufnahme der Kranken an den 6 Wochentagen, Vormittags von 8 bis 12 Uhr; dringende Fälle ausgenommen.*
Bericht folgt.

Bürgerspital der Stadt Basel

ControllN° 1922

Garantieschein.

Name
des Kranken:......Ernst B. ....
Heimath:......Büren, Kt. Bern ....
Wohnung:...6 Centralbahnplatz ....
Steht in Dienst oder Arbeit bei: ....../......................

Für die Bezahlung der Verpflegungskosten leistet Garantie:
Lina B. ....
wohnhaft 6. Centralbahnpl. ...
Basel, den:...21.......Juli...*1894.*

⇛ *Ueber die zu garantirenden Verpflegungskosten giebt der Tarif auf der Rückseite Aufschluß.*
Ernst B.-F., Coiffeur ist seit 15. Mai 1885
hier niedergelaßen
94/7/19 [unleserlich] Kontrol-Bureau G. Fehrenbach

[verso]

Das Kostgeld für Verpflegung in allgemeinen Zimmern des Krankenhauses beträgt per Tag:
Fr. 1.25 für hiesige Bürger und Bürgerinnen.
Fr. 1.50 für hiesige nicht bürgerliche Einwohner.

Für Aufnahmen von auswärtigen Kranken und für Aufnahme in Einzelzimmer sind höhere Taxen aufgestellt, welche bei der Spitaldirektion zu erfahren sind.

Empfehlung in die Irrenanstalt. Basel 19.7. 1894
StABS, Sanität T 13.1. Einzelne Geisteskranke, 1894–1912

Name: B.-F. Ernst *Geburt:* 38 J. (18. Oct. 1856 *Stand:* Coiffeur, vh. *Confession:* *Heimat:* Büren a/d Aare. *Wohnort:* Basel *Wohnung:* Centralbahnhofpl. *Eintritt:* 19. Juli 1894 *Austritt:* 24. August "	***Krankheit:*** Halluncinat. Wahnsin̄ alcohol. Grundlage 6	***Jahr*** 1894 ***Behandlung.***

Pat. kommt N. M., polizeilich gebracht; auf b). Ruhig, lenksam. Zieml. intensiver Tremor digitorum. Gibt Potus zu. Isst mit Appetit. Orientiert. — Bad

Aus den Polizeiacten. 18. Juli 94.

Lina B.-F., Ehefrau des B. deponiert: Ihr Mann sei in letzter Zeit dem Trunke ergeben u. leide wahrsch. an Verfolgungswahn, indem er sich von vielen Personen verfolgt fühle u. gestern die Mittagssuppe vom Tische genommen u. wahrsch. auf Gift untersuchen ließ. Sehr unruhig, bes. nachts, könne nicht schlafen. Letzte Nacht habe er in einer Wirtschaft zugebracht, sei gar nicht nachhause gekommen. Von einem Arzt will er nichts wissen. Im März hatte die Frau wegen Mißhandlung geklagt

[verso] B. gibt an, in letzter Zeit immer aufgeregt sehr gewesen zu sein u. zur Annahme Grund gehabt zu haben, daß seine Frau ihm Gift ins Essen gemischt habe. Deswegen nahm er auch die Suppe vom Tisch weg u. ließ sie von Dr. Kober untersuchen. Derselbe fand jedoch kein Gift darin. Seine Frau könne ihn nicht leiden, gebe sich mit dem Gehilfen u. einem Maler ab, behandele B. nicht als Mann. Nur Deswegen habe er, aus Verdruss und Verzweiflung, ein Glas zuviel genommen. Das eheliche Verhältnis könne auf die Dauer nicht mehr andauern u. beabsichtigt B. auf Scheidung zu klagen. Verwirrt sei er nicht, doch infolge der Unannehmlichkeiten der letzten Zeit sehr aufgeregt.

Dr. K. Hagenbach verordnete Kal. Bromat 10,0, aqu. Valerianae 200,0 2 pol 1 Eßl.

Bericht des Physikus Dr Lotz. 19/VII 94.

B. ist von untersetzter Statur, geröthetem Gesicht, T. normal, Puls = 96; gibt an, er habe Appetit. Von bisher durchgemachten Krankheiten erinnert er sich an eine Lungenentzündung u. einen Armbruch im Knabenalter;

102 jetzt ist er 38 J. alt.

Befragt über sein Befinden in letzter Zeit, gibt er an, er schlafe seit einigen Wochen aufgeregt, mag auch dann u. wann ein Glas mehr als sonst getrunken haben; er habe aber auch in der letzten Zeit „etwas mitgemacht". Mit der Frau könne er nicht mehr leben; sie habe ihm am 7. Juli zum 1. Male Gift in die Suppe gethan; darauf habe er am 8. schon so gezittert, daß er nicht mehr habe arbeiten können. Er hört die Frau mit anderen flüstern, z.b. „jetzt lebt der Kaib noch u. ist gesünder als vorher". Sie halte es auch mit anderen; während er letzte Woche todtkrank auf dem Kanapee lag, hörte er draußen, wie es seine Frau mit einem anderen hatte; es kommt auch vor, daß Nachts einer an ihre Thüre klopft, wenn sie denken, er schlafe. Der Apotheker Münch (in seiner Nähe Centralbahnplatz) könne ihn auch nicht leiden; er habe dort kürzlich Bärentraubenthee gekauft u. da sei jedenfalls auch etwas darin gewesen"; Arme u. Beine fühlen sich seither ganz „seifig" an.

Von der gestrigen Suppe nahm er nur einen Löffel, dann konnte er schon [verso] nicht mehr recht athmen, wurde ganz heiser; Dr. Hagenbach gab ihm ein Gegengift, das ihm sofort half. Die Suppe liess er bei Dr. Kober in der Holbeinapotheke untersuchen; derselbe habe aber „bis jetzt" nichts drin gefunden.

Letzte Nacht außer d. Hause geschlafen; heute nur Milch u. Brot gefrühstückt u. ein „Gegengift" genommen (Bromsolution).

Dieses u. ähnl. erzählt er in mäßiger Aufregung u. etw. ungeordnet. Es herrscht leichter Tremor beim Herausstrecken der Zunge u. Ausstrecken der Finger

B. leidet an einer mit Hallucinationen des Gehörs verknüpften Geistesstörung u. bedarf dah. der Versorgung in der Irrenanstalt.

Anamnese (Frau). Ref. kennt den Pat. ca 8½ J. In der Familie sollen keine belastenden Momente vorliegen. Vater † an Pneumonie (?), war Potator, Mutter † im Puerperium, Pat. bekam dann eine 2. Mutter, mit der er sich gut vertragen haben soll. Ein Bruder, den Ref. kennt, sei gesund. Frau lernte den Pat. erst ca ¼ J. vor der Verheiratung kennen, kann über das Frühere keine Angaben machen, kennt auch seine Angehörigen

fast gar nicht. Seit sie ihn kennt, habe er keine ernsteren Krankheiten durchgemacht, nur habe er immer viel gehustet, mit dem Husten bis vor 1 J. auch Blut ausgeworfen, doch nur in geringer Menge. Schwitze nachts sehr stark, hatte viel Durst, trank Nachts, wo er immer unruhig war, Wein od. Wasser. Wurde immer dicker; Hatte immer ein unstetes, unruhiges Wesen. 103
Trinkt seit ca 7 J., viel Wein, Bier, auch Schnaps (meistens 1-2 Glas täglich). Wenn er etw. zu viel getrunken hatte, war er bösartig, händelsüchtig, grob. Vomit. matutinus seit Jahren. Hie u. da Herzklopfen. Von Geschlechtskrankheit außer Gonorrhoe ¼ J. vor der Ehe nichts bekannt. Hat 2 Kinder, eines 7, das andere 5 J. alt. Ersteres ist ganz gesund, das jüngere hat ein Malum Potti.

Im Jänner 93 begann er Verfolgungsideen zu äußern, man glaube, er halte es mit einem Mädchen, man verleumde ihn, daß er daßelbe mißbraucht habe; fürchtete sich vor einem Landjäger, der ihn verfolgen sollte, stand immer am Fenster, war sehr unruhig. Nach 8 T. Rückgang der Störung. Seither soll er [verso] nichts geistig abnormes dargeboten haben bis vor ca 14 Tagen. Er mußte damals vor Gericht, wegen eines an seinem Gehilfen verübten Diebstahls. Glaubte von da an, die Landjäger sehen ihn mit scheelen Augen an, als wenn er den Diebstahl verübt haben sollte. Der Arbeiter habe es auf sein Leben abgesehen, die Frau gebe ihm Gift in die Suppe. Auch Gehörshallucinationen (hörte ein imaginäres Gespräch zwischen seiner Frau u. einem Maler), u. inf. dessen Eifersuchtswahn trat~~en~~ auf. Nie Schmerzen, nur intensive Klagen wegen der Hitze. Von Störungen der Harnausleerung ist der Ref. nichts bekannt.

Nahm jedoch Fol. uvae ursi, doch bald glaubte er, daß er auch durch diese vergiftet sei, er schwitze dadurch so stark, das Fett gehe ihm durch die Haut durch, alles sei so klebrig an ihm. Heftig gegen seine Frau, doch nicht mehr gewaltthätig (im Gegensatz zu früher, wo er [seit dem 2. Jahr der Ehe] dieselbe öfters geschlagen hatte). Trug das Geld fort, gab es einem anderen zum Aufbewahren. Wich seiner Frau gerne aus. Sprach auch mit den Kindern nicht mehr. Glaubte, es sei ein ganzes Complott gegen ihn geschmiedet, sah, wie die Leute in den Wirtschaften auf

B. F. Ernst 1894

	Fortsetzung. 3	*Behandlung.*
	ihn deuteten, sich bedeutsam anblickten u.s.w. Zurede half nichts. Sah vor einigen Tagen einen Landjäger der ihn verfolgen sollte im Abtritt, beschrieb ihn ganz deutlich. Seitdem nichts von Gesichtstäuschungen beobachtet. Von Kopfverletzung der Frau nichts bekannt.	
VII.20.	Nachts isoliert; am Morgen ordentlich, habe gut geschlafen. Nimmt ohne Mißtrauen. Stat. praes. Klein, dick, Gesicht leicht cyanotisch. Herzdämpfung etw. nach links und oben verbreitert, Töne dumpf. Über den Lungen allenthalben rauhes Athmen, kein Rasseln. Bauchreflexe schwach; Cremaster- u. Planrtarreflex [sic.] vorhanden, Kniephänomen schwach. Kein Romberg. Pupillen gleich, unter [mittelweit], reagieren. Ziemlich bedeutender Tremor digitorum et linguae. Im Steiss leichter Thorpatniederschlag, sonst nichts abnormes. [verso] Steht zum Mittagessen auf, Appetit noch nicht befriedigend. Ruhig, ohne Äusserung von Verfolgungsideen.	Sennathee
21. VII.	Nacht verlief gut, doch habe Pat. viel gehustet. Am Morgen kein Auswurf; bleibt bis zur H.V. im Bett. Appetit besser, Zunge zieml. rein. Intertrigo ad nates	Vaselin
22. VII.	Bekommt von heute an morgens Appetit im Laufe des Tages besser. Tremor etw. geringer. Drängt viel fort; für Hallucinationen keine Anhaltspunkte.	Maceration von lign. quassiam 10 : 1000,0 tgl. 1 Glas nüchtern
23. VII.	Drängt heute oft nach hause, müsse nach Zürich, Bern, Biel u.s.w. seine von ihm erfundene Haartinctur verkaufen; versäume viel im Geschäft. Doch immer freundlich, grüßt zuvorkommend. Stimmung eher fröhlich. Schläft im 2. Saal.	
24. VII.	Steht mit den anderen auf. Zeitweise rother Kopf. Tremor noch deutlich. Äussert keine Wahnideen.	
VII. 27.	Verkehrt viel mit den anderen, zeigt weder Mißtrauen noch Feindseligkeit gegen jemanden, ist hingegen leicht reizbar. Keine Klagen.	

B. F. Ernst 1894
Nr. 417. *Fortsetzung.* 4 *Behandlung.*

VII. 30.	Verhält sich ganz ruhig auf der Abtheilung. Appetit ziemlich gut, Stuhl in Ordnung. Äussert selten den Wunsch, entlassen zu werden, hat hingegen allerlei Begehren, z. B. sich durch seinen Lehrling rasieren zu lassen u.s.w. Kopf weniger roth. Spielt viel Karten.	
VIII. 5.	Stat. idem. Äußert keinerlei Wahnideen; Besuch seiner Frau; gegen dieselbe sehr freundlich, der Anstaltsaufenthalt habe ihm gut gethan, er hätte sich sonst ganz verrannt. Er sei jetzt zufrieden, daß er hier sei. Scheint jedoch noch nicht frei zu seien von seinen Wahnideen, wiewohl er sie nicht äußert; wenigstens begann er beim Besuch von einer Forderung zu sprechen, die, nach der Frau zu urtheilen, in Wirklichkeit nicht berechtigt war. Ließ sich gleich ablenken.	
12.	Auch beim heutigen Besuch kam Pat. gut mit der Frau aus, möchte gerne austreten, er sei jezt wieder ganz klar.	
13.	Heute wieder mehr rother Kopf; rechthaberisch, etw. reizbar, verstimmt.	
18.	[verso] Verstimmt und reizbar, weil er noch da ist. [Nach Aussagen von Bekannten soll die Frau des Pat. wirklich eine leichtfertige Person und in der ganzen Umgebung für eine Ehebrecherin angesehen werden, so daß die Eifersucht des Pat. nicht als krankhaft erscheinen würde.)	
22.	Gesteht Potus zu, ebenso, daß er in der letzten Zeit vor seiner Aufnahme sich allzusehr aufgeregt habe, u. zw. dies wegen seiner Liegenschaften in Binningen, wegen denen er einen Proceß hatte. Sonst zufrieden; somatisch ohne Klagen.	
24.	Entlaßen.	

		Körpergewicht
Juli.	26.	68½ kg
August.	2.	68 "
	9.	67 "
	16.	66 "
	23.	66½ "

Krankenakte von Ernst B. Basel 19.7.–24.8. 1894
Archiv der PUK Friedmatt, Krankengeschichte Ernst B.

IRRENANSTALT
BASEL

Titl. Polizeidepartement
des Kantons Baselstadt

erlauben wir uns, die Akten des Ernst B.-F. von Büren, anbei ergebenst zurückzusenden.

Hochachtungsvollst
Irrenanstalt Basel
der Director.
in Vertretung
Dr H. Meine
II. Arzt

Basel
21. VII.
1894

Begleitbrief von Dr. Hartwig Meine zur Rücksendung der Polizeiakten. Basel 21.7. 1894
StABS, Sanität T 13.1. Einzelne Geisteskranke, 1894–1912

MEMORANDUM

An Herrn Doktor der
Irrenanstalt, Basel!

Ernst B., Coiffeur

---------------------- *Basel, den* 2. August ...... *1894* ----------------------

Da ich Sie heute per Telephon nicht genügend verstanden habe, erlaube ich mir, Sie nochmals schriftlich anzufragen wie es meinem Mañ geht u. weñ einigermaßen möglich, Ihn bis Soñtag mittag besuchen zu dürfen.

Bitte gefl. mir hierüber eine Antwort zukom̄en zu laßen.

Für Ihre Mühe bestens dankend zeichnet mit aller Hochachtung
Frau L. B., Coiffeur

[mit anderem Stift und anderer Handschrift, vermutlich von Dr. Meine:]
Besuch für den 4. VIII
erlaubt

Memorandum von Lina B. an Dr. [Hartwig Meine]. Basel 2.8. 1894
StABS, Sanität T 13.2. Einzelne Geisteskranke Männer, Bi–Bo

MEMORANDUM

An Herrn Manger, Verwalter
Irrenanstalt, Basel!

ERNST B., *Coiffeur*

---------------------- *Basel, den* 7. August ...... *1894* ----------------------

Möchte Sie recht höfl. bitten, m. Mañ zu ersuchen, auf beiliegendem Zettel einige Zeilen zu schreiben, damit ich die Fr. 650 bei Herrn Berlauer in Empfang nehmen kañ – Herrn Berlauer weigert sich nämlich ohne seine Unterschrift das Geld heraus zu geben u. ich habe bis 10. d. Mts. Zahlungen zu machen. Zugleich köñten Sie Ihn fragen; ob es Ihm recht ist weñ ich Fr. 500 auf die Kantonalbank trage, wo es hin gehört – zu diesen Zwecke müßte ich dañ um unser Kaßenbüchlein bitten. –

Indem ich hoffe, Sie werden meinen Wunsche bald möglichst entsprechen, dankt Ihnen bestens für Ihre Mühe u. zeichnet

Achtungsvollst
Frau L. B., Coiffeur.

Herzl. Grüsse von mir u. den Kindern an m. Mañ.

[mit anderem Stift und anderer Handschrift, vermutlich von Dr. Meine:]
Wurde im vorstehenden Sinne erledigt

Memorandum von Lina B. an Friedrich Manger. Basel 7.8. 1894
StABS, Sanität T 13.2. Einzelne Geisteskranke, Männer Bi–Bo

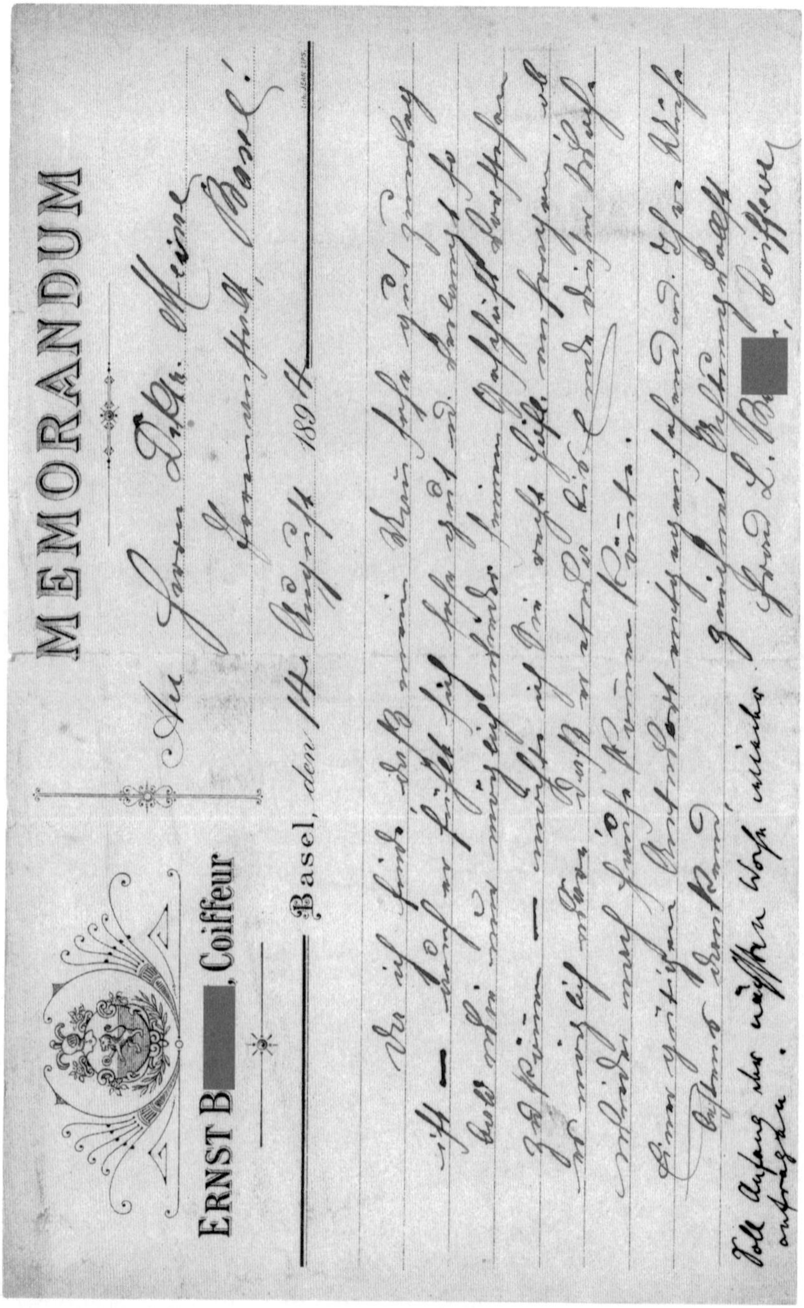
MEMORANDUM
ERNST B[redacted], Coiffeur
Basel, den 14. August 1894

Memorandum von Lina B. an Dr. Hartwig Meine. Basel 14.8. 1894
StABS, Sanität T 13.2. Einzelne Geisteskranke Männer, Bi–Bo.
Transkription auf der folgenden Seite

MEMORANDUM

An Herrn Dktr. Meine
Irrenanstalt, Basel!

Ernst B., Coiffeur

--------------------- *Basel, den* 14. August... *1894* ------------------------

Da ich finde, daß mein Mañ sehr gut zuweg ist – auch er fühlt sich sehr gut u. verlangt so bald wie nur möglich wieder seinem Geschäft vorstehen zu köñen – möchte ich Sie recht höfl. anfragen, ob es möglich wäre, daß er etwa bis Ende dieser Woche wieder nach Hause komen köñte.

Einer gütigen Antwort entgegensehend u. Ihre Mühe bestens dankend,

zeichnet Achtungsvollst
Frau L. B., Coiffeur

[mit anderem Stift und anderer Handschrift, vermutlich von Dr. Meine:]
Soll Anfang der nächsten Woche wieder anfragen.

Memorandum von Lina B. an Dr. Hartwig Meine. Basel 14.8. 1894
StABS, Sanität T 13.2. Einzelne Geisteskranke Männer, Bi–Bo

MEMORANDUM

An Herrn Prof. Dktr. Willj,
Irrenanstalt Basel!

Ernst B., Coiffeur

---------------------- *Basel, den* 20. August ... *1894* --------------------

Ich erlaube mir, meine Bitte von letzter Woche nochmal zu wiederholen u. ersuche Sie recht höfl. meinen Mañ diese Woche entlaßen zu wollen – aber jedenfall längstens bis Freitag, da wir auf Samstag u. Soñtag in Folge des St. Jakob'festes viel Arbeit bekomen. Längeren Bleibens betrachte ich mich allen Verpflichtungen enthoben, da ich finde, daß er jetzt gesund ist. Bitte mir näheres betr. seiner Entlaßung mittheilen zu wollen – Ihre Mühe bestens dankend,

zeichnet Achtungsvollst
Frau L. B., Coiffeur.

Memorandum von Lina B. an Prof. Ludwig Wille. Basel 20.8. 1894
Archiv der PUK Friedmatt, Krankengeschichte Ernst B.

118. [1413]

Klage vom 4. September 1896. Urteil vom 14. Oktober 1896.

In Sachen

Verh. 106. **B., Karl Friedrich Ernst,** Coiffeur, von Büren an der Aare (Kts. Bern), Küchengässlein 16, vertreten durch Dr. O. Kully,

Kläger,

gegen

seine Ehefrau

B. geb. F., Sophie Karoline,

Küchengässlein 16, vertreten durch Dr. F. Blanchet,

Beklagte,

betreffend

Scheidung.

Klage,

eingereicht von Dr. Othmar Kully den 4. September 1896.

Rechtsbegehren: 1. Es sei die Ehe zwischen den Litiganten gänzlich zu trennen.

2. Es seien die der Ehe entsprossenen beiden Kinder dem Kläger zuzusprechen.

3. In vermögensrechtlicher Beziehung sei das ganze vorhandene Vermögen dem Kläger zu überlassen, dagegen habe er der Beklagten ihr Einbringgut mit Fr. 750.- zu ersetzen.

[1414]

4. Die Beklagte sei zur Zahlung sämmtlicher Kosten zu verurteilen.

Unterm 4. Mai 1886 wurden die Litiganten in Basel gesetzlich getraut. Aus dieser Ehe entsprossen zwei Kinder; das eine, Friedrich Ernst, geboren den 22. Februar 1887, und das andere, Louise Lina Fanny, geboren den 1. August 1889.

Beilage 1.

Die Parteien sind seit ihrer Verehelichung in Basel niedergelassen. Sie besitzen in Hier das Haus Küchengässlein 16, wo der Kläger seinen Beruf als Coiffeur ausübt. Schon

seit längerer Zeit, besonders aber in den letzten Monaten bekümmert sich die Beklagte weder um die Haushaltung noch um das Geschäft des Klägers, sondern geht hauptsächlich ihren Vergnügungen nach. Diese letztern sind derart, dass dadurch der Kläger zur Auflösung seiner ehelichen Verbindung mit der Beklagten gezwungen wird.
Wir erwähnen hier folgende Tatsachen:
a. Schon seit längerer Zeit unterhält die Beklagte intime Beziehungen mit einem Herrn Karl Stähli, Prokuristen, Küchengässlein 10, Basel. Sie nimmt von diesem Geld an, und es ist dieses Verhältnis den Bewohnern des Küchengässlein bekannt.

Zeugen: Ed. Schärer-Wüthrich, Hafnermeister, Küchengässlein 7.
Ad. Henschler, Musiker, Küchengässlein 9.
Heinr. Alban-Weisel, Kutscher, " 20,
Wwe Rosa Hänzi-Meier, " 18,
Karl Böhm, Lehrling beim Kläger, " 16,
Fräulein Selma Plattner, Buffetdame im weissen Kreuz,
Fräulein Steiert, Schneiderin, Hutgasse 4,
Gottlieb Wiedemer, Coiffeur, in Rheinfelden.

[1415]

b. Im Laufe dieses Sommers wurde die Beklagte vom Gesellen des Klägers Nachts 1½ Uhr in Gesellschaft mit Karl Stähli im Hause des Klägers angetroffen.
Zeuge: Paul Dürr, Coiffeur beim Kläger, Küchengässlein 16.
c. In letzter Zeit verkehrte die Beklagte auch mit einem Johann Deininger, Oberkellner im Centralbahnhof. Sie gieng mit demselben oft bis Nachts spät in die Wirtschaften. In der Nacht vom 29. auf den 30. Juli 1896 hörte der Kläger, der sein Schlafzimmer neben demjenigen seiner Frau und der Kinder hatte, sprechen. Er wollte nachsehen, fand aber die Thüre verschlossen. Am Morgen des 30. Juli 1896, etwa um 6 Uhr, sah nun sein Lehrjunge Karl Böhm den Deininger die Stiege herunterkommen und das Haus des Klägers verlassen. Der Kläger stellte seine Frau darüber zur Rede, und dieselbe gestand ihm, dass Deininger bei ihr geschlafen habe.
Zeugen: Henschler, Alban, Böhm, Plattner, Wiedemer,
A. Jundt, Wirt zum Flügelrad, Küchengässlein 20,
Wwe J. Schlienger -Berlinger, " 16.
d. In der Nacht vom 16. auf den 17. August 1896 schloss der Kläger das Schlafzimmer seiner Frau nach aussen ab, um sie so von einem nächtlichen Ausgang abzuhalten. Die Beklagte liess sich aber dadurch nicht hindern, sondern sprang aus dem Fenster des ersten Stockes auf die Strasse hinunter. Als sie dann am 17. Morgens 8 Uhr nach Hause kam, erklärte sie, sie habe im Logis des Deininger, Sempachstrasse 2, geschlafen.

Die Beklagte sagte zu Frau Schlienger, es wäre ihr (der Beklagten), recht, wenn der Mann die Scheidung anbegehren würde, sie wolle ihm Grund dazu geben.
Zeuge: Frau Schlienger.

[1416]

In vermögensrechtlicher Beziehung erwähnen wir, dass die Frau B. Fr. 750.– in die Ehe gebracht hat, welche ihr vom Ehemann zurückbezahlt werden wollen.

Erworbenes Gut ist keines vorhanden.

Für den Kläger:
sig. Dr. O. Kully.

Beilagen:
1. Familienbüchlein.
2. Vollmacht.

1896 September 8. Mitteilung mit Antwortfrist von 14 Tagen Burckhardt.
/ mitgeteilt. Frist zur Antwort bis 22. September.

Klagbeantwortung,

eingereicht von Dr. F. Blanchet den 22. September 1896.

Rechtsbegehren: Die Ehe der Parteien sei nach Art. 45 des Bundesgesetzes über Civilstand und Ehe gänzlich zu trennen.

Die der Ehe entsprossenen Kinder seien der Beklagten zur Erziehung zuzusprechen, und der Kläger zu verurteilen, einen monatlichen Alimentationsbeitrag von zwanzig Franken per Kind bis zu deren Majorennität oder Austritt aus dem Hause der Mutter zu bezahlen.

Ueber des gemeinsame Vermögen der Parteien sei ein gerichtliches Inventar aufzunehmen, und das ganze Vermögen nach Abzug von Fr. 750.–, dem Einbringen der Beklagten, und dem, was der Kläger erwiesenermassen in die Ehe gebracht hat, zu [1417] gleichen Hälften unter die Parteien zu teilen.

Ordentliche und ausserordentliche Kosten seien dem Kläger aufzuerlegen.

Die Beklagte bestreitet, sich eines Ehebruchs schuldig gemacht zu haben. Es ist richtig, dass sie sowohl mit Herrn Stähli als mit Herrn Deininger sehr viel verkehrte; es ergiebt sich dieser Verkehr dadurch, dass der Kläger die Beklagte in unentschuldbarer Weise vernachlässigt, sich immer in Wirtshäusern herumtreibt und nur nach Hause kommt, um mit seiner Frau Streit anzufangen.

Diese Streitigkeiten arten sehr oft, wenn der Kläger betrunken ist, was ihm öfters passiert, in Skandalszenen aus, bei welchen Kläger seine Frau in brutaler Weise misshandelt.

Wir beantragen, hierüber als Zeugen einzuvernehmen:
Frau Schlienger-Berlinger, Küchengässlein 16,
Frau Alban-Weisel, Küchengässlein 20,
Frau Mengold-Emch, " 16, und
Herrn Wagner-Bürgin, " 5.

Herr Deininger ist ein Freund des Klägers, welcher ihn viel nach Hause bringt, er nimmt sich dem Kläger gegenüber der Beklagten an, welcher sehr oft seines Schutzes bedarf.

Herr Stähli ist ein Kunde des Geschäftes des Beklagten und kam als solcher ins Haus.

Frau Schlienger-Berlinger, Küchengässlein 16, besorgt die Reinigung des Bureaus und des Zimmers des Herrn Stähli; während sie krank war, hat sie die Beklagte ersucht, an ihrer Stelle diese Geschäfte zu besorgen; dies that die Beklagte mit [1418] Einwilligung ihres Mannes. Dadurch kam sie näher mit Herrn Stähli zusammen, und dieser Umstand kann der klatschsüchtigen Nachbarschaft zu den Vermutungen Anlass gegeben haben, welche die Klage als Thatsachen aufstellt.

Es wird gänzlich bestritten, dass die Beklagte ihrem Manne den Ehebruch mit Deininger zugestanden habe. Richtig ist, dass, als der Kläger am 16. August Nachts seine Frau in angetrunkenem Zustande misshandelte, diese zum Fenster hinaussprang, und da sie der Kläger nicht mehr ins Haus liess, bei Herrn Deininger Schutz und Unterkommen suchte. Dieser liess die Beklagte in seiner Wohnung übernachten, er selbst aber begab sich ins Hotel St. Gotthard. Wir beantragen hierüber Einvernahme des Wirtes des Hotel St. Gotthard, Herrn Lippert.

Es ist möglich, dass die Beklagte der Frau Schlienger gesagt hat, es wäre ihr recht, wenn der Kläger Scheidungsklage einreichte, es läge Grund dazu vor, die Deutung aber, welche die Klage dieser Redensart geben will, ist unzutreffend.

Bei der Sinnesart indessen, welche die Klage dokumentiert, und welche der Kläger auch im täglichen Verkehr der Beklagten gegenüber an den Tag legt, ist es für die Beklagte klar, dass ein gedeihliches Eheleben mit ihrem Manne nicht mehr zu Stande kommen kann. Sie beantragt daher auch ihrerseits die Scheidung.

Sollte dieselbe ausgesprochen werden, so wären die Kinder ihrer Mutter zuzugesprechen: die Lebensweise des Klägers, der alle Zeit, die er nicht dem [1419] Geschäfte widmet, im Wirtshaus und beim Kartenspiel zubringt, macht ihn zur Erziehung seiner Kinder durchaus unfähig.

Die in unserm Rechtsbegehren beanspruchte Alimentation steht mit den Verhältnissen des Klägers im Einklange.

Die Art und Weise, wie die Klage die Auseinandersetzung der
114 Gütergemeinschaft versteht, ist durchaus unzulässig. Es ist richtig, dass die Beklagte Fr. 750.– in die Ehe gebracht hat; das Einbringen des Klägers war auch nicht viel bedeutender, Alles was die Parteien besitzen, ist während der Ehe errungen worden, nicht zum mindesten durch die Beihilfe der Beklagten, welche nie eine Magd gehalten, in Haushaltung und Geschäft Alles besorgt hat, was für sie zu thun war, und trotz der Wirtshausgewohnheiten des Klägers es doch zu einer ordentlichen Haushaltung gebracht hat.

Die Errungenschaft der Parteien besteht erstens aus dem Hause Küchengässlein 16, an welches viertausend Franken anbezahlt wurden, dann aus einer Hypothekaroblogation von Fr. 2.300.– mit Pfandrecht auf ein Haus in Binningen, dem Geschäftsinventar, das, seit die Parteien verheiratet sind, drei Mal erneuert wurde, das letzte Mal mit einem Aufwand von dreitausend Franken, dem Haushaltungsmobiliar, u. s. w.

Die Beklagte beantragt, es sei über das Vermögen der Gemeinschaft ein gerichtliches Inventar aufzunehmen. – Von dem sich ergebenden Gesamtvermögen wäre dann nach Abzug des beiderseits er[1420]weislich in die Ehe Gebrachten der Ueberschuss zu gleichen Teilen den Parteien zuzusprechen.

Namens der Beklagten:
sig. D[r]. F. Blanchet.

Beilage: Vollmacht.
1896 September 23. Antwort mitteilen bis 26 Sept. Parteien & Sühnversuch auf 28 Sept. 3 Uhr Burckhardt
/ mitgeteilt & zum Sühnversuch geboten.
1896 September 28. Sühnversuch erfolglos.
1896 Oct.7. Da Zeugin Plattner 12 d. abreist, vorsorgliche Abhörung unter Avisirung der Parteien auf Samstag 10 Oct. um 2 Uhr ansezen. Burckhardt.
1896. Oktober. 7. Parteien, Vertreter & Zeugin Plattner geboten.
1896. Oktober 9. geht ein:

Schreiben

von Dr. O. Kully an den Präsidenten, d. d. 9. Oktober 1896.

Im Auftrage meines Klienten erlaube ich mir, Ihnen die beigelegten Schreiben ad acta zu geben.

Das eine dieser Schreiben wurde von Deininger unterm 15. September 1896 an die beklagte Ehefrau des Herrn B. geschrieben. Deininger adressierte es an eine im Hause B.s wohnende Frau Schlienger, machte jedoch den Brief der Beklagten dadurch kenntlich, dass er unter dem Worte Schlienger drei Kreuze zeichnete.

In dem andern Briefe spricht sich Karl Stähli gegenüber einer Frau Rein über das Verhältnis des Deininger zur Beklagten und zugleich über seine eigenen Beziehungen zu dieser aus.

Mein Klient besass diese Schreiben zur Zeit der Klaganhebung noch nicht, sie konnten darum von mir nicht als Belege eingelegt werden.

[1421]

Aus diesem Grunde bitte ich Sie höflich, uns die nachträglich Beibringung dieser Urkunden gütigst gestatten zu wollen.

sig. Dr. O. Kully.

Beilagen:

1. Brief von Deininger an Beklagte, d. d. Genf, 15. Sept. 1896.
2. " von Karl Stähli an Frau Rein vom 18. August 1896.

/ ad Prot. & Mitteilung an Gegenpartei.

sig. Burckhardt, C. G. P.

1896 Oktober 9. mitgeteilt.

Vorsorgliche Zeugenabhörung

vom Samstag, dem 10. Oktober 1896.

Anwesend der Kläger.

Die Zeugin Selma Blatter, geb. 1872, Buffetdame, von Riederswyl (Bern), giebt, zur Wahrheit ermahnt, nach Ablegung eines Handgelübdes an Eidesstatt an: Ich sah die Beklagte mit Hrn. Stähli spazieren gehen, als ich im Flügelrad (Küchegässlein) Buffetdame war, im April bis im Juli dieses Jahres. Stähli kam in den Garten, ich sah sie da nie beisammen sitzen. Ob er ihr Geld gab, weiß ich nicht.

Nachts kam sie in Begleitung eines Kellners, welcher auf dem Centralbahnhof angestellt war. Ich sah, dass er und ein anderer Mann, der mitkam, die Frau B. herumdrückten. Frau B. war jeweilen von einer andern Frau begleitet.

Frau B. tritt ein & wird von der Zeugin erkannt. Herr Dr. Othmar Kully tritt ebenfalls ein & wohnt der Verlesung des Protokolles bei.

Selma Blatter
i.f. Dr Burckhardt.

[1422]

Sitzung

116 des Civilgerichts vom Mittwoch, dem 14. Oktober 1896.

Die Prozessschriften und das Präsidialprotokoll werden verlesen, aus diesem ergiebt sich:

1893. Juni 1. B., Ernst, 36. Jahre alt, Coiffeur, von Büren (Bern), verheiratet seit sieben Jahren mit F., Lina, 29 Jahre alt, zwei Kinder, Centralbahnplatz 6. Sie klagt: er sei schrecklich jaloux; früher habe er Grund gehabt, sie habe s. Z. ein Verhältnis angefangen; jetzt sei es aber schon längst abgebrochen. / Will keine Vorladung.

Juli. 20. Er habe Grund genug zur Eifersucht. Er legt (4. Mai 1886 Heirat) einen Liebesbrief eines Andern an seine Frau vom 8. Oktober 1891 vor, sowie ein Gedicht, das sie für ihren Geliebten gedichtet, ferner ein Telegramm des Geliebten an seine Frau. Er gesteht zu, dass er sie geschlagen habe; sie habe ihn aber an die Wand gedrückt. Sie erscheint, obschon vorgeladen, nicht.

1894. März. 8. Mit einem frühern Coiffeurgehilfen von ihm habe sie ein Verhältnis. Nachts wolle sie nicht ins Bett und Morgens nicht aufstehen. Im Nachtigallenwäldchen sei sie mit einem Herrn betroffen worden. Er wolle scheiden. März. 12. Nachdem er am 10. März Vorladung beider Parteien verlangt hatte, und solche auf 12. März erfolgt war, schrieb er heute, dass durch die Rechtfertigung seiner Frau er sich genötigt sehe, die Klage gegen sie zurückzuziehen. Seine Anschuldigung betreffend Ehebruch habe sich als total ungerechtfertigt herausgestellt; er habe sich im Irrthum befunden, und seine Angaben seien unwahr.

[1423]

1896. August. 17. Er: sie sei eine Hure; gestern Nachts $1\frac{1}{2}$ Uhr sei sie durchs Fenster fort und erst um 8 Uhr heimgekommen. Am 17. Juli sei sie bis Morgens 5 Uhr fortgeblieben. An der Pfingsten habe er Nachts den Maler Heer aus dem Hause werfen müssen. Am 12. August sei Jean Deininger bei ihr geschlafen. Er müsse scheiden, sie brauche ihm zu viel. / Soll Klage anfertigen lassen.

September. 4. Er reicht Scheidungsklage ein.

Hierauf wird beschlossen, die gebotenen Zeugen abzuhören, nämlich:

1. Eduard Schärer-Wüthrich, Hafnermeister, welcher nach Ermahnung zur Wahrheit und Ablegung eines Handgelübdes an Eidesstatt angiebt: Frau B. und Karl Stähli grüssen sich kolossal freundlich, dass man meinen könnte, sie wäre seine

Geliebte, wenn sie nicht verheiratet wäre. Ich erinnere mich nicht, sie zusammen spazieren gehen gesehen zu haben; auch kann ich nicht bestimmt sagen, dass ich sie Nachts zusammen sah. Einmal Nachts 10½ Uhr kam Stähli zu B.s um zu baden in die Badanstalt, als B. fort war; es war am 23. Mai. Letzteres hat meine Schwester gesehen.

sig. Eduard Schärer-Wüthrich.

2. Adolf Henschler, geboren 1862, Musiker, welcher n. E. z. W. u. A. e. H. a. E. angiebt: Ich sah Stähli einmal am Tag bei Frau B. stehen und mit ihr sprechen; mehr nahm ich nicht wahr, da ich Abends meist im Theater und anderswo als Musiker beschäftigt bin. Einmal Nachts um ein Uhr herum sass Frau B. mit Deininger im Garten des Flügelrades, man holte Herrn B., damit er es sehe. [1424] Ich bemerkte nicht, dass sie sich auffällig mit einander benahmen. Was nachher geschah, weiss ich nicht.

sig. A. Henschler.

3. Heinrich Alban-Weisel, Kutscher, welcher n. E. z. W. u. A. e. H. a. E. angiebt: Ich wohne im Küchengässlein und sah, dass Frau B. sich auffällig mit Herren abgab. Oft wenn ich Nachts mit dem Wagen spät heimkam, sah ich sie mit Stähli, einmal Nachts um 11 Uhr herum mit ihm in den Anlagen, ein ander Mal später mit Deininger in der Wirtschaft z. Flügelrad um 1¼ Uhr. Ich schellte den B. heraus, dass er komme und es sehe. Nachher, weiss ich nicht, was gieng.

sig. Heinrich Alban.

4. Frau Witwe Rosa Hänzi-Meier, welche n. E .z. W. u. A. e. H. a. E. angiebt: Frau B. hat ein Verhältnis mit Andern Herren; man mochte Nachts um 9 Uhr; 10 Uhr, kurz wann man wollte, heimkommen, so traf man sie mit Stähli oder Deininger spazieren gehen. Stähli gab ihr den Arm. Ob sie Wirtshäuser mit ihnen besuchte, weiss ich nicht; im Küchegässlein spricht man allgemein von diesen Verhältnissen.

sig. Wwe. Hänzi-Meier

5. Karl Böhm, geboren 1880, Coiffeur, welcher n. E. z. W. u. A. e. H. a. E. angiebt: Seit 1. Mai d. J. arbeite ich bei B.; einmal sah ich Stähli Nachts gegen 11 Uhr zu Frau B. hinaufgehen; wie lang er blieb, weiss ich nicht. Ein anderes Mal hörte ich Morgens 6 Uhr im August, als ich den Laden öffnete, einen Herrn die Treppe hinabgehen. Ich sah ihn nicht, hörte nur und musste vermuten, es sei ein Herr.

sig. Karl Böhm.

[1425]

6. Marie Steiert, Giletmacherin, welche n. E. z. W. u. A. e. H. a. E. angiebt: Ich hörte, dass Stähli, von dem ich ein Kind hatte, ein Verhältnis mit Frau B. unterhielt; es kam meinerseits zum Bruch mit ihm. Sie sagte mir, sie hätten einander gern; ich sah sie

in seinem Logis in der Küche bei ihm sitzen. Damals putzte ihm noch Frau Schlienger, nicht Frau B., die in seidener Taille bei ihm sass.

sig. Marie Steiert.

7. Paul Dürr, Coiffeur, welcher n. E. z. W. u. A. e. H. a. E. angiebt: Ich arbeite bei B.; einmal an einem Montag früh 2 Uhr sah ich Frau B. mit Deininger spazieren; ein anderes Mal sah ich Nachts den Stähli zur Frau B. aufs Zimmer gehen. Ein anderes Mal hörte ich Morgens 4 Uhr einen Herrn, den ich genau sah, unten zum Haus hin-
118 ausgehen; ich würde ihn aber nicht mehr erkennen.

sig. Paul Dürr.

8. Alfred Jundt, geboren 1866, Wirt zum Flügelrad, welcher n. E. z. W. u. A. e. H. a. E. angiebt: Frau B. kam früher in meine Wirtschaft, hie & da, d. h. alle ander Abend von Deininger begleitet; oft war es spät. Sie sass auch mit Deininger im Garten; einmal holte man B., der sonst nicht zugegen war, wenn seine Frau da sass; er kam sehr erregt, trank dann aber mit und entfernte sich wieder allein, seine Frau zurücklassend.

sig. A. Jundt-Ferralli

Karl Stähli, welcher der Zeugeneinvemahme beinwohnte, erklärt: Ich hatte kein Verhältnis mit [1426] Frau B.; wir sind befreundet zusammen; in den Anlagen waren wir nie, denn Frau B. hasst die Anlagen. Frau B. war ein einziges Mal bei mir auf dem Bureau, da ich ihr etwas besorgte; Nachts war ich nur einmal um ½ 11 Uhr bei ihr. Die Zeugen haben nicht die Wahrheit gesprochen.

– Dem Stähli wird sein Brief an Frau Rein verlesen – er bemerkt dazu: ich war eben der Vertrauensmann der Frau B., es war ein rein freundschaftliches Verhältnis.

Dr. Kully legt ein weiteres Schreiben des Stähli d. d. 8. Oktober zu den Akten, das ebenfalls verlesen wird. – Stähli bemerkt dazu: ich bestreite, ein näheres Verhältnis zur Frau B. gehabt zu haben; ich kenne sie als Nachbarin seit zehn Jahren.

Johann Deininger: Ich lernte Frau B. durch ihren Mann kennen, er wusste darum; es war ein blosses Freundschaftsinteresse, das ich für Frau B. hatte. – Dem Deininger wird sein von Genf aus an Frau B. geschriebener Brief verlesen, worauf er bemerkt: ich beharre darauf, dass es sich um reine Freundschaft mit Frau B. handelt, die ich erst seit drei Monaten kenne.

9. Frau Marie Mengold-Emch, geboren 1858, welche n. E. z. W. u. A. e. H. a. E. angiebt: Ich weiss nichts davon, dass Frau B. mit Stähli verkehrt; den B. sah sich nie betrunken; einmal Nachts, am 12. Mai um 10 Uhr hörte ich unten im Logis bei B.s Lärm, aber ich nahm nichts wahr. Am 10. Mai hatte ich selber mit meinem Manne Spektakel gehabt und erinnere mich deshalb an dieses Datum.

sig. Maria Mengold-Emch.

[1427]

10. Gustav Wagner-Bürgin, geboren 1856, Kommis, welcher n. E. z. W. u. A. e. H. a. E. angiebt: Ich wohne im Küche^{n}gässlein und weiss, dass B. früher einmal wegen seiner Trunksucht versorgt wurde. Einmal, als meine Mutter sterbend war, hörten wir argen Spektakel bei B.s, ich gieng hinüber und bat um Ruhe und fand die Ehegatten B. im Streit. B. riss seine Frau an den Haaren.

sig. G. Wagner-Bürgin.

Hierauf wird einvemommen:

Ernst B.: Ich gebe zu, dass ich dem Trunk ergeben bin; jetzt trinke ich aber keinen Schnaps mehr, sondern nur noch Bier und Wein. Vor drei Jahren verzieh ich meiner Frau, als sie vor mir auf den Knien lag. Mit Deininger trank ich seiner Zeit im Flügelrad.

11. Julius Lippert, Wirt zum Gotthard, welcher n. E. z. W. u. A. e. H. a. E. angiebt: Deininger übernachtete einmal im August bei mir, weil er sein Zimmer einem Besuche vergeben habe; es war um 11 Uhr herum, als er kam.

sig. Jules Lippert.

Die als Zeugin gebotene Frau Schlienger ist nicht erschienen; der Weibel erhält Auftrag, sie womöglich herbeizuschaffen.

Frau Sophie B.-F.: Ich habe mit Deininger und Stähli nur ein freundschaftliches Verhältnis unterhalten und keinen Ehebruch getrieben. Geld gab mir mein Mann in letzter Zeit nicht mehr viel; ich musste es ihm [2]Nachts [1]oft, wann er schlief, nehmen.

D^{r}. Othmar Kully repliziert: Wir stützen unsere [1428] Klage auf Art. 46^{a}, denn der Ehebruch ist durch Zeugen und namentlich auch durch Indizien bewiesen. Vor allem fällt der Brief Stählis in Betracht, worin er selber schreibt, er unterhalte intime Verhältnisse zu Frau B.; dann ist es sehr bezeichnend, dass Frau B. zum Fenster hinausspringt, unten von Deininger empfangen und von ihm in seine Wohnung genommen wird; nachher geht dann Deininger in den Gasthof. Warum brachte er die B. nicht sofort im Gastshof unter? Noch eine Reihe anderer Indizien sprechen zu Ungunsten der Beklagten.

Bezüglich der Kinder scheint es gerechtfertigt, wenn sie dem Kläger zugewiesen werden, und unsere Ansprüche in vermögensrechtlicher Beziehung sind auch begründet, denn,

Wenn der Mann ist noch so fleissig,
und die Frau ist liederlich,
dann geht Alles hinter sich.

Die Beklagte war eigentlich schuld daran, dass Kläger sich dem Trunk ergab; er ist entschieden mehr wert als die Beklagte.

D^{r}. F. Blanchet dupliziert: In der Korrespondenz Deiningers und Stählis ist mit keiner Silbe von sexuellen Verhältnissen die Rede; ob dennoch von Ehebruch gesprochen werden kann, mag das Gericht entscheiden. Wir bestreiten ihn, wenn wir auch zugeben, dass sich Beklagte und ihre Freunde höchst inkorrekt benahmen. \ Wir beantragen Scheidung nach Art. 45; die Kinder, jedenfalls das rückenmarkkranke jüngere sind der Beklagten zuzusprechen, die der Erziehung und Pflege der[1429]selben jedenfalls mehr gewachsen ist. In vermögensrechtlicher Beziehung ist auf ein Inventar abzustellen.

Es werden noch einmal einvernommen:

Ernst B.: Ich werde für die Kinder sorgen können und lasse sie der Beklagten nicht; das kleine Mädchen ist krank, weil es die Beklagte fallen liess. Ich würde eine Häushälterin nehmen. Mein Vermögen besteht aus einer Obligation de Fr. 2.000.– und aus einem zu Fr. 45.000.– gekauften Haus, woran Fr. 4.000.– abbezahlt sind, ferner aus Fahrnis und Geschäftsinventar. Mehr als das Eingebrachte kann ich nicht an die Beklagte herausgeben. Der Knabe musste sich vor der Schule stets die Milch selber kochen, weil die Beklagte im Bett liegen blieb.

Frau B. F.: Ich würde für die Kinder schon sorgen können; denn wenn ich einmal geschieden bin, werde ich mich mehr als bisher daheim aufhalten. Ich beharre darauf, dass mein Verhältnis mit Deininger ein rein freundschaftliches war, allerdings machten wir in der Weinlaune Schmollis zusammen.

Karl Stähli & Johann Deininger erklären, sie hätten ihrem früher Gesagten nichts beizufügen.

Der Staatsanwalt hält den Ehebruch nicht für strikt nachgewiesen; er beantragt Trennung der Ehe nach Art. 45 und Zuweisung der Kinder an den Kläger.

Hierauf beschliesst das Gericht, Witwe Schlienger sei durch das Präsidium und den Gerichtsschreiber in Gegenwart der Parteien, ihrer Vertreter und des Staatsanwaltes in ihrer Wohnung sofort einzuvernehmen.

[1430]

Dieselben begeben sich nach dem Küche^{n}gässlein in die Wohnung der Frau Schlienger und nehmen ins Verhör:

12. Josefine Schlienger, Witwe, geboren 1853, von Dijon, welche n. E. z. W. u. A. e. H. a. E. angiebt: Ich sah Frau B. öfters mit Herrn Deininger gehen, der mit Herrn B. befreundet war und ihn duzte; es war unter Tags, nicht Abends, weil ich da ins Bett gehe. Deininger kam zweimal unter Tags zu mir, ob er auch zu Frau B. ins Logis gieng, weiss ich nicht.

B.s händelten einmal, sie sprachen dann vom Scheiden, aber ich hörte nicht, dass Frau B. sagte, sie wolle ihrem Manne schon Grund zur Scheidung geben.

Einmal kam ein Brief an mich mit drei Kreuzlein. Ich hatte der Frau B. den Schlüssel zum Briefkasten gegeben, da ich fünf Wochen in Spital lag. B. brachte ihn mir und ich gab ihm denselben zurück. Die nähern Verhältnisse der Frau B. zu Deininger und Stähli sind mir nicht bekannt: Ein einziges Mal Nachts als Frau B. um neun Uhr herum noch glättete, kam Stähli aus dem Bad und fragte sie, ob sie noch nicht Feierabend gemacht habe. – Eines Morgens sagte mir B., die Frau sei Nachts weggegangen; am andern Morgen kam sie und erzählte, sie habe bei Deininger übernachtet, während er im Hotel geschlafen habe.

sig. Witwe Schlienger.

Nach Wiederaufnahme der Sitzung wird das Protokoll über die Einvernahme der Frau Witwe Schlienger verlesen. Die Vertreter der Parteien, sowie der Staatsanwalt verzichten auf das Wort.
Nach Umfrage und Beratung eröffnete das Gericht [1431] folgendes

Urteil:

Tatsachen.

Die Ehegatten heirateten am 4. Mai 1886 in Basel. Sie haben zwei Kinder, einen neunjährigen Knaben und ein siebenjähriges Mädchen. Der Ehemann betreibt in seiner hiesigen Liegenschaft ein Coiffeurgeschäft. 1893 klagte die Ehefrau beim Ehegerichtspräsidenten über Eifersucht des Mannes; sie habe früher ein Verhältnis gehabt, dasselbe aber abgebrochen. Der Mann wies die Berechtigung seines Verdachts nach. Auch 1894 wiederholte er diese Klagen, zog sie damals aber als unbegründet zurück. Im August 1896 bezichtigte er sie des wiederholten Ehebruchs und reichte am 4. September 1896 Scheidungsklage ein, mit dem Begehren, beide Kinder und das gesammte Vermögen mit Ausnahme von Fr. 750.– seien ihm unter %. Kostenfolge für Beklagte zuzusprechen.

Er führt aus, Beklagte vernachlässige das Hauswesen, unterhalte intime Beziehungen zu einem Karl Stähli, von dem sie Geld annehme und mit dem sie Nachts 1½ Uhr in der ehelichen Wohnung betroffen worden sei; ferner besuche sie des Nachts Wirtschaften mit dem Kellner Deininger, der am 29/30. Juli d. J. die Nacht bei ihr zugebracht habe, und mit dem sie zugestandenermassen Ehebruch getrieben habe; am 16/17. August 1896 habe sie in dessen Wohnung geschlafen. Sie habe sich geäussert, sie wolle dem Kläger Grund zur Scheidung geben. 750 Franken habe sie in die Ehe gebracht.

Die Beklagte trägt auf Scheidung nach Art. 45 des Civilstandsgesetzes an, verlangt Zusprechung beider [1432] Kinder und Verurteilung des Klägers, ihr für jedes Kind bis zur Grossjährigkeit oder dem Austritt aus dem Haus der Mutter zwanzig

Franken zu bezahlen, Inventarisierung des Vermögens, Ausscheidung des beidseitig Eingebrachten und Teilung der Errungenschaft in Hälften unter %. Kostenfolge für Kläger.

Sie bestreitet, die Ehe gebrochen zu haben; den Verkehr mit Deininger & Stähli giebt sie zu, da Kläger sie vernachlässige, trinke, streite und sie misshandle. Die Klatschsucht der Nachbarn habe diesen freundschaftlichen Verkehr entstellt. Als Kläger sie am 10. August misshandelte, habe sie sich zu Deininger geflüchtet und in seinem Zimmer übernachtet, während er selbst in einem Gasthof Unterkommen suchte. –

Da aber ein weiteres Zusammenleben unmöglich sei, willige sie in die Scheidung. Zur Erziehung der Kinder sei Kläger als Wirtshausläufer ungeeignet. – Das vorhandene Vermögen sei mindestens ebenso durch das Haushalten der Frau als die geschäftliche Tätigkeit des Mannes erworben worden; die Errungenschaft gebühre daher beiden.

Nachträglich hat Kläger zwei Schreiben eingelegt, die er früher nicht besessen habe; in einem schreibt ihr Deiniger unter falscher Adresse vertraulich über seine Exzesse an der Genfer Landesausstellung, im andern beklagt sich Stähli einer dritten Person gegenüber, dass Deininger ihn aus der Gunst der Beklagten verdränge; er möchte nicht hintergangen sein und lieber vorher abbrechen.x[1]

x Aus der Zeugenabhörung hat sich ergeben, dass Stähli eines Nachts um ½ 11 Uhr, als Kläger fort war, Beklagte in ihrem Hause besuchte, dass er und Beklagte sich auffallend freundlich begrüssten, Nachts auf der Strasse und in den Anlagen Arm in Arm spazieren giengen, & dass sie ihn in seiner Wohnung aufsuchte.xx

xx Stähli selbst, von dem ein neustens geschriebener auffälliger Brief vorliegt, leugnet, geschlechtliche Beziehungen zur Beklagten gehabt zu haben. Bezüglich des Verkehrs mit [1433] Deininger ist festgestellt, dass Beklagte spät Nachts sehr häufig mit ihm Wirtschaften in nächster Nähe der ehelichen Wohnung besuchte und sich dort von ihm und einem andern Mann herumdrücken liess, sich auffällig mit ihnen benahm, mit Deininger, den sie duzte, spazieren gieng, einmal z. B. Morgens 2 Uhr. Als Kläger einst Morgens 1 Uhr zu einer solchen Wirtshausszene gerufen wurde, kam er sehr erregt, beschwichtigte sich aber sofort, als Deininger ihm Wein vorsetzte, und entfernte sich wieder, seine Frau zurücklassend. Im August übernachtete Deininger einst im Hôtel z. Gotthard, da zu Hause Besuch sei. Er will blos freundschaftliche Beziehungen zur Beklagten gehabt haben. Die Aussagen zweier Zeugen, sie hätten früh Morgens einen Mann aus dem Haus des Klägers gehen sehen, sind zu unbestimmt, um ins Gewicht zu fallen, umsomehr als auch andere Leute das Haus bewohnen.

---

1 Der Absatz x-xx ist rechts, dann links an den Rand des Dokumentes geschrieben.

Andererseits ist festgestellt, dass die Parteien mitunter Streit hatten, wobei einmal Kläger die Beklagte an den Haaren riss; er selbst giebt zu, dem Trunk ergeben zu sein.

Rechtsgründe.

Die Beklagte hat sich höchst anstössig und schamlos benommen; der strikte Nachweis des Ehebruchs ist aber nicht erbracht, wenn auch starke Vermutungen für denselben sprechen. Dem Kläger muss seine Trunksucht und sein wenig energisches Verhalten gegenüber der Beklagten, das sich besonders bei der erwähnten Wirtshausszene zeigt, zur Last gelegt werden. Die Ehe ist als unheilbar zerrüttet, vorwiegend durch die Schuld der Frau, zu [1434] trennen. Wenn ihr trotzdem das Mädchen zugeschieden wird, geschieht es blos, weil dasselbe schwach, kränklich und hilfsbedürftig ist, und gegenseitige Liebe zu bestehen scheint, und weil Kläger in seinem Geschäft und bei seinem Wirtshausleben sich des Kindes nicht annehmen könnte, während der ihm zugewiesene Knabe reiferen Alters ist. Von einem Kostgeldbeitrag des Vaters an das der Mutter zugewiesene Kind ist Umgang zu nehmen, da sie ihren Unterhalt als Coiffeuse verdienen kann und nicht blos mit ihrem Eingebrachten auszuweisen ist. Es ist nicht anzunehmen, dass die vorhandene Errungenschaft – die Parteien besitzen ein Geschäft mit Inventar, ein eigenes Haus mit Mobiliar und einen Werttitel von Fr. 2300.– – blos durch den Mann erworben wurde; Beklagte hat erwiesenermassen nie eine Magd gehalten, sie war im Erwerb mittätig. Wenn sie später nachlässiger geworden ist, so ist dem in der Quotenteilung Rechung zu tragen. Statt der von der Beklagten beantragten kostspieligen Inventarisation empfiehlt es sich, den Parteien zunächst nur eine Wegleitung zu gütlicher Auseinandersetzung zu geben und den Gerichtsentscheid, falls eine Verständigung nicht eintreten sollte, offen zu halten.

Die Kostenteilung richtet sich nach dem Gewicht des beiderseitigen Verschuldens.

Das Gericht hat daher nach Art. 43, 45 & 49 des Bundesgesetzes über Civilstand und Ehe und nach § 23 des Gesetzes betreffend eheliches Güterrecht, Erbrecht und Schenkungen.

Erkannt:

[1435]

Erkannt:

://: Die Parteien werden hiermit gänzlich geschieden. Der aus der Ehe hervorgegangene Knabe Friedrich Ernst, geboren den 22. Februar 1887, wird dem Kläger, das Mädchen Louise Lina Fanny, geboren den 1. August 1889, der Beklagten zur Erziehung und zum Unterhalt zugesprochen.

In vermögensrechtlicher Beziehung wird der Kläger angehalten, der Beklagten ihr Einbringen im Betrage von Fr. 750.– zurückzuerstatten und ihr einen Drittel der Errungenschaft innert Jahresfrist herauszugeben.

Die Grundbuchverwaltung von Baselstadt wird ermächtigt, die Liegenschaft Sektion III, Parzelle 1217^{2}, Küchengässlein 16, auf den Kläger als alleinigen Eigentümer einzutragen, sofern die Parteien innert vier Wochen nach Rechtskraft des Urteils die Erklärung abgeben, dass die Vermögensbereinigung stattgefunden habe.

Sollte diese letztere innert der gesetzten Frist nicht vor sich gegangen sein, so steht es den Parteien frei, das Gericht um einen bezüglichen Entscheid anzugehen.

c.z. Beklagte trägt zwei Drittel, Kläger einen Drittel der ordentlichen Kosten des Verfahrens.

Personalien.

Datum der Eheschliessung: Basel, den 4. Mai 1886 zwei Kinder.

[1436]

Kantonsblatt von 1886 1. Band S. 308

	des Mannes:	der Frau:	
Heimat:	Büren a/d. Aare /Bern	vor dieser Ehe:	Waldkirch (Baden)
Wohnort:	Basel	z. Z. des Urteils:	Basel
Beruf:	Coiffeur		Coiffeuse
Konfession:	reformiert		reformiert
Geburtsdatum:	Büren, 18. Oktober 1856		Harnberg, 17. Aug. 1864 (Baden)

1896: November 11. Sitzung des Civilgerichts. Ein Brief des Dr. Fritz Blanchet wird verlesen, womit Inventur über das Vermögen der geschiedenen Eheleute verlangt wird. Nach Umfrage & Beratung wird

Erkannt:

://: es soll durch die Gerichtsschreiberei ein Inventar aufgenommen werden.

1897 Januar 28. legt der Inventurbeamte das vom Kläger am 3. Dez. 1896, von der Beklagten am 26. Januar 1897 als richtig & vollständig anerkannte Inventar vor.

1897 Jan. 29. Die Herrn Anwälte der Parteien sind behufs der vermögensrechtlichen Auseinandersetzung zu bieten auf Montag 1 Februar um. 3 Uhr; es bleibt ihnen unbenommen, ihre Clienten mitzunehmen.

geboten & mitgeteilt.

1897 Februar 1 . Anwesend Frau B. u Dr. Kully. Frau B.: vom Reinvermögen von Fr. 4423.70 gehen ab, wie mein Mann verlangt Fr. 206.25 Forderung an Kessler u Fr. 1550 für gebrachtes des Mannes, Anteil Errungenschaft von 2667.45. Falsch ist jedoch, dass ich 12 neue Servietten besize. Ich habe 4 Bettücher mitgenommen, die ich zu Fr. 8 anrechnen will, nicht Fr. 24; 6 Tischservietten, 6 neue Handtücher und 6 Küchetücher will ich zu Fr. 9.60 anrechnen lassen. Die Fr. 750, mein Eingebrachtes, habe ich baar erhalten vor Aufnahme des Inventars. Uebrigens haben wir uns verständigt.

Lichtenhahn
-igen, wenn
g. erfolgt ist.

Dr. Kully: In Abwesenheit B.s kann ich mich nicht äussern.

/B. u Frau auf Donnerstag 4 Febr. Nachm. 3½ Uhr.

[1437]

Actum Donnerstag 4 Februar 1897.

Anwesend die Parteien.

Vergleich.

I. Frau B. erklärt, ihr Eingebrachtes mit Fr. Siebenhundertfünzig erhalten zu haben.

II. Die Errungenschaft beträgt Fr. 2626.85.

Der Frau kommt laut Urteil zu 1/3 = Fr. 875.60.

Hieran hat sie erhalten in Linge u diversen Utensilien i.[m] W.[erth] von Fr. 100.–.

Sie soll per 1 April 1897 erhalten an Mobilien

1 ausgerüstetes Bett Werth	Fr.	100.–.		
1 Canape	Fr.	30.–.		
1 Nachttisch	Fr.	12.–.		
1 Spiegel in Goldrahmen	Fr.	50.–.		
1 tann. Commode	Fr.	25.–.		
1 Waschtisch	Fr.	8.–.		
1 nussbaum. Chiffonière	Fr.	50.–.		
1 runder Tisch	Fr.	20.–.		
1 Hängelampe	Fr.	10.–.		
3 Jomsessel	Fr.	12.–.		
1 grosser u 1 kleiner Teppich	Fr.	12.–.		
1 Nähmaschine	Fr.	50.–.	379.–.	
Sodann entfallen auf die Frau				
von den Gerichtskosten		74.70 x 2 / 3	49.80.	
Den Rest mit			346.80.	875.60.

hat Ernst B. bis spätestens 14 Oktober 1897, jedenfalls aber bei Verkauf des Hauses baar zu bezalen.

Die Liegenschaft soll erst nach völliger Deckung der Frau auf den alleinigen Namen des Mannes übertragen werden.

Frau Lina B. – Ernst B. Coiffeur i.f. Dr. Burckhardt
C. G. Präs.

[1438]

Da ich für meine vermögensrechtlichen Ansprüche vollständige Deckung & die laut vorstehendem Vergleich restierenden Fr. 346.80 ausgewiesen erhalten habe, bin ich mit der Uebertragung der Liegenschaft Sekt. III. Parzelle 1217.[2] mit Haus Küchegässlein 16 auf Ernst B. als alleinigen Eigenthümer einverstanden.

Basel, den 20 Oktober 1897

Frau Lina B.-F.

[A.]

Dr. Hans Burckhardt
Civiligerichtsschreiber

1897 Okt.22.	Dispositiv, Rechtskraft, Vergleich, Anerkenung der Beklagten, f. d. Kläger zu Handen des Grundbuchs angefertigt. 5 Fr.
1897 Okt.23.	Disp. f. d. Kläger.
1902 Jan.25.	Urteilsabschrift f. d. Kläger in Büren Fr. 4.50.

Inventur.

Verhandlung vor Präsidenten betr. Vermögensteilung
Mo. 1. Februar 1897 3 Uhr
geb. 29. Jan. Anwälte

Protokoll der Scheidungsverhandlung Ernst B. gegen Lina B.
StABS, Gerichtsarchiv Um 26. 1896 Juli–Dezember mit Sitzungsprotokoll und Register. Faksimile der ersten Seite des Urteils auf S. 30

Irrenanstalt

Empfehlung ~~*in den Bürgerpital*~~

für B. Ernst. Coiffeur

auf die ....Irrenheilanstalt.

Krankheit: Delirium Tr.

Tentamen suicid. Am 28. Febr. früh

Bisherige Behandlung:

Schnittwunde d. l. Halsseite. Theilw. Durchschneidung d. l. Sternocleidomast. 6 Schnittwunden d. l. Vorderarmen (mit Rasiermesser) Naht.

Basel, 28*ten* ...Febr...*1899*

Unterschrift des Arztes Dr. E. Veillon Bürgerspital

⇛ *Aufnahme der Kranken an den 6 Wochentagen, Vormittags von 8 bis 12 Uhr; dringende Fälle ausgenommen.*

Krankengeschichte folgt!

Bürgerspital der Stadt Basel

Garantieschein.

Name des Kranken: ....

Heimath: ....

Wohnung: ....

Steht in Dienst oder Arbeit bei:....../........

Für die Bezahlung der Verpflegungskosten leistet

Garantie:

....

wohnhaft ....

Basel, den:..................................*189*.....

ControllN° 2946

⇛ *Ueber die zu garantirenden Verpflegungskosten giebt der Tarif auf der Rückseite Aufschluß, ebenso über die Besuchszeiten.*

[verso]

Das Kostgeld für Verpflegung in allgemeinen Zimmern des Krankenhauses beträgt per Tag:

Fr. 1.25 für hiesige Bürger und Bürgerinnen.

Fr. 1.50 für hiesige nicht bürgerliche Einwohner.

Für Aufnahmen von auswärtigen Kranken und für Aufnahme in Einzelzimmer sind höhere Taxen aufgestellt, welche bei der Spitaldirektion zu erfahren sind.

Besuchszeiten Sonntag, Dienstag und Freitag 1–3 Uhr Nachmittags.

ControllN° 2946

Empfehlung in die Irrenanstalt. Basel 28.2. 1899

StABS, Sanität T 13.1. Einzelne Geisteskranke, 1894–1912

417 *Fol.*

Name: B.-F. Ernst
Geburt: 1856. X. 18
Stand: Coiffeur
Confession: *ref.*
Heimat: } Basel
Wohnort: }
Wohnung:
128 II *Eintritt:* 28. Februar 99.
Austritt: 27. März 99

Krankheit:
akuter alcohol. halluncinat. Wahnsin̄

***Jahr** 1899*

Behandlung.

	Wird von d. chirurg. Abteilung d. hiesigen Bürgerspitals hereingeschickt wegen Delirium tremens, Tentamen suicidii am 28. II. Schnittwunde d. l. Halsseite, teilweise Durchschneidung d. l. Sternocleidomastoid. 6 Schnittwunden d. l. Vorderarms. Wird in d. Krankensaal auf MB verbracht. Zeitl. & örtlich orientirt. Gibt ordentl. sinngemäss Auskunft. Verbringt die Nacht in d. Polsterzelle. T 37,3. P 128.	Bad
März 1.	War mehrfach kurze Zeit unruhig. Beklagt sich über s. hartes Lager. Nim̄t Thee & Frühstück	Sennathee
	Wird in d. I. Saal verlegt.	
	Status. Kopf; Hals, Brust im Occlusivverband. R P. etw > als l, beide reagiren prompt auf Licht & Accomod. Augenbewegungen nach allen Richtungen mögl. [L] Facial. weniger innerv. als r. [verso] Zunge belegt, deviirt leicht nach r. zittert.	
	Herztöne an d. Spitze dumpf regelm. ohne Geräusche. P. 108. weich.	
	Kniephänomene gleich, schwach. Tremor d. Finger.	
	Urin enthielt sehr reichl. Sedim. laterit., wird beim Erwärmen klar, dunkel rötl-gelb, reagirt sauer, 0 Z & 0 Eiw.	
	Zeitl. & örtl. orientiert. Seine Verletzungen habe er sich in d. Nacht vom Son̄tag auf Montag beigebracht [tatsächl Mo auf Dienst], als Motif seines Selbstmordversuchs gibt er an, er hätte ein paar Dum̄heiten gemacht, während d. Fastnacht mehrere Herren beleidigt, das habe ihn so geängstigt, dass er beschloss sich umzubringen. Heute nacht habe er geglaubt, dass seine Angehörigen mit e. Droschke da seien, um ihn abzuholen, er sei im Geschäft sehr nötig. Der Sennathee heute früh habe ihn sehr aufgeregt, vorher habe er nur 36°, nach dems. 37° gemessen; habe ihm Nasenbluten gemacht, ihn in Schweiss gebracht. Klagt über Schmerzen im Kopf; nichts Object. nachweisbar.	

417
B. **Fortsetzung.** II.1. **Behandlung.**

2. März

Anamnese (Frau d. P.)

War nach seinem Austritt 1894 etw. mässiger wie
früher, trank aber doch im̄er wieder zeitweise zu viel. De-
lirium soll er bis vor 5 Monaten (Oktober 98) nicht mehr
gehabt haben. Damals, brachte er sich e. leichten Stich in
die Brust m. e. Taschenmesser bei. Nach ca 8 täg. Bettruhe 129
war d. Delir. abgelaufen. Hielt sich hierauf wieder ca
4 Wochen, trank aber dan̄ wieder regelm. zu viel, war häu-
fig betrunken. Drohte im Rausch häufig s. Frau mit Schlä-
gen. Vor 8 Tagen wurde P. teilnahmslos, apathisch, starrte
öfters lange Zeit in e. Ecke ohne s. Umgebung irgendwie
zu beachten. War gänzlich schlaflos. Später äusserte er
Verfolgungsideen, sein Gehilfe wolle ihn gerichtlich be-
langen. Schloss sich oft in sein Zim̄er ein, war schreckhaft,
fuhr zusam̄en, wenn die Thür geöffnet wurde, verkroch
sich hinter den Ofen. In der Nacht vom 27/28 brachte
[verso] er sich heimlich die betr. Verletzungen bei & ver-
liess dann unbemerkt das Haus. Die Polizei griff ihn auf
d. Trottoir liegend auf & brachte ihn ins Spital. Von seinen
früheren Vergiftungsideen hat Pat. nichts mehr geäussert.

März 2 — Behandlung: Tägl Quassia

Verbrachte die Nacht im I Saal, war im ganzen
ruhig, nur sprang er jeweilen beim Eintritt d. Nachtwache
in den Saal aus dem Bett & suchte zitternd Schutz beim
Saalwärter. Gibt heute an, dass Dr H. ihn verfolge, ihm
nach dem Leben trachte; er habe ihn nachts gesehen &
gehört. Der habe ihn auch in die Anstalt gebracht, habe er-
klärt, er habe das Delirium, während ihm doch gar nichts
fehle. Kein Kopfschmerz mehr. Fieberfrei, doch im̄er
noch sehr erhöhte Pulsfrequenz. Zunge reiner, isst wenig.

Behandlung: Airolmèche Airolpulver, -gaze, Watteverband.

Verbandwechsel. Halswunde bis auf c. 3 cm langer Strecke
durch Drahtnaht geschlossen, reizlos. In d. offenen Partie
Mèche, dort zieml reichl. blutig – seröse Wundsekretion.

417
B. *Fortsetzung.* II.2. ***Behandlung.***

	Armwunden ebenfalls durch Drahtnaht geschlossen, mit e. Ausnahme reizlos. Armverband stark blutig durchtränkt. Delirirt den ganzen Nachmittag halblaut vor sich hin. Bleibt ruhig im Bett. Erhält abends	Airoltrockenverband. Chloralhydr 2,0 refr-dosi.

<u>Copie</u> aus d. Krankengeschichte des Bürgerspital Chr. Abtheilg.

130 Am 28 Febr. früh 5 Uhr wurde Pat. auf der Straße (Elisabethenstr. vor der Elisabethenapotheke) liegend von der Polizei aufgefunden. Kleider blutdurchtränkt. Pat. weigerte sich weitere Angaben zu machen. Sofortiger Spitaltransport.

Im Spital gestand Pat., dass er mit einem Rasiermeßer sich das Leben nehmen wollte. Weitere Details gibt er hingegen nicht. In der Hosentasche des Pat. fand sich ein stark blutbeflecktes Rasiermesser.

<u>Linke Halsseite</u>
Ueber dem linken Sternocl. Mast. eine Quere ca. 6 $^{c}/_{m}$ lange, mehrfach zerfetzte u. mit mehreren Brüchen u. Streifen versehene Hautwunde. Sternocl. vom vorderen Rand aus etwa 1½ $^{c}/_{m}$ weit quer durchschnitten. Keine ausgedehntere Blutung. Die Wunde ist unbedeckt, etwas verunreinigt. vom Ueberzieherkragen theilweise überdeckt.

<u>Linker Vorderarm:</u>
Von der Ellenbeuge abwärts bis gegen das Handgelenk zeigt die volare Fläche ca. 6 4–6 $^{c}/_{m}$ lange schräge parallele Schnittwunden der Haut. Darunterlieg. Fascien meist mitdurchschnitten. In der obern Wunde sind oberfl. Fasern d. musc. biceps ebenf. angeschnitten. Muskeln [verso] im Uebrigen unverletzt. Bewegungen der Hand u. Vorderarm intact. Wunden unbedeckt. Mäßige Blutung. Keine grösseren Gefäßstämme.

Febr. 28 Eintritt, Bad. ohne Narkose.

<u>Hals</u>. Egalisirung d. Wundränder. Desinfection Vereinigung der Schnittränder d. Sternocl. mit 3 Seidensuturen. Drahtnaht der Haut. Drainage mit Jodof. mèche am innern Wundwinkel hinter d. Sternocl. mastoid. Verband.

<u>Arm</u>. Desinfection. Naht sämmtl. Wunden. Jodofo. Gaze-Verband. Bettruhe. Während d. Eingriffes war Pat. sehr ruhig. reagirte kaum.

	Tagsüber oft unruhig. Spricht wirres Zeug. Sieht fremde Menschen um sich stehen. (Freimaurer) erkennt den Arzt, gibt zeitweise vernünftige Antwort. Klagt über etwas Schmerzen an d. genähten Wunden. Weigert sich Alcohol zu sich zu nehmen. Puls regelm. 110. afebril Abends in die <u>Irrenheilanstalt</u> transferirt. Austritt.	
3.	War nachts unruhig, verliess öfter sein Bett. Schläft den ganzen Vormittag, bleibt nachm. ruhig im Bett. Nim̄t abends sein Chloralhydr nur teilweise, zögernd, mit sichtlichem Misstrauen aus Furcht vor Vergiftung.	
4.	Ruhige Nacht, schlief.. Erhält morgens beklagt sich nach her über Druck im Leib, Kopfweh, glaubt etw. Unrechtes erhalten zu haben. Verbandwechsel. Halswunde gereizt, gerötet, Umgebung derselben	Pulv. Liquir comp.

417 B.	1899 ***Fortsetzung***. II.3.	***Behandlung.***
	leicht infiltrirt. Keine Schmerzen. Fieber frei. Zieml. starke Wundsekretion.	Airolgaze-Watte-Verband.
5.	Hat die ganze Nacht, d. ganzen Vormitt. geschlafen. Steht nachm. für einige Stunden auf. Fieberfrei.	
6.	Drängt fort, nach Hause, sein Geschäft gehe ja zu Grunde, seine Wunden könne er sich auch draussen behandeln lassen.	
7.	Verbandwechsel. Entfernung d. Nähte an Hals & Arm. Halswunde secernirt wenig mehr, ist weniger gereizt. Von d. Armwunden platzen 2 nach Entfernung d. Naht teilweise, secerniren zieml. viel.	Entfernung d. Suturen d. Hals- & Armw. Airolgaze-Watte-Verband.
9.	<u>Klinische Vorstellung</u>. Pat. erzählt, dass er hier von Grossrat Scherrer mit Röntgenstrahlen behandelt wird, welcher mit seinem Apparat die ganze Stadt beherrscht. Wirken beruhigend auf ihn ein. Hat in d. Fastnacht allerlei Leuten, welche ihn	

intrigierten, Grobheiten gemacht, besonders Dr. H. Dieser erschien dan̄ nachts bei ihm, machte ihm Vorwürfe, so dass er beschloss sich umzubringen. Kam dan̄ in den Spital, dort schwatzte er im Fieber allerlei wirres Zeug, so dass Dr H. ihn für ganz verrückt erklärte & in die Anstalt
132 bringen liess. Auch von d. Freimaurern wird er verfolgt, sein Bruder gehört e. Loge an, hat mit ihm darüber gesprochen, was er nicht thun durfte, deswegen wurde Pat verfemt.

Pat hörte sich in s. unruhigen Periode verhöhnt, verschimpft, bedroht, d. hat seit 3-4 Tagen aufgehört. [verso] Besprechung. Noch nicht ganz lucid. Die früheren Symptome waren Gesichts, Gehörs-Gefühlshalluc. Wahnideen i. S. d. Verfolgung.

Wir haben nicht die markanten Visionen wie sie d. Delir. eigen sind, ebenso widerspricht e. Delir d. Systemat. d. Wahnideen. Das ursprüngl. waren die Hallucinat. Es fehlte d. schwere sensorielle Störung d. Delir.; d. Tremor war nur gering ausgebildet. Das alles spricht gegen Delir. trem. & für hallucin. Wahnsinn. Symptomat. sind beide m. einander verwandt.

Diagnose Hallucinat. Wahnsinn

Prognose: ist reserv. zu stellen. Die jetzt angedeutet. Verfolgungsideen kön̄en persistiren, ja sich weiter ausbilden. Zudem d. Alkoholism.

9. Verbandwechsel. Die Halswunde verkleinert sich rasch, secernirt nur wenig. Armwunden trocken.

11. Schlaf ungestört, somat. Befinden überhaupt gut. Die Heilung d. Wunden schreitet rasch vorwärts. — Chloralhydr. ausgesetzt

16. Lucid. Hat keine Hallucinat. mehr, keine abnormen Gefühle, hat d. freien, ungehinderten Gebrauch seiner Glieder. Gutes somat Befinden.

417 B.	1899 *Fortsetzung.* II.4.	*Behandlung.*
20.	Sämtliche Wunden geheilt. Fortgesetzt gutes somat. Befinden. Schlaf ungestört. Verfolgungsideen im̄er noch angedeutet. Entlassen nach Hause.	
27.	Körpergewicht. Eintritt 67. Kgr Austritt 64½ "	

Krankenakte II von Ernst B. Basel 28.2.–27.3. 1899
Archiv der PUK Friedmatt, Krankengeschichte Ernst B.

Basel, den 4. III. 1899.

[C. P.]

Anbei sende Ihnen das nothwendige für H. B., es sind:

2 Nachthemden – 3 par Socken wa.

2 Taghemden – 2 Cravatten

2 Unterleibchen – 1 Kam̄ – 1 Hut – 1 par Hausschuh.

Ich ersuche Sie höfl., falls die Kleider, die man̄ vom Spital zu Ihnen gebracht, der Reinigung bedürfen, mir dieselben zuschicken zu wollen, damit man̄ Sie in Ordnung bringen kan̄.

Achtungsvollst zeichnet
Frau B.

Bei dieser Gelegenheit möchten Sie mir bitte auch mittheilen wie es m. Man̄ geht.

Brief von Lina B. an die Irrenanstalt. Basel 4.3. 1899
StABS, Sanität T 13.2. Einzelne Geisteskranke Männer, Bi–Bo

[Emblem: Ein Löwe der eine Krone trägt, Subscriptio:]
HÔTEL METROPOLE BRUXELLES

Bruxelles, den 15. III. 1899.

Tit.
Direction der Irrenanstalt
Basel!

Laut eingetroffener Nachricht soll mein Bruder Ernst B., wegen Selbstverletzung [sic] in ihrer Anstalt unter ärztlicher Behandlung sein. Da ich weiter's über sein Befinden nicht's bestim̅tes weiß möchte ich die Tit. Direction auf's höflichste anfragen ob Sie so freundlich sein würden und mir ein Wort über sein Befinden zu kommen zu lassen.

Indessen schließt

Hochachtungsvollst
Fr. B.
Hôtel Metropole
Bruxelles.

Brief des Bruders von Ernst B. an die Direction der Irrenanstalt. Bruxelles 15.3. 1899
StABS, Sanität T 13.2. Einzelne Geisteskranke Männer, Bi–Bo.

STRAFGERICHT
Kanton Basel-Stadt
Der Präsident der I *Abteilung.*

Basel, den 3. Mai 1900.

An das
Appellationsgericht
Hier.

In Sachen Karoline B. von Büren (Bern), 35 Jahre alt, verheiratet, Cigarrenhändlerin, niedergel. (Clarastrasse 39) betr. strafbare Unsittlichkeit, hat die Angeklagte gegen das Urteil des Strafgerichts vom 28. April 1900 rechtzeitig die Appellation erklärt.

Ich beehre mich, Ihnen die Acten zu senden.

STRAFGERICHT BASEL-STADT
Erste Abteilung
Der Präsident:
Schär

Schär
15 Min.

Kanton Basel-Stadt.

No. 453 *Beschluss der* Staatsanwaltschaft *vom* 23. April *1900.*

Strafrechtliche Untersuchung

gegen

Karoline B.
von Büren [a]/a.

betreffend strafbare Unsittlichkeit.

Auf freiem Fuss.

Aktenverzeichnis.

1900			pag.
		Polizeiliche Prozesseinleitung	
April	19	Rapport des Wachtmeister Baumann	1/2
		Postkarten	3
	21	Verhör mit Karoline B.	4/5
		Verfügung	6
	23	3 Karten	7
		Rapport des Wachtmeister Baumann	8
April	23	Ueberweisungsbeschluss	10
		Anklageschrift	11
		Hauptverhandlung.	
		Zeugenliste	12–13.
		Verteidigungsfrage	14.
		Strafenauszug	15.
		Urteil	16
		Appellationserklärung	17–18
		Protokoll-Auszug	19
		Kostenrechnung	20.

CN° 751 1

Basel, den 19ten April 1900.

Polizeicorps des Kantons Basel-Stadt

RAPPORT

vom Wachtmeister Baumann, Kleinbasel.

betreffend Postkarten anstoßenden Inhalts.

136 Beiliegende Karten waren in der Montre des Cigarrenladens der Frau Karoline B.-F., Clarastr. 39 ausgestellt.

Der Unterzeichnete ließ der Frau B. das Ausstellen dieser Karten vorläufig untersagen.

Auf jeden Fall würde man beim Nachsehen in diesem Geschäfte noch noch andere Karten welche unsittliche Bilder oder Verse enthalten vorfinden.

Baumann, Whtmst

Auslagen: 30 Cts.

D.u.s.

Geht sofort an Wachtm Baumann mit dem Auftrag, im Cigarrengeschäft der Frau B. nachzusehen, ob sich noch weitere anstößige Karten oder Bilder vorfinden und dieselben zu beziehen.

Namens des Polizeidepartements
Der Vorsteher für Strafsachen.
Haegler

2 Basel, 20. April 1900.

Heute Morgen begab ich mich in das Cigarrengeschäft der Frau B., Clarastr. 39. und konfiscierte noch beiligende 18 Stück Postkarten.

Baumann, Wchtmst.

D.u.s.

Basel, 20. April 1900

Unter den bezogenen Postkarten befinden sich 5 Stück, auf deren Rückseite ein Telegramm „Prince George's erstes Seegefecht" gedruckt ist. Diese Karten gehören unter die unzüchtigen Schriften im Sinne des Strafgesetzes.

Geht an H Dr. Wille.

Frau B. ist abzuführen.

Haegler

3 [21 Postkarten in einem Couvert des Kontrol-Bureaus Basel]

4

Polizeidepartement des Kantons Basel-Stadt

Basel, Freitag *den* 20 April *1900*
Vorberufung der Frau B. auf Samstag 21 April Vorm 11 Uhr.
Wille

Basel Samstag den 21 April 1900.

Der Unterzeichnete hat heute beim Abzählen 21 Postkarten vorgefunden!

Grösse: mittel
Haare: braun
Augen: grau
Nase: gebogen
Gesichtsfarbe: bleich
Statur: mittel
Besondere
Merkmale: keine

Es erscheint auf Vorberufung Karoline B.-F., des Coiffeur Ernst B. von Büren a. d. Aare, Bezirk Büren Kt. Bern, Cigarrenhändlerin, wohnhaft Clarastrasse 39, verheirathet, geb. 17 August 1864 in Harnberg, niedergelassen, nicht vorbestraft,
Eltern: Martin F.
Karoline geb. Benzin
und gibt auf Befragen an:
Ich habe an der Clarastrasse einen Cigarrenladen; ich bin verantwortlich für die Führung desselben. [5] Ich anerkenne, dass die 5 beschlagnahmten Postkarten „Prince Georg erstes Seegefecht" aus meinem Geschäft stammen. Ich verkaufe dieselben zum Preise von 10 ctms. das Stück. Ich habe vor 10 Tagen eine Sendung von 40 Stück erhalten; ich beziehe sie vom Geschäft Postkartenverlag Cordon in Zürich. Ich habe den grössten Theil der Sendung verkauft.
Ich habe die betreffenden Postkarten „Prince Georg ect" nicht gelesen, weil mir der Inhalt der Karte zu lang vorkam. Ich war übrigens der Meinung, dass die Sachen nicht beanstandet würden, da der Lieferant behauptete, er liefere nur Karten, die ruhig verkauft werden dürfen.
(Der Frau B. wird eine Karte zum Lesen überlassen; sie gibt nun an): Ich finde nicht, dass man aus dem Inhalt auf den ersten Blick etwas unanständiges herausfinden kann. Man kann denselben auch anders auffassen.
Ich bestätige, dass mir 18 Karten beschlagnahmt worden sind.
V.B.U.

Frau L. B.
i. f. Wille

6

Basel, Samstag den 21 April 1900.
Strafenauszug verlangt.
Die Akten gehen an die Tit. Staatsanwaltschaft, hier.

Namens des Polizeidepartements
Der Vorsteher für Strafsachen.
Haegler

[7/leere Rückseite, nicht nummeriert]

138

Basel, den 23*ten* April *1900*. 8

Polizeicorps des Kantons Basel-Stadt

RAPPORT

vom Wachtmeister Baumann, Kleinbasel.
betreffend unsittliche Postkarten.

Beiliegende drei Postkarten wurden im Geschäfte der Frau B.-F. Karoline 39 Clarastr. Durch Polzm. Stutz, welcher von einem Herren aufmerksam gemacht wurde, gekauft.

Die Karten muß man, um der Unsittlichkeit auf die Spur zu kommen, umdrehen und dann das Gesicht des Bildes zudecken.

Frau B. hatte diese Karten auch schon in dem Schaufenster ausgestellt, jedoch nich verkehrt.

Baumann, Wchtmst.

D.u.s.

Geht unter Anschluß der 3 Karten an die Tit. Staatsanwaltschaft hier ad acta i. S. B., K. vom 21 dß.

Namens des Polizeidepartements
Der Vorsteher für Strafsachen.
Haegler

[9/leere Rückseite, nicht nummeriert]

10

Beschluss der Staatsanwaltschaft

des

Kantons Basel-Stadt

vom 23. April 1900

Karoline B. 139

von Büren [a]/a., Kanton Bern, 35 Jahre alt, verheiratet, Cigarrenhändlerin, niederlassen (Clarastrasse 39)

wird dem Tit. Strafgericht zur Beurteilung überwiesen

unter der Anklage der strafbaren Unsittlichkeit nach §. 98 St.G.B.

Die Angeklagte bleibt auf freiem Fuss.
Beweisstücke: bei den Akten.

Der I. Staatsantwalt:
Müller

11

Anklageschrift

gegen

Karoline B.
von
Büren [a]/a

infolge Beschlusses der Staatsanwaltschaft *vom* 23. April 1900.

Die Angeklagte betreibt Clarastrasse 39 ein Cigarrengeschäft. – Sie stellte dort öffentlich Postkarten mit unzüchtigen Darstellungen und Beschreibungen aus und verkaufte solche. –

Karoline B. wird demgemäss der strafbaren Unsittlichkeit nach § 98 [2)] St.G.B. angeklagt. –

Basel, den 23. April 1900.

Der I. Staatsantwalt:
Müller

Erh 24 IV

Verzeichnis

der in Sachen Karoline B.
betreffend Verkauf unzüchtiger Schriften u Bilder
vorzuladenden Zeugen und Sachverständigen:
keine
 [cop. Act]: bei den Akten *STRAFGERICHT BASEL-STADT*
B den 26 IV 1900 *Erste Abteilung*
Der Präsident:
Schär

13

Infolge der Mitteilung des umstehenden Verzeichnisses wurde die Vorladung folgender weiterer Zeugen und Sachverständigen begehrt:

1) von Seite des Staatsanwalts:

2) von Seite d er *Angeklagten:*
keine

Zur Beglaubigung
Der Strafgerichtsschreiber:
Girard

Basel, den 27 April *1*900

Basel, den 27 April 1900 *in* Gerichtshaus 14

Infolge des Beschlusses der Überweisungsbehörde vom 23 April 1900

welcher Karoline B. ....

wegen Strafbarer Unsittlichkeit ....

dem Strafgericht zur Beurteilung überweis, wird die selbe vorberufen und ihr vom Inhalt des Überweisungsbeschlusses und der Anklageschrift, sowie von dem ihr zustehenden Verteidigungsrecht Kenntnis gegeben worauf die selbe unterschriftlich erklärt:

Ich verteidige mich selbst
Frau L. B.

Zur Beglaubigung
Der Strafgerichtsschreiber:
Girard

27 April 8½

ad CNo. 751 15

vom ...21 April *1900*

Strafen- und Journal-Auszug

über B.-F. Karoline von Büren a. d. Aare, Kt. Bern, Cigarrenhändlerin, geb. 17 August 1864,

142

No.	*Datum*	*Strafbehörde*	*Verbrechen bezw. Übertretung*	*Strafe*	*Bemerkungen*
			Kommt nicht vor Basel 23 April 1900 [Jöhl] Polm.		

Kanton Basel-Stadt
Urteil des Strafgerichts
Vom 28. April 1900
in Sachen

Karoline B. von Büren (Bern), 35 Jahre alt, verheiratet, Cigarrenhändlerin, niedergelassen, (Clarastrasse 39),
durch Beschluss der Staatsanwaltschaft vom 23. April 1900 der strafbaren Unsittlichkeit angeklagt.

Erwägungen:

Die Angeklagte gibt zu, dass die bei den Acten liegenden 24 Stück Post-Karten in ihrem, Clarastrasse Nº 39 betriebenen Cigarrengeschäft erhoben worden sind, dass diese Carten verkauft werden sollten, und davon schon teilweise verkauft wurden und öffentlich ausgestellt waren, sie bestreitet jedoch, gewusst zu haben, dass diese Carten unzüchtigen Inhalt haben.

Das Gericht hält den unzüchtigen Inhalt bei nachstehenden 5 verschiedenen Postkarten für nachgewiesen:

bei den 2 gedruckten Karten „Schusterrechnung" (1 Exemplar)
und „Prince George's erstes Seegefecht" (5 Exemplare),
bei den 3 Karten in Actor. Nº 7 a-c (3 Exemplare).

Die dritte gedruckte Karte „Brautgeschenk für eine Pfarrerstochter" hat das Gericht in einem früheren Fall zu beurteilen gehabt und ist damals zu dem Schluss gelangt, dass die Karte wohl einen unanständigen, dagegen nicht einen strafbar unsittlichen Inhalt aufweist. Die übrigen nicht erwähnten Karten fasst das Gericht nicht als unzüchtige Bilder im Sinne von § 98 auf.

Das Gericht nimmt auch an, dass die Angeklagte [2).] die Karten nur ihres unzüchtigen Inhalts wegen zum Verkaufe anschaffte, da ein Absatz derselben ohne Annahme dieses unzüchtigen Inhalts ja nicht zu erwarten stand.

Die Angeklagte ist nicht vorbestraft.

Die vom Gericht als unzüchtig bezeichneten Karten sind zu confisciren.

Das Gericht hat demnach erkannt:

://: Karoline B. wird der strafbaren Unsittlichkeit schuldig erklärt und gemäss § 98^2 des Strafgesetzes zu Frs. 50.– Busse, im Nichtbeibringungsfall zu 10 Tagen Gefängnis, sowie zu den Kosten des Verfahrens mit Einschluss einer Urteilsgebühr von frs. 5.– verurteilt.

Die als unzüchtig bezeichneten Karten werden confiscirt.

Im Namen des Strafgerichts
Der Praesident der I. Abteilung
Schär

://: appellationsgerichtlich bestätigt
den 14. Mai 1900.
KANZLEI DES APPELLATIONSGERICHTS
Siegfried

Der Gerichtsschreiber:
Girard

Cigares & Tabacs
FRAU L. B.
⇐ *BASEL* ⇒
39 Clarastrasse 39

17

Basel, den 29. IV. 1900.

Geehrter Herr Präsident!

Gegen das Urtheil daß Sie in heutiger Sitzung, betr. der „Ansichtskarten-angelegenheit" über mich gefällt haben lege ich Berufung ein, indem ich das Strafmaß unerhört hoch finde.
Eine Warnung hätte ich gewiß gerne beherzigt u. hätten Sie damit so viel bezweckt wie mit dieser für viel zu großen Strafe. Wen̄ ich gewußt hätte, daß ich solche Karten nicht verkaufen darf, so hätte ich es sicherlich nicht gethan; man̄ hätte mir solches doch erst sagen sollen. [18] Es liegt mir fern, mich gegen die Gesetze vergeßen zu wollen – umso mehr drückt mich die Schande, gerichtlich bestraft zu werden.
Bedenken Sie doch, Fr. 50 sind für mich, eine alleinstehende Frau, keine Kleinigkeit u. ich bitte Sie darum ein wenigum Einsehen den̄ ich bedarf deßen sehr nöthig zum anständigen u. [ehreichen] Unterhalt meiner Kinder u. mir.

Mit vorzüglicher Hochachtung
zeichnet ergebenst
Frau L. B.

Auszug aus dem Protokoll des Strafgerichts des Kantons Basel-Stadt

vom 28 April *1900.*

In Sachen
Karoline B.

Wird die Angeklagte vorberufen & über die persönlichen Verhältnisse befragt. Sie antwortet:

Ich heisse Karoline B., bin von Büren (Bern), 35 Jahre alt, verheiratet, Cigarrenhändlerin, niedergelassen, wohm Clarastrasse 39. –

Die Verhandlung findet bei geschlossener Tribüne statt.

Der Gerichtsschreiber verliest den Ueberweisungsgeschluss der Staatsanwaltschaft & die Anklageschrift.

Die Angeklagte wird hierauf verhört; sie ist nicht vorbestraft. Sie sagt aus: Ich war vom Manne geschieden, dan̄ haben wir wieder geheiratet & jetzt lebe ich wieder getrennt von ihm. Ich habe 3 Kinder. An der Clarastrasse 39 betreibe ich ein Cigarren & Ansichtskartengeschäft. Diese Karten (werden in Circulation gesetzt) wurden in meinem Geschäft erhoben #; dass sie unsittlichen Inhalt haben, wusste ich nicht. Der Lieferant sagte, die dürfen verkauft werden. Die gedruckten Karten habe ich nur oberflächlich gelesen & nicht verstanden.

#es sind teils Künstler- teils Schundkarten

Gelesen werden die Rapporte Baumann.

Die Verhanldung wird geschlossen erklärt.

Der Staatsanwalt beantragt F 5.– Geldbusse wegen strafbarer Unsittlichkeit.

Die Angeklagte hat nichts zu bemerken.

Das Gericht fällt nach stattgehabter Beratung beifolgendes Urteil; der Beurteilten wird das Rekursrecht angezeigt.

Für den Protokollauszug
Der Strafgerichtsschreiber:
Girard

20

Kostenrechnung in der Untersuchungssache

gegen Karoline B.

<u>*C. No.* 751</u>

Auslagen des Polizeidepartements

1900			*Fr.*	*Cts.*
April	21	Auslagen des Wachtmeister Baumann für die Postkarten. 27. April 00.	– Girard	30.

Aktendossier der strafrechtlichen Untersuchung gegen Lina B. betreffend strafbare Unsittlichkeit
StABS, Gerichtsarchiv KK 2. Strafgerichtsrekursakten Bd 31, 1900, Nr. 19

STRAFGERICHT *Basel, den* 28 Mai *1900.*
des
Kanton Basel-Stadt

An das
Appellationsgericht

Hier.

In Sachen Lina B. von Büren (Bern), 36 Jahre alt, verheiratet, Cigarrendetaillantin, niedergel. (Klarastrasse 39) betr. Kuppelei, hat die Angeklagte gegen das Urteil des Strafgerichts vom 19. Mai 1900 rechtzeitig die Appellation erklärt. 147

Ich beehre mich, Ihnen die Acten zu senden.

STRAFGERICHT BASEL-STADT
Erste Abteilung
Der Präsident:
Schär

176. Schär
40 Min.

Kanton Basel-Stadt

No. 491 *Beschluss der* ***Ueberweisungsbehörde*** *vom* 3. Mai *1900.*

Strafrechtliche Untersuchung

gegen

Lina B. geb. F.

von Büren a/a

betreffend Kuppelei

Auf freiem Fuss.

Aktenverzeichnis.

1900				pag.
		Polizeiliche Prozesseinleitung		
April	26	Polizeirapporte		1/2
		Verfügungen		3
	27	Haussuchungsbefehl		4
	28	Rapport des Det. Christen		5–8
		Einvernahme der	Amalie Braun	9/10
		" "	Emma Spicher	11–13
	30	Rapport des Det. Christen		14–17
		1 Brief		15
		Verhör mit Lina B.		18–20
		Verfügungen		21
		Effektenverzeichnis	Amalie Ramm	22
		"	Emma Spicher	23
		"	Frau B.	24
		Richterliche Voruntersuchung		
April	30	Einvernahme der	Amalie Ram̄	25
		" "	Emma Spicher	26 28
		Strafenauszug		27
Mai	3	Verhör mit Lina B.		29. 31
		Notiz des Journalführers		30
		Verfügungen		32
		Postkarten & 1 Bild		33
		Ueberweisungsbeschluss		34
		Anklageschrift		35
		Hauptverhandlung		
		Zeugenliste		36–37.
		Verteidigungsfrage		38.
		Leumundszeugniss		39–40.
		Schreiben der Frau B.		40[a]
		Urteil		41
		Appellationserklärung		42
		Protokoll-Auszug		43.
		Kostenrechnung		44.

Gewahrsame! CN° 802 *Basel, den* 26*ten* April *1900*
B. 39. Clarastraße

Polizeicorps des Kantons Basel-Stadt

RAPPORT

vom Klaraposten, von Polizeim. Hofer I.
betreffend Einzug.

Als Unterz. und Schutzmann Hindel gestern Nacht's 10 Uhr, die Clarastrasse passierten, kam in der Nähe des Cigarenladens der Frau B., ein Frauenzim̅er zu uns und meldete folgendes:

Schon seidt längerer Zeit, verkehre ihr Verlobter Nahmens Stehelin#, angestellt bei Rhyner, Rappoltshof, jeweilen Abend's bis 12 und 1 Uhr, bei Frau B., und habe sie desshalb verlassen. Sie habe ihn vorhin aus dem Hause holen wollen, sei aber von Frau B. brutal fortgejagt worden. Wir forderten sie auf, sich zu entfernen, da sich um das weinende Frauenzim̅er, Publikum ansam̅elte, was sie dann auch befolgte.

#richtig: Wehrli
U. R. II. Lüber.

Mehrere Anwohner, sagen aus es sei jetzt der dritte Abend das sich dieser Auftritt, wiederhole.

Ich vermuthe, daß in diesem Cigarrenladen schon längere Zeit, Einzug von Herrn, zwecks Unzucht, ist.

Hofer I. Polizm

Basel, den 26*ten* April *1900*.

2

Polizeicorps des Kantons Basel-Stadt

RAPPORT

vom Wachtmeister Baumann, Kleinbasel
betreffend Einzug.

Wie ich aus ganz zuverläßiger Seite erfahren hat Frau Karoline B.-F., Cigarrenhandlg. Clararstr. 39 namentlich Nachts zwischen 9 und 12 Uhr starken Einzug von Herren. Frau B. soll ein Absteigquartier haben von Dirnen, welche dort zweks der Unzucht Herren empfangen. Gestern Nacht verkehrten dort nicht weniger als drei Dirnen, welche sich gewöhnlich im Hinterzimmer, welches direkt an den Cigarrenladen stößt, aufhalten und dort Unzucht treiben.

Bei der Nachbarschaft vis à vis können genaue Erhebungen gemacht, sowie Beobachtungen gehalten werden; z. B. am besten im Hotel zum Baslerhof.

Baumann, Whtmst.

N.B. Auf die Magd der Frau B. (: kleine schwarze ca. 19-20 Jahre alte Person ist genau Obacht zu geben, denn ich vermuthe, daß diese sich ebenfalls der Prostitution hergibt. (:Es verkehren dort, namentlich mit dieser, einige Frankfurter Condukteure).

Baumann W.

3

Erh Basel 27. April 1900.

Gegen Karoline B. ist bereits eine Untersuchung betr. strafbare Unsittlichkeit eingeleitet.

Geht an die Tit. Staatsanwaltschaft hier ad acta i. S. B., K. vom 26 dß

Namens des Polizeidepartements
Der Vorsteher für Strafsachen.
Haegler

:/: Die in dieser Angelegenheit nötigen Erhebungen können nur durch das Polizeidepartement gemacht werden. (Beobachtungen & event. Einschreiten.)
Die wegen Verbreitung unzüchtiger Ansichtspostkarten gegen Frau B. angehobene Untersuchung ist schon an das Strafgericht abgegangen.

D.u.s. Der I. Staatsanwalt:
Müller

D.u.s.
Geht unter Anschluß eines Haussuchungsbefehles an das Tit. Polizei-Commando/hier.

Haegler

POLIZEI-
DEPARTEMENT
BASEL.

STRAFSACHE.

Basel, 27. April *1900.*
4

Haussuchungsbefehl

In der Wohnung der Frau K. B., Clarastraße 39, ist eine Haussuchung wegen Verdachtes der Kuppelei vorzunehmen.

Namens des Polizeidepartements
Der Vorsteher für Strafsachen.
Haegler

Polizeidepartement des Kantons Basel-Stadt. 5

Basel, Samstag *den* 28. April 1900
Rapport von Detektiv Christen

In Sachen der Frau Lina B.-F. Cigarrendetailiantin, wohnhaft Klarastrasse
152 № 39 haben Unterzeichneter & Det. Frech im Auftrage des Herrn Hauptmann Mangold gestern 27. dß. von 8½ Uhr Abends an, Beobachtungen gehalten. Wir haben einen günstigen Beobachtungspunkt gegenüber dem Cigarrenladen auswählen können, so daß wir den Verkehr im Laden gut übersehen konnten. Dabei haben wir folgendes konstatiren können. Von Anfang an war ein ziemlich großer Verkehr im Laden. Vor der Montre blieben oft mehrere Personen stehen, beschauten die Ansichtskarten & beobachteten zugleich was im Laden vorging. In der Montre waren Stellen durch welche man in den Laden sehen konnte. Im Laden konnten wir nach & nach 4 Frauenspersonen beobachten.
Gegen 9 Uhr begab sich eine jüngere ziemlich große schlanke, Frauensperson, schwarz gekleidet, mit weißem Herrenhütchen in den Laden [6] kaufte sich Cigaretten & verlies den Laden wieder nach einigen Minuten.
Eine zweite Frauensperson, wahrscheinlich die Magd von Frau B. verlies etwas später den Laden mit einem Herrn & kam dann nach ca. einer halben Stunde mit dem Herrn wieder zurück. Zwischen Treppenhaus & Ladeneingang vom Hausgange her, befindet sich ein Glasabschluß. Wir haben beobachtet, wie ein junger Herr vom Laden her den Hausgang betrat, die Glasthüre gegen dem Treppenhaus öffnete & sich in das Haus begab. Nach etwa 20 Minuten hat letztgenannter Herr das Haus wieder verlaßen.
Hierauf kam eine große schwarzgekleidete Frauensperson aus dem Hause, begab sich in den Laden & nach kurzer Zeit begab sie sich wieder in's Haus. Etwa um 10 Uhr begab sich ein junger Herr (Kaufmann von Beruf) in den Laden & wurde nachdem er sich kurze Zeit darin aufgehalten von Frau B. in den Haugang durch die Glasthüre begleitet. Kaum 3 Minuten später paßierte vom Laden her die schwarzgekleidete Frauensperson den gleichen Weg, währendem sich Frau B. die eine hochrothe Blouse [7] trug wieder zurück in den Laden begab. Im Laden war zu dieser Zeit ein Sanitäts-Feldweibel anwesend, der sich schon gut eine halbe Stunde darin aufgehalten hatte.
In diesem Moment hielten wir die Gelegenheit zum Einschreiten für günstig & haben dazu noch den Polzm. Steiner & den Schutzmann Ullmann beigezogen.

Ich begab mich durch die Glasthüre nach der hintern Seite, währenddem sich Det. Frech mit Steiner in den Laden begab. In der Küche die sich rechts vom Hausgange innerhalb der Glasthüre befindet traf ich den letztgenannten jungen Herrn mit einer angbl. Amalie Ramm beide angekleidet. Den Herrn über seine Anwesenheit befragt sagte mir, daß er mit dem Frauenzimmer noch keinen geschlechtlichen Umgang gehabt, zu diesem Zwecke aber gekom̄en sei. Er habe gehört, daß in diesem Cigarrenladen etwas zu haben sei. Das Frauenzimmer sei ihm nur etwas zu alt, sonst wäre der Akt schon vollführt.

Im Cigarrenladen befanden sich beim Einschreiten der Sanitäts-Feldweibel nebst 2 beßer gekleideten Herrn die sich Ansichtspostkarten beschauten. Zwei davon [8] verliesen sofort den Laden, währenddem der III te Herr (ein junger Apotheker) von Det. Frech befragt wurde. Derselbe gab ausweichende Antwort, aber gleichwohl zu verstehen, daß er mit einem Mädchen habe Umgang halten wollen. Polzm Steiner & Schutzmann Ullmann haben gesehen, wie der junge Herr mit offenem Hosenschlitz im Laden gestanden war. In diesem Moment war Frau B. & ihre Magd Emma Spicher im Laden.

– Ramm Amalie, von Kunersdorf Sachsen, geb. 1850, Schneiderin, ohne Schriften wohnhaft angbl. Weißegasse N° 17 ohne Anmeldung, früher im Gasthaus zum Rütli hier logierend, wurde um 10½ Uhr , – Ebenso Spicher Emma von Köniz, Bern geb. 1879 Magd bei Frau B. um die gleiche Zeit angehalten und getrennt in Haft gesetzt. Sie war früher Bordelldirne in Bern.

Frau Lina B. geb F., Ehefrau des Coiffeur B. am Küchengässlein von Waldkirch, Baden geb 1864, getrennt lebend, hat 2 Kinder im Alter von 2½ und 10 Jahren und konnte deßhalb nicht verhaftet werden Haussuchung wurde bei Frau B. sofort vorgenom̄en & dabei diverse Briefschaften, Frs. 250 in Silber & 20 Mark in Gold bezogen. Weiterer Bericht folgt.

F. Christen Det.

Die Acten, welche von PM Christen Nachmittags übergeben worden sind, gehen an H. Meyer.

Haegler

D.u.s.

154 Es wird vorgeführt & gibt a.B. an:

z. P.

Amalie Ramm von Kunnersdorf, Sachsen, geb. 7 October 1850, ledig, Schneiderin mit Reisepass (in d. Wohnung) an der Weißegasse 17 b. Hug wohnhaft, unangemeldet, nie bestraft.

z. S.

Ich bin seit 14 Tagen in Basel und habe anfänglich im Hôtel Rütli logirt. Ich kam von Zürich, wo ich längere Zeit niedergelaßen war, wollte in einigen Städten Besuche machen und dann wieder nach Zürich zurück. Hier sollte ich eine Freundin erwarten und diese hat mich zu Hug's gewiesen.

Die Frau B. habe ich seit meinem Hiersein einigemale besucht; meine Freundin, Frau Schorf an der Greifengasse 21, hat mich mit derselben bekannt gemacht. [10] Mit dem bei mir betroffenen Herrn habe ich nicht verkehrt. Die Frau B. kannte denselben, Ich weiss nicht, was derselbe in der Küche wollte; zuvor war er im Laden, die Frau B. wird ihn in die Küche geführt haben. Ich war etwa eine Stunde dort im Laden und gieng erst in die Küche, als ich mich entfernen wollte.

Ich habe noch nie bei der B. mit Herren Umgang gehabt und wollte es auch gestern Abend nicht. Es ist mir nichts davon bekannt, daß dort gewerbemäßig Unzucht getrieben wird. Die B. scheint einige Verehrer zu haben. Außer der Magd habe ich keine Frauenspersonen dort verkehren gesehen. Eine solche holte schon wiederholt dort Cigaretten auch gestern Abend, ich kenne dieselbe jedoch nicht.

Im Ganzen mag ich 5-6 Mal bei der B. gewesen sein. Ich habe aber nicht gesehen, daß dort Unzucht getrieben wurde und es ist mir nicht bekannt, daß die B. Kuppelei treibt.

V Bu Amalie Ramm

In die Gewahrsame zurück

Es wird vorgeführt & gibt a. B. an:

z. P.

Emma Spicher, von Köniz, Bern, geb. 29. November 1879, ledig Magd b Fr. B., Aufenthalterin, an der Clarastraße 39 wohnhaft, hier wegen Unzucht bestraft.

z. S. 155

Ich war letztes Jahr während 3 Monaten in einem Bordell in Bern; man hatte mich unter falschen Vorspiegelungen dort hin gelockt und und später habe ich dann entweichen können.

Bei der Frau B. bin ich seit 9 Wochen; eine Frau Baumgartner, am Gerbergäßchen 24 hatte mich dorthin plazirt. Meine Mutter, Frau Schöthly, am Gemsberg 6, hat mich, als ich 14 Tage wegen Krankheit derselben bei der B. aussetzen mußte, vor der Rückkehr zu dieser abgemahnt und behauptet, es gienge dort etwas nicht recht zu, ich könnte noch Polizeigeschichten bekom̅en. Es sagten schon verschiedene Herren, daß bei der B. nicht Alles in Ordnung sei und vorgestern sagte mir ein Feldwebel aus Bern, der wiederholt Cigarren kaufte, ich solle mich entfernen, denn der Laden würde durch die Polizei geschloßen. [12] Der bes. Feldwebel, dessen Name mir nicht bekannt ist, kaufte gestern wieder Cigarren, als die Polizei erschien.

Die Mitangehaltene kenne ich nicht näher. Sie hat seit 14 Tagen öfter bei uns eingekehrt, hat bisweilen gegessen und getrunken. Andere Frauenspersonen haben nicht dort verkehrt.

Im Zim̅er eines Miethers, Parterre, hat die Ramm sich bisweilen mit Herren abgegeben, wenn der Miether an der Arbeit war; sie nahm die Herren aus dem Laden. Gestern Abend wollte sie sich auch mit einem Herrn abgeben, als die Polizei kam. Ich weiß nicht, was sie sich von den Herren geben ließ und was sie der Frau B. abliefern mußte. Getrunken wurde von den Herren mit der Ramm im Hause nicht. Frau B. wußte jedenfalls von dem Treiben.

Die Frau B. hat mit mehreren ihr bekannten Herren geschlechtlich verkehrt, ob gegen Bezahlung kann ich nicht angeben. Sie hat wiederholt geäußert, dieser oder jener Herr hätte ihr nichts geschenkt. Diese Herren tranken hie & da Wein, und diesen bezog man in Wirthschaften, er wurde zum Ankaufspreise verkauft.

Es hat eine Frauensperson, eine Dirne, öfters Cigarretten geholt; sie stieg aber nicht bei uns ab und sie gab mir auf Befragen einmal an, sie könne in eine Privatwohnung absteigen.

[13] Ich habe bei der B. einen Monatslohn von F 15 –

Ich habe auch Unzucht getrieben, mit Wissen der B. Die Herren sind auch aus dem Laden zu mir gekommen und meistens habe ich in der Küche auf ihrem Koffer mich mit denselben abgegeben. Dieses Geschäft ist nur am Tage gegangen; ich schlief in der Mansarde. Ich bekam gewöhnlich 3-5 Franken, manchmal nahm ich nichts und that es aus Liebe.

Von dem Erlös gab ich die Hälfte der Frau B. ab. Wein trank ich auch manchmal mit den Herren; er wurde im̄er auswärts geholt und ein Gewinn wurde dabei nicht erzielt.

Ich sah ein einziges mal, daß die Ramm der B. Geld, F. 5, abgab, die sie von einem Herrn bekom̄en hatte. Sie kam gewöhnlich erst am Abend, wenn ich das Eßen zubereiten mußte.

V Bu

Emma Spicher

In die Gewahrsame zurück

Vorladung der Frau B. auf Montag Morgen.

Meyer

14 Basel, 30. April 1900
Rapport von Detektiv Christen.

Bei der Haussuchung habe ich der Frau B. zurückgelassen ca. 20 Frs. & 23 Mark. In drei verschiedenen Portemonnaies befanden 30 Mark, 20 Frs. und 12½ Frs. Frau B. gab an, dieses Geld gehöre ihren Kindern, ich habe deßhalb auch dieses zurückgelassen.

Frau B. bewohnt mit ihren 2 Kindern nur ein Zimmer hinter dem Laden gegen dem Hof. Es hat daselbe vom Laden aus einen Eingang & gegen dem Hausgang innerhalb dem schon genannten Glasabschluß einen Ausgang.

In gen. Zimmer befinden sich 2 Betten, im Einten schliefen die Kinder.

In der Küche links neben der Wand befand sich ein großer Koffer, hinter dem Koffer ist die vergpste Wand mit einem Tuch (Vorhang) verhängt, jedenfalls wurde auf diesem Koffer Unzucht getrieben. Gegenüber dem Ladeneingang hat Frau B. ein Zimmer vermiethet, wie sie sagt, an einen Zollangestellten Karl Seiffert. Das Haus ist im Parterre durchgehend. Außerdem ist noch ein besonderer Durchgang zum Hof, in welchem sich eine Waschanstalt befindet. Frau B. bezahlt einen Mietzins von Frs. 1200. [16] Im ersten Stock des Hauses Klarastr № 39 wohnt Theater-Direktor Böhmle mit seiner Familie, diese waren bei unserm Einschreiten noch nicht zu Hause.

Ferner wohnt im Hause II. Stock nur noch eine ältere Dame mit ihrer Tochter. Wir waren somit sicher, daß diejenigen Personen welche während unsern Beobachtungen das Haus betraten, nur im Parterre verkehrten. Der Zimmerherr von Frau B. war in seinem Zimmer nicht anwesend. Das Zimmer der Emma Spicher habe ich durchsucht & dabei einige Briefe und Adreßkarten vorgefunden & zur Hand gebracht.

Dabei befindet sich ein Brief von ihrer Schwester Marie d. d. Basel, 13. XI. 99, laut welchem ihre Mutter dem Martin Vorhaltungen gemacht, er habe sie „Emma“ gebraucht, sie könne dafür Zeugen stellen. Laut einem zweiten Brief wohnt die Schreiberin des Briefes in № 147 Müllheimerstrasse. Auch ihre Mutter soll in Basel wohnen.

Die Emma Spicher war bevor sie zur Frau B. kam in einem Bordell in Bern, Inhaber „Block“ № 10 Zwiebelgässlein. Dieses Bordell ist laut Polzm. Steiner der in Bern Polizist war aufgehoben worden. Steiner war dabei selbst behilflich.

Die Spicher stand auch im Briefwechsel [17] mit einer Sophie Baumgartner von Basel, die auch schon am hiesigen Journal gestanden ist.

Emma Spicher wurde hier am 14. Aug. 1899 wegen Unzucht gethürmt und von Geschlechtskrankheit geheilt.

Ramm Amalie ist im Juli 1893 hier in Kuppelei-Untersuchung gestanden und damals auf 2 Jahre ausgeschafft worden.

Das Zimmer derselben Weißegasse 17 bei einer Frau Hug, Glätterin im ersten Stock habe ich durchsucht, dabei in einem Koffer Frs. 180 in Gold und Frs. 250 in Noten gefunden. Sämtl. Geld habe ich bezogen & liegt hier bei.

Ferner habe ich bezogen diverse Briefe und Papiere von Zürich, dabei ein Reise-Ausweis, ein Empfangsschein über abgegebenen Heimatschein & eine Bussenverfügung von Controlbureau Zürich. Frau Hug, Logisgeberin sagte mir, die Ramm sei seit 8 Tagen bei ihr im Zimmer gewesen, dieselbe sei ihr als eine unbescholtene Person von einer Frau Anna Schnorf die im Hotel Rütli in hier in Stelle gewesen, empfohlen worden. Die Schnorf wohne zur Zeit bei einer Frau Hauser-Berchtold zum Waldek № 1 Greifengasse.

Vergangene Woche sei die Ramm auch von Frau B. besucht worden. Weiter habe sie Niemand bei der Ramm gesehen.

F. Christen, Det.

15 [ein Couvert mit zwei Briefen]

Basel, den 13 Nov. 1899.

Meine Schwester!

Muß dich in Eile um etwas wichtiges bitten. Wir hatten nämlich wieder Streit gehabt. Im Zorne hielt die Mutter dem Martin vor, er habe dich gebraucht, sie kön̄e Zeugen stellen. Das Mädchen welches in Bern zum Fenster hinausgefallen ist behauptet, du habest es ihm gesagt. Jetzt sei so gut und schreibe mir sofort ob das wahr ist, damit ich es der Mutter beweisen kan̄.

Ein andermal mehr

Mit Gruß

Marie

Basel, den 27 Januar 1900.

Liebe Schwester!

Will dir nur in Eile mittheilen dass wir jetzt Müllheimerstraße № 147 wohnen I Stock. Wen̄ dich der Brief noch früh genug antrifft so kom̄e zu uns am Montag.

Alles andere Mündlich

grüßt dich underdessen
Deine Schwester Marie.

Also Müllheimerstraße № 147
Es ist noch unten an der Amerbachstraße unten an dem Consumladen.

ad CN 802. Basel, Montag 30. April 1900.

Es erscheint auf Vorladung und gibt a. B. an:

z. P.

Lina B. geb. F.

G unter mittel — von Büren, Amtsbz. Büren, Bern, in Waldkirch, Baden, geb. 17.
H dunkelbraun — August 1864, getrennt lebende Ehefrau des Coiffeurs Ernst B., Cigar-
160 A: graublau — rendetaillantin, niedergelaßen und an der Clarastraße 39 wohnhaft,
N. groß — weg. Verbreitung unzüchtiger Schriften be-straft (hat dagegen die Ap-
Gf blass — pellation ergriffen)
BK keine — Eltern: Martin, Caroline geb. B., } am Leben

z. S.

Ich habe das Cigarrengeschäft seit September 1899 und muß für den Laden und die Wohnung F. 1200 – Zins bezahlen.

Ich bestreite, mich gewerbsmäßig mit Herren abgegeben, bzw. mit solchen Unzucht getrieben zu haben. Ich weiß nichts davon daß ich von solchen Geld oder Geschenke bekommen haben soll. H. Stehlin ist der Vater des zweiten Kindes und er hat mir beim Einrichten des Geschäftes geholfen, deßhalb kommt er oft zu mir.

[19] Ich trank etwa mit Herren im Laden Wein oder Bier; es waren aber Geschäftsfreunde.

Die bei mir aufgegriffene Amalie ist mir vor etwa 10 Tagen durch eine Frau Schnorf vorgestellt worden. Seitdem hat sie mich öfters besucht und hat etwa in meinem Laden gearbeitet, sie ist auf der Durchreise nach Brüssel.

Ich weiß nicht, was der Herr wollte, der bei der Amalie war, als die Polizei einschritt, er war zuvor im Laden und unterhielt sich dann mit ihr unter der Küchenthüre.

Mit meinem Wissen hat die Amalie nie bei mir Herren empfangen; im Zim̄er des Miether hat sie nur einmal genäht & hat, soviel ich weiß, nie mit Männern in demselben sich abgegeben, auch in der Küche hat sie dieses nicht gethan.

Außer dieser Frauensperson hat keine bei mir eingekehrt.

Meine Magd hat einen Schatz, er ist glaublich Landjäger und dieser hat sie bisweilen am Abend abgeholt.

Ich habe die Magd nicht für Unzucht angehalten; daß hie und da ein Herr mit ihr in der Küche war, wußte ich wohl, aber es waren Bekannte von ihr, und daß sie mit denselben Unzucht trieb, war mir nicht [20] bewußt. Das Mädchen schuldete mir F 15 – für angeschaffte Kleider und diesen Betrag hat sie theilweise und nach und nach abbezahlt. Woher sie das Geld hatte, wußte ich nicht. Es ist mir nicht bekannt geworden, daß sie von den Herren Geld nahm und mir davon ablieferte. Die Angaben der Magd sind unwahr. Ich behaupte, daß ich weder gewerbsmäßig Unzucht noch Kuppelei getrieben habe. Ich habe zwei kleine Kinder zu Hause.

V Bu. Frau L B.

Strafenauszug verlangt.
Arrest auf die Schriften der B. unter S 5795

Die Spicher wird nochmals vorgeführt & bezügl. des von Hrn. Christen erwähnten den Akten beigelegten Briefes befragt. Sie gibt an, der im Brief angeführte Martin sei ihr Schwager Martin Keller Spicher, Müllheimerstrasse 147 und das Mädchen das in Bern zum Fenster hinausgefallen, sei eine Dirne namens Martha P., deren jetzige Adresse ihr nicht bekannt sei. Sie bestreitet, mit dem Martin je geschlechtlich verkehrt zu haben und gibt an es sei alles nur Verläumdung.

Meyer

21

Basel, 30. April 1900.

Die Akten gehen an die Tit. Staatsanwaltschaft hier.

Namens des Polizeidepartements
Der Vorsteher für Strafsachen.
Haegler

:/: Untersuchung gegen die B. nach §96 St. G. B.
Basel, 1. Mai 1900.

Der I. Staatsanwalt:

Herrn U. R. II.

Müller

Zelle N° 23
22

Effekten-Verzeichnis

in Sachen Amalie Ranna
Bei der Verhaftung wurde abgenommen:

Barschaft: 7 Frs. 44 cts., 4 Belgische 5 Centimstück,
1 Portemonnaie
1 goldene Uhr samt Kette.
1 großer Schlüßel und 7 kleine mit Ring

Es wurden sonst zur Hand gebracht:

Diverse Briefschaften, 1 Packetchen Cigarretten,
1 Reise-Ausweis
1 Empfangsschein für abgegebenen Heimatschein v. Zürich
1 Busssenverfügung
Frs. 250 in Banknoten
" 180 in Gold.

Zus. Frs. 430.

Die Richtigkeit obigen Verzeichnisses bezeugen:

Basel, *den* 28. April 1900

Amalie Ramm
Meier III Polm.

Zelle N° 10
23

Effekten-Verzeichnis

in Sachen Emma Spicher
Bei der Verhaftung wurde abgenommen:
Barschaft: 1 Frs. 15 cts., 3 Mark 15 Pfen̄ig.
Emma Spicher
1 Schlüßel

Es wurden sonst zur Hand gebracht:
Diverse Briefe & Adresskarten

Die Richtigkeit obigen Verzeichnisses bezeugen:
***Basel**, den* 28. April 1900
Emma Spicher
Meier III Polm.

23[a]

Gemäss Verfügung des Herrn Strafgerichtspräsidenten
Von der Strafgerichtskanzlei zurückerhalten
Frs. 185.–
und Frs. 20.–

Basel, den 15. Mai 1900.

Frau L. B.

Effekten-Verzeichnis

in Sachen Lina B.

Bei der Verhaftung wurde abgenommen:

Es wurden sonst zur Hand gebracht:

Barschaft: 250 Frs. 20 Mark.

¥ { 1 Schachtel mit Ansichtspostkarten
2 Schachteln mit diversen Briefen, Karten und Papieren.

¥ der B. zurückgegeben, da für die U. belanglos.

U. R. II

3.V.00.

Lüber

Die Richtigkeit obigen Verzeichnisses bezeugen:

Basel, *den* 28. April 1900

Meier III Polm.

25

Richterliche Voruntersuchung

gegen
Lina B.
von
Büren [a]/A
betreffend
Kuppelei.

Untersuchungsrichter: II.

Basel, 30. April 1900.
Die B. bleibt gegen Schriftenarrest auf freiem Fuße.

Aus der Haft werden vorgeführt u. g. n. G. z. U. n. H. a. e. B. a. Z. e. a.

1). Amalie Ramm von Kunnersdorf. Sachsen (wie vor Polizei)

z.S.

Ich bestätige die vor Polizei gemachten Angaben. Die B. lernte ich durch die Schnorf kennen. Es mag dies etwa vor 10 Tagen gewesen sein. Die [26] Schnorf hielt sich im Hotel Rütli auf. Das Zimmer hatte ich bei Frau Hug.

Nach längerem Läugnen: U. R. II. Lüber.

Bei Frau B. verkehrte ich etwa 5-6 mal. Aus Gefälligkeit ließ mich die B. zweimal mit Herren in das Parterrezimmer gehen, wo ich Unzucht trieb. Der B., die Kenntnis davon hatte, mußte ich nichts bezahlen. Daß ich ihr einmal 5 Frs. geben mußte, ist nicht richtig. Ich ließ blos wechseln.

Es ist richtig, daß ich früher schon als Zeugin in einer Kuppeleiuntersuchung stand und auf 2 Jahre ausgeschafft wurde.

V. B. u.
Amalie Ramm

2). Emma Spicher von Köniz, Kt. Bern (wie vor Polizei)

z.S.

Ich bestätige die vor Polizei gemachten Angaben voll und ganz u habe denselben nichts mehr beizufügen.

Wenn ich geschlechtlichen Verkehr hatte, gab ich der B. jeweilen [28] aus freien Stücken etwas von dem Erlös. Außer der Ramm und mir verkehrten keine Frauenspersonen zum Zwecke der Unzucht dort.

Frau B. schaffte mir einiges an im Betrage von cª 25 Frs. Ich war 8 Wochen bei der B. Die Schuld zog sie mir am Lohn ab. Ich hatte 15 Frs. im Monat, erhielt aber bis jetzt nichts, da ich Frau B. sagte, sie kön̄e das Geld für meine Schulden behalten. Was ich sonst brauchte, schaffte ich aus dem Gelde an, welches ich durcht Unzucht verdiente.

V. B. u.
Emma Spicher

Die Ramm und die Spicher werden der Haft entlaßen und dem Journal zur Verfügung gestellt.

Ladung der B. auf 3. Mai vormittags.

i.f.
Lüber

Gewahrsam

Polizeidepartement des Kantons Basel-Stadt

ad CNo. 112

27

vom ...28. April *19*00

Strafen- und Journal-Auszug

über Lina B.-F., zu Waldkirch, Baden, geb. 1864, verh., Cigarrendetaillantin, von Büren, Bern, getrennt lebende Ehefrau des Ernst B.

No.	*Datum*	*Strafbehörde*	*Verbrechen bezw. Übertretung*	*Strafe*	*Bemerkungen*
			Kommt nicht vor		
			Basel 30 April	1900	
			[Jöhl] Polm.		

29

Basel, 3. Mai 1900.

Vom Journal geht beil. Notiz ein.

Erscheint a. Vorl. u. g. a. A. e. a.

1). Fr. z. P.

Lina B. geb. F. von Büren, Kt. Bern (wie vor Polizei)
168 Ich wurde in Waldkirch geboren u wurde dort bis zum 18. Jahr auferzogen. Meine Eltern siedelten dann nach Basel über.
Der Vater ist Metzgermeister. Ich habe 6 Geschwister.

2). Fr. betref. Vorstrafen:

wegen Verbreitung unzüchtiger Schriften mit 50 Frs. gebüßt.

3). Fr. z. S.

Ich bestätige die vor Polizei gemachten Angaben. Ich bestreite der Unzucht Vorschub geleistet zu haben. [31] Wenn die Spicher sich mit Herren abgab, geschah dies nicht mit meinem Wißen und Willen. Die Ramm ließ ich blos einmal mit einem Herrn in das Zimmer des Miethers. Sie hatte ein Verhältnis mit ihm. Was sie im Zimmer trieben, wußte ich nicht. Ich habe ein Verhältnis mit einem Herrn, verkehre aber nicht mit andern. Ich bescheinige die Schachtel mit Ansichtskarten u die 2 Schachteln mit Briefen zurück erhalten zu haben.

V. B. u.
Frau L. B.

Von den Ansichtskarten werden nur einige u. ein Bild obscönen [32] Inhalts zurückbehalten u. beigelegt.

Leumundszeugnis über die B. verlangt. Porto 25 ct.

://: geht an Ueberweisungsbehörde

i.f.
Lüber U. R. II.

30

Basel, 2. Mai 1900.

Heute wurde die Ramm am Journal wegen Unzucht mit 2 Tagen Türmung bestraft und zur Abreise entlassen.

Der Spicher wurde die ausgestandene Haft als Strafe nach § 54 angerechnet und Heimtransport verfügt.

Der Journalführer
J. V.
Lüdin

33 [Couvert mit Postkarten & 1 Bild]

34

Beschluss der Ueberweisungsbehörde
des
Kantons Basel-Stadt

vom 3. Mai 1900.

Lina B. geb. F.

Von Büren [a]/a., Kanton Bern, 36 Jahre alt, verheiratet, Cigarrendetaillantin, niedergelassen (Klarastrasse 39)

wird dem Tit. Strafgericht zur Beurteilung überwiesen

unter der Anklage der Kuppelei nach § 96 St. G. B.

Die Angeklagte bleibt auf freiem Fuss. –

Beilage: 250 Frs. u. 20 Mark. –

Der I. Staatsanwalt
Müller

35

Anklageschrift

gegen

Lina B. geb. F.

von

170 Büren a/a.

infolge Beschlusses der Überweisungsbehörde vom 3. Mai 1900.

Die Angeklagte betreibt Klarastrasse 39 ein Cigarrengeschäft. –
Sie gab dort Dirnen Gelegenheit, Unzucht zu treiben und zog Gewinnst daraus. –
Lina B. wird demgemäss der Kuppelei nach § 96 St. G. B. angeklagt. –
Basel, den 3. Mai 1900

Der I. Staatsanwalt:
Müller

Erh den 4 Mai 1900 36

Verzeichnis

der in Sachen Lina B.-F.
betreffend Kuppelei
vorzuladenden Zeugen und Sachverständigen:
keine

Verlesen aus den Acten
B. den 5 Mai 1900

STRAFGERICHT BASEL-STADT
Erste Abteilung
Der Praesident:
Schär

37

Infolge der Mitteilung des umstehenden Verzeichnisses wurde die Vorladung folgender weiterer Zeugen und Sachverständigen begehrt:

1) von Seite des Staatsanwalts:

2) von Seite d er *Angeklagten:*

keine

Zur Beglaubigung
Der Strafgerichtsschreiber:
Girard

Basel, den 9 Mai *1900*

38

Basel, den 9 Mai *1900 im* Gerichtshaus

Infolge des Beschlusses der Überweisungsbehörde vom 3 Mai *1900*

welcher Lina B.-F. ....

wegen Kuppelei ....

dem Strafgericht zur Beurteilung überweis, wird d*ie selbe vorberufen und* i*hr vom Inhalt des Überweisungsbeschlusses und der Anklageschrift, sowie von dem ihr zustehenden Verteidigungsrecht Kenntnis gegeben worauf* d*ie selbe unterschriftlich erklärt:*

Ich verteidige mich selbst
Frau L. B.

Zur Beglaubigung:
Der Strafgerichtsschreiber:
Girard

Mittwoch 9. Mai
8½

39

Zu den Acten zurück.

Basel, den 3. Mai 1900.
E W 200
6905.

Der Untersuchungsrichter II.

des Kantons Basel-Stadt

an

172

Tit. Großh. Bad. Amtsgericht

Waldkirch.

Zur Untersuchungssache gegen Lina B.-F.

beschuldigt der Kuppelei

ersuche ich ergebenst über deren Person in den nachstehend angegebenen Richtungen mir baldgefälligst Auskunkft zu ertheilen.

Der Untersuchungsrichter: II.
Dr. W. Lüber

<table>
<tr><td colspan="2">Name</td><td>B.-F.</td></tr>
<tr><td colspan="2">Vorname</td><td>~~Lina~~ Sophia Karolina</td></tr>
<tr><td colspan="2">Alter
Tag und Ort der Geburt</td><td>geb. 17. Aug. 1864 in Waldkirch
Hornberg (eingetragen im Geburtsregister von Waldkrich)</td></tr>
<tr><td rowspan="2">Name
und
Vorname</td><td>des Vaters</td><td>Martin F.</td></tr>
<tr><td>der Mutter</td><td>Caroline geb. B.</td></tr>
<tr><td colspan="2">Ledig, verheirathet oder verwittwet</td><td>verh.</td></tr>
<tr><td colspan="2">Zahl d. Kinder</td><td>---</td></tr>
</table>

40

Ist ~~der~~ (die) Beschuldigte schon bestraft?

(Hier sind die Daten der einzelnen Bestrafungen, die Gerichte, welche die Strafe ausgesprochen haben, und die Höhe der Strafen anzugeben.)

Rubrikatin ist [ausweislich] des Strafregisters noch nicht verurteilt.
der Registerbeamte
[Unterschrift unleserlich]

6905 Waldkirch 4 Mai 1900

<u>Beschluß</u>

An Titl. H Untersuchungsrichter in Basel
ergebenst zurück unter Bezug auf vorst. Beurkundung
gehorsamst
W. [unleserlich]

Allgemeine Auskunft über seitheriges Betragen, Ruf und Vermögen.

Cigares & Tabacs
FRAU L. B.
⇐ *BASEL* ⇒
39 Clarastrasse 39

[40a]

Basel, den 11. V. 1900

Herrn Dr. Lieber [sic],
Untersuchungsrichter II
Basel!

Sehr geehrter Herr!

Entschuldigen Sie mich gütigst, daß ich mir erlaube folgende Zeilen an Sie zu richten. Es ist mir sehr daran gelegen, daß meine „traurige Angelegenheit" in dorten recht bald erledigt werden möge; da eine größere Summe Geld von mir bei Ihnen oben liegt, bin ich geschäftlich, finanziel sehr gehindert; es ist keine Kleinigkeit für mich solches entbehren zu müßen. Bis jetzt war ich gewohnt prompt u. pünktlich zu zahlen u. habe ich auch dadurch mein Geschäft, welches ich in ganz heruntergekom̄enen Zustande übernahm, wieder auf eine ansehnliche Höhe gebracht. Sie werden begreifen, daß es für mich höchst unangenehm wäre, folgende Fakturen im Betrage von circa Fr. 350, welche nächster Tage fällig werden, nicht [40a/2] einlösen zu kön̄en; mit den Einnahmen von letzter Zeit habe ich auch Fakturen von 200 Fr an Herrn Weitnauer dahier bezahlt, sowie verschiedene Kleinigkeiten. Sehr geehrter Herr Doktor! Ich bitte Sie hiermit sehr höfl., wen̄ es in ihrer Macht steht, mir so bald wie möglich besagtes auszuhändigen; sollten Sie für nöthig finden, über mich eine Strafe zu verhängen, so würde ich gewiß auch andernfalls mich derselben nicht entziehen wollen u. kön̄en. Beiläufig versichere ich Sie noch einmal, daß ich nur durch elende Verläumdung, unschuldig in diesen Schlam̄ gezogen wurde – ich vernehme täglich mehr wie dieses elende Mädchen hinter meinem Rücken es getrieben hat. Ich versichere Sie auf Ehre u. Wahrheit, daß ich die Vergangenheit dieser Person nicht im geringsten kan̄te, sonst würde ich Sie nicht zu mir in Dienste genommen haben.

Fast fange ich an, an Gott u. der Gerechtigkeit zu zweifeln, daß eine alleinstehende Frau – die so schon harte Schicksahlsschläge erlitten – die sich alle Mühe gibt ihre Kinder anständig u. ehrlich durchzubringen – der Aussagen eines so gemeinen u. verkom̄enen Mädchen willen, bestraft werden soll. Ich habe schon vieles u. schweres durchgemacht aber solches noch nicht.

Mit vorzüglicher Hochachtung
Frau L. B.

Vide fol. 23 a

Kanton Basel-Stadt
Urteil des Strafgerichts
vom 19. Mai 1900
in Sachen

Lina B.-F. von Büren (Bern), 36 Jahre alt, verheiratet, Cigarrendetaillantin, niedergelassen, (Klarastrasse 39)

durch Beschluss der Ueberweisungsbehörde vom 3. Mai 1900 der Kuppelei angeklagt.

Erwägungen:

Die Angeklagte wohnt, von ihrem Ehemann getrennt, im Parterre Klarastrasse 39 und betreibt daselbst ein Cigarrengeschäft.

In der Wohnung gab sie Dirnen Unterkunft und Gelegenheit, Herrenbesuche zu empfangen und Unzucht zu treiben; sie zog auch Gewinnst daraus.

Die Angeklagte ist einmal wegen Verkaufs unzüchtiger Bilder mit Geldbusse bestraft.

Das Gericht hat demnach erkannt:

:/: Lina B. wird der Kuppelei schuldig erklärt und gemäss § 96 des Strafgesetzes zu 1 Woche Gefängniss, sowie zu den Kosten des Verfahrens mit einschluss einer Urteilsgebühr von Frs. 5.– verurteilt.

Im Namen des Strafgerichts
Der Praesident der I. Abteilung
Schär

II instanzlich bestätigt
der 11. Juni 1900.
KANZLEI DES APPELLATIONSGERICHTS
Siegfried

Der Gerichtsschreiber:
Girard

42

Tit. Strafgerichtskanzlei

Dahier

Die Unterzeichnete beehrt sich anmit gegen das Urtheil des Strafgerichtes Basel-Stadt d.d. 19 Mai die Appellation zu
176 ergreifen.

Zu Ihrem Vertreter hat sie Herrn Dr Elias Burckhardt erwählt.

Basel 21 Mai 1900.

Frau L. B.

43

Auszug aus dem Protokoll des Strafgerichts des Kantons Basel-Stadt

vom 19. Mai *1900.*

In Sachen

Lina B.

Wird die Angeklagt vorberufen & über ihre persönlichen Verhältnisse befragt. Sie antwortet:

Ich heisse Lina B.-F., bin von Büren (Ct. Bern) 36 Jahre alt, verheiratet, Cigarrendetaillantin, niedergelassen, wohne Klarastrasse 39.

Die Verhandlung findet bei geschlossenen Thüren statt.

Der Gerichtsschreiber verliest den Ueberweisungsbeschluss & die Anklageschrift.

Die Angeklagte wird hierauf verhört. Sie gibt an:

Ich bin vor einigen Wochen zu F 50.– busse, wegen strafbarer Unsichttlichkeit (Verkauf unzüchtiger Bilder) verurteilt worden. Ich lebe von meinem Mann, von dem ich schon einmal geschieden war, neuerdings getrennt & sorge für meine 2 Kinder – ein 10- & ein 2½-jähriges [sic]. Ich habe einen Cigarrenladen übernommen, bestreite jedoch, mich der Kuppelei schuldig gemacht zu haben. Wenn ich im Laden war, wusste ich nicht, was die Mädchen in der Küche trieben; dass Herren hie & da bis zu einer Stunde im Laden bleiben und plaudern, kommt vor. Die Ramm besuchte mich; einmal plauderte sie lange mit einem Herrn im Laden, ich sagte, sie sollten doch ins Zimmer gehen; ich dachte aber nicht an etwas Anderes.

Zur Emma Spicher kam nur ihr Schatz – aber meist in meiner Abwesenheit. Geld habe ich keines verdient durch Kuppelei.

Verlesen werden die Polizeirapporte & die Einvernahmen Ramm & Spicher, da beide Frauenspersonen ausgeschafft wurden.

Die Verhandlung wird geschlossen erklärt.

Der Staatsanwalt beantragt wegen Kuppelei 1 Woche Gefängnis.

Nach der Berathung des Gerichtes wird das Urteil eröffnet & der Beurteilten das Rekursrecht angezeigt.

Der Protokollführer:
Girard

44

Kostenrechnung in der Untersuchungssache

gegen Lina B.

<u>*C. No.* 802</u>

Auslagen des Polizeidepartements

1900			*Fr.*	*Cts.*
Mai	3	Porto Waldkirch <u>U. R II:</u>		25
		28. Mai 1900	Beerli	

Urteilsvollstreckung.

In Folge Urteils löbl. Appellationsgerichts
vom 11. Juni 1900
ha t *unter heutigem Tage*

Lina B.-F., von Büren, Bern, geb. 1864, Cigarrendetaillantin, wegen Kuppelei eine einwöchentliche Gefängnisstrafe angetreten.

Actum *Basel, den* 20. Juli 1900.

Für das Polizeidepartement,
Der Secretär:
I. V.
G Haller

Aktendossier der strafrechtlichen Untersuchung gegen Lina B. betreffend Kuppelei
StABS, Gerichtsarchiv KK 2. Strafgerichtsrekursakten Bd 31, 1900, Nr. 21

Die Philosophie des
persönlichen Einflusses

Eine wissenschaftliche Abhandlung
über die Anwendung und
Möglichkeiten von

Persönlichem Magnetismus
Hypnotismus
Mesmerismus
Suggestiver Heilkunde
Magnetischer Heilung
und verwandten Erscheinungen.

Zusammen mit einem
Kapitel über:
"Wie die Macht erlangt wird."
Illustriert mit thatsächlichen hypnotischen Scenen.

[…]

[*65*]

Was unser Kursus Sie lehrt.

[…]

2. *Wir lehren Sie, wie Sie durch Suggestionen hypnotisieren* [von B. unterstrichen] *können, und geben Ihnen die besten Formeln der Welt dazu.* + oder Hypnosen

[…]

[71]

13. Wir lehren sie, wie man eine Person in ihrem natürlichen Schlaf hypnotisiren kann, sodaß sie am nächsten Morgen aufwacht, ohne zu wissen, daß sie hypnotisiert worden war. Sie wird nicht wissen, welche Befehle Sie ihr gegeben haben, und doch wird sie diese Befehle ausführen, weil sie dieselben für ihre eigenen Ideen hält. Wie bei mir B. mich zum sonstigen Trinken anhaltend, daß er gehen und laufen muß.

Wie man Schlafende hypnotisirt.

[…]

[72]

[…]

In die Ferne.
✗

24. Wir erklären das neueste Verfahren, wie man auf eine Entfernung von 1000 Meilen hypnotisiren, oder die Versuchsperson auf dieselbe Entfernung aufwecken kann. + wie es mir B. immer ergangen

[…]

Hellesehen und Gedankenlesen.
✗

26. Wir erklären die neuesten und besten Methoden, die angewandt werden zum Hellsehen oder das Sehen in die Ferne, Gedanken-Uebertragung, Gedankenlesen usw. Wir geben die beste bekannte Unterweisung, um Leute in hypnotischen Zustand zu versetzen, sodaß sie sagen können, wo sich verlorene oder verborgene Dinge befinden, oder daß sie Morde und Diebstähle ausfindig machen können. Wir sagen Ihnen auch, wie Sie sich selbst in diesen Zustand versetzen können. Manche Personen berechnen 200 Mark für diese Methode allein. an B. ergeht + betreff. d. Rezepte!

[…]

Speziell für Damen.

Wir können nicht in Worten die großen Wohlthaten und Möglichkeiten dieser eigenartigen Kraft beschreiben. Wenn nur alle Damen diesen Gegenstand verständen, dann würden häusliche Zwiste, Prüfungen und alle Unannehmlichkeiten des Lebens beseitigt sein und unsere Ehescheidungs-Gerichte könnten ewigen Frieden haben. Manche Damen, die nicht magnetisch sind, verheirathen sich, und nachdem ihre Gatten einige Monate mit ihnen gelebt haben, ist …

[74] Das ist mit Bestim̄heit zu versichern, daß meine gw. Frau auch hypnotisiert wurde.

Wie man die Achtung und Zuneigung anderer erwirbt.

Wie es bei mir & meiner Frau noch ärger ergangen ist. Ich machte da bittere Erfahrungen – – – – – – –

… die Liebe verschwunden und ein ehemals glückliches Heim ist zerstört. Der Gatte hört bald auf, seiner Gattin Aufmerksamkeit zu schenken und ein unglückliches Eheleben, oder eine Ehescheidung, ist das unvermeidliche Resultat. Die Achtung und Zuneigung anderer zu gewinnen und zu erhalten, ist eine Kunst, eine Wissenschaft, die Sie erlernen und anwenden können, und zwar mit einem solchen Erfolg, daß sie selbst überrascht sein werden. Dies ist das Geheimniß jenes befremdlichen und unerklärlichen Einflusses, den manche Personen über andere ausüben. Diese Unterweisung wird Ihnen viele der verborgenen Geheimnisse des Lebens enthüllen. Sie werden Leute sehen und verstehen, wie Sie dieselben nie zuvor verstanden haben. Das menschliche Gemüth ist wie eine Harfe mit tausend Saiten, gänzlich widerstrebend für Diskorde, aber außerordentlich gefügig, wenn eine kunstgeübte Hand die zarten Saiten des Lebens harmonisch berührt. Oh Ihr Herren Richter, wer es nicht mitgemacht kann es nicht begreifen – – – –

[…]

Veranlaßt Checks und Schuldscheine zu unterzeichnen.

35. Wir erklären, wie Leute veranlaßt worden sind, Schuldscheine, Checks, Hypotheken usw. zu unterzeichnen, sodaß Sie gründlich verstehen mögen, wie dies geschieht, und wie dies ein mächtiges Hülfsmittel ist, um solchen Handlungen seitens gewissenloser Personen vorzubeugen. X

†

Veranlaßt Testamente zu machen.

36. Wir erklären Ihnen, wie Leute veranlaßt werden, Testamente zu Gunsten gewisser Personen zu unterzeichnen. Hunderte von Testamenten sind gemacht worden, entgegen den wirklichen Wünschen des Testators, nachdem der subtile Einfluß des Hypnotismus insgeheim seine wundervolle Rolle gespielt hatte. Gleichwohl sollte niemand Hypnotismus lernen, zu dem Zwecke, um Leute hinsichtlich der Methode der Verfügung über ihr Vermögen zu beeinflussen.

[…]

[75]

[…]

41. Wir erklären die Methoden, welche von den berühmtesten Aerzten der Welt bei der Behandlung ihrer Patienten mit Hypnotismus angewandt werden. *Methoden die von Aerzten angewandt werden.*

42. Wir erklären genau, welchen Einfluß Hypnotismus auf das Gemüth der Versuchsperson hat.

43. Wir zeigen Ihnen, wie der Puls der Versuchsperson beschleunigt oder verlangsamt wird.

✗ *44. Wir erklären, wie die Herzthätigkeit beschleunigt oder verzögert werden kann.* auch bei mir, B. hat daran zu leiden gehabt um Herzschlag und Hirnschlag zu fördern. –

[...]

Die Philosophie des persönlichen Einflusses. Eine wissenschaftliche Abhandlung über die Anwendung und Möglichkeiten von Persönlichem Magnetismus, Hypnotismus, Mesmerismus, Suggestiver Heilkunde, Magnetischer Heilung und verwandten Erscheinungen. Zusammen mit einem Kapitel über: «Wie die Macht erlangt wird.» Illustriert mit thatsächlichen hypnotischen Scenen, Rochester (New York Institute of Science) o.J.
StABS, Sanität T 13.1. Einzelne Geisteskranke, 1894–1912. Faksimile der Seiten 72f. auf S. 43

1. Broschüre für zum lesen. und dann. legen sie z. den Akten..

Affoltern a/Albis. d. 27 November 1903.

Adr. Ernst B. Coiffeur
in Affoltern a/Albis
Ct Zürich

Mein Lieber!

Uebersende dir hier ein umfassender Geständniß, in einem Beschwerde-Schreiben, daß in Basel 1893 bis jetzt in meinem Busen, seither ohne sonst jemanden anvertraut habe, dir zum durchgehen dieses Acktenstück, das denn du mir an die dortigen Behörde nach durchlesen, wenn möglich aller Polizeimanner anvertraut hast zur Aburtheilung des Strafgerichts – Basel-Stadt – übergeben kannst, bitte vorher mir noch den Eindruck das auf verschieden, Personen/einwirkte. mit ein paar Worten oder Zeilen zu benachrichtigen. Es wäre mir noch recht, wenn es nach Neujahr dort deponiert wird., Sollten Sie es nicht an nehmen, so wende ich mich halt nach Bern. Ich vertraue es dir an, aber du mußt es vieleicht 2 mal durchlesen. bis alles richtig verstehst.

Was sonst mich anbetrifft, bin ich jetzt gesund & wohl und seit dem ich dies Schreiben vorläufig dem Papier anvertraut habe so herzlich wohl zufrieden mit mir & ist mir leichter um's Herz. Das war eine harte Nuss für mich, stehts Schweigen darüber zu beobachten ect. –. Ich arbeite gegenwärtig als Gehülfe hier mit wenig Verdienst. bin immer ein wenig auf dem Hund. –. –. Alles Andre wie es mir ergangen ist kannst im Acktenstück lesen & erfahren. –! Bitte baldiger Antwort wenn es dir keine Mühe macht, & laß mir meine alte Bekannten so wie deine liebe Familie herzlichst grüßen. ect –

Mit freundlich m Gruß an dich dein Lieber,
Ernst B. Coiffeur

Begleitbrief zu «Meine Erlebnisse» von Ernst B., adressiert an: Herrn Hans Leupin Wirth / Küchegässlein / No 13 / in / Basel.. / Chargée Versender E. B. Coiffeur. Affoltern am Albis 27.11. 1903
StABS, Sanität T 13.1. Einzelne Geisteskranke, 1894–1912

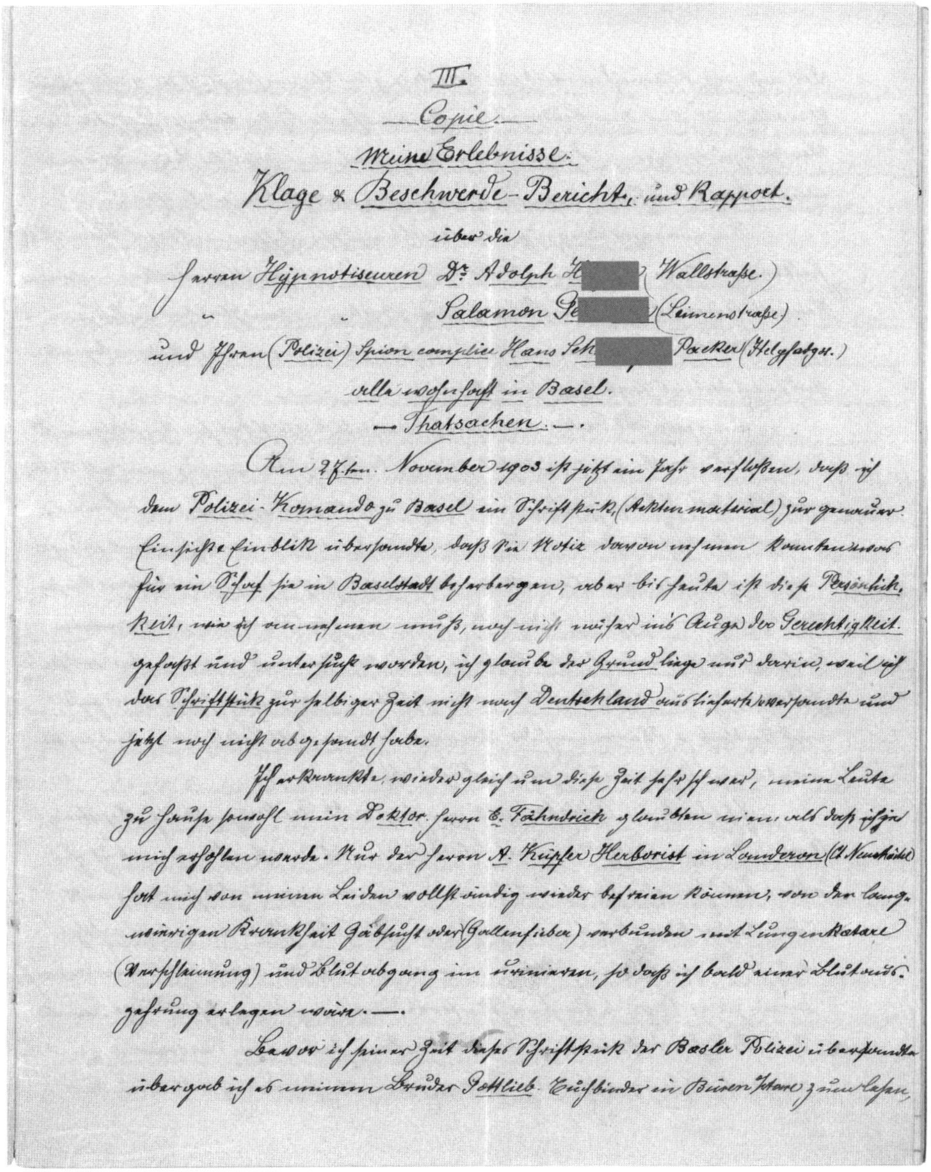

III.

Copie.

Meine Erlebnisse.

Klage & Beschwerde-Bericht,: und Rapport.

über die

Herren Hypnotiseuren Dr. Adolph H[redacted] (Wallstraße.)

" " Salamon Ge[redacted] (Leimenstraße)

und Ihren (Polizei) Spion complice Hans Sch[redacted] Packer (Itelpfadgss.)

alle wohnhaft in Basel.

– Thatsachen. –.

Am 27.ten November 1903 ist jetzt ein Jahr verflossen, daß ich dem Polizei-Komando zu Basel ein Schriftstück (Aktenmaterial) zur genauer Einsicht & Einblick übersandte, [illegible]

Ernst B.: III. Copie. Meine Erlebnisse: Klage & Beschwerde-Bericht,: und Rapport. über die Herren Hypnotiseuren Dr. Adolph H. (Wallstraße.) Salamon G. (Leimenstraße). und Ihren (Polizei) Spion complice Hans Sch. Packer (Itelpfadgss.) alle wohnhaft in Basel. – Thatsachen. –, 1–5.
StABS, Sanität T 13.1. Einzelne Geisteskranke, 1894–1912. Transkription auf S. 190–208

der nicht grosser darauf erwiedern konnte, & glaubte anfangs ich sei geistes gestört. Ich wollte mit und dem Bruder zu beweisen & auf alle Fälle bedacht mich von dem Verdacht zu reinigen, ich sei nicht geistes gestört, ein ärztliches Zeugniss von einem Arzt einer Irrenanstalt untersuchend & ausstellen zu lassen.

Bei meinem Wegzug von Basel, musste ich schon in Basel Krankheits-halber gezwungen meinen Beruf aufgeben, und so genöthigt worden, nach meiner Heimath Büren zu meinem Bruder Gottlieb zu gehen, in dem Glauben im Herzen mein Stündlein sei gekommen, um mich in Büren, wo unsere Eltern begraben sind, mich dort ins Grab legen zu lassen.

Ein Herr Dr. Gretter aus Basel war als Aushülfs Arzt für den jetzigen Dr. Herrn E. Fähnderich, der um dieselbe Zeit im Truppenzusammenzug war als Stell-vertretter dort. Ich liess ihn zu mir rufen, zur Untersuchungen meines Leiden, Herr Dr. Gretter konstadierte Haut wassersucht, verbunden mit Herzerweiterung & Lungen affektion, seine Consultationen & Mittel halfen mir wieder von diesen Übeln, an denen ich schon zu dieser Zeit niemals glaubte, davon zu kommen. Auf diese Weise lernte ich diesen lb. Herrn Dr. Gretter kennen & gewann das vollste Zutrauen zu ihm, & da der Hl. Dr. mir noch selber durch Gespräch sagte, er gehe nach Verbleib i. Büren nach der Rosenau Irrenanstalt Solothurn, um sich in weiterem Studium, in seinem Fache obzuliegen.

Ich schrieb im Oktober 1903. an Herrn Dr. Gretter persönlich. Assistenz Arzt d. Irrenanstalt Rosenau Solothurn, mit der Anfrage, ob ich ihn allein besuchen oder sprechen könne um mir ein ärztliches Zeugniss über Geistes Krankheit erlangen könne. Eine briefliche Antwort erfolgte v. d. Hl. Dr., er komme selbst bei mir in Büren vorbei & kam darauf in ein paar Tagen. Unsere Unterredung war eine sehr kurze, mit dem Bericht, dass er nicht die Competenz habe, an Personen, ein persönliches Zeugniss auszustellen, da alle Irrenanstalten unter kantonale Controlle gestellt sind & Zeugnisse nur von Professoren oder deren Direktorium der Anstalten an diejenigen Angehörigen ausgestellt werden, welche Patienten v. den Behörden oder an denen die Solche in Instituten unterbringen, diejenigen berechtigt sind, Solche zu verlangen. Den Rath den H. Dr. mir gab, war dass ich mich an den Herrn Dr. Fähndrich Privat Arzt verwenden solle.

Da ich in Büren nach der Krankheiten & deren Genesungen im Jahre 1901 erholt habe, und im folgenden Jahre 1902, 18ten Januar, wieder ein kleines Coiffeur Geschäft im Hause meiner Bruder eröffnet habe, (und Herz Krankheiten & Hautwassersucht total verschwunden war) war auch Herrn Dr. Fähndrich einen sehr charmanten Kunden zu mir, & zugleich der Hausarzt meines Bruders war, zog ich dann, nach der Unterredung mit d. Dr. Gretter, den Herrn Dr. Fähndrich ins Vertrauen. Mein Bruder selbst liess ihn zur selbigen Zeit, der Gottlieb vorgab er sei unpässlich den Herrn Fähndrich holen & beim Besuch des Doktors, liess er mich rufen, auf Wunsch von Dr. mit dem Bemerken, dass Herr Dr. Gretter, sich schon über mein Verlangen betreff Ihrem ärztlichen Zeugniss, das ich dann zu den Akten beilegen wollte, um den Herren Untersuchungsrichter Deutschland & Andermann zu beweisen dass sie eben nicht mit einem Geister gestörten zu thun haben, berichterstattet habe. Das Schriftstück verlangte Dr. Fähndrich zum durchlesen & durchsehen, welches Dr. für längere Zeit behielt, bis ich es wieder bekam, nur mit dem Bemerken dass ich absolut nicht geistergestört bin u. sei, sondern musste selbst zugeben, dass heut zu Tage, was was unmöglich scheint, der jetzigen Zeit Geistes Alles der Möglichkeit sei. Es war um die Zeit wo ich dem Herrn Dr. Fähndrich davon vertraute im Oktober 1902. Vor dem Einsenden des Schriftstückes an d. Basler Polizei Komando, wie auf der ersten Seite hier schon betonte, und erwähnt habe, wurde ich eben vom Herrn A. Küpfer Herbornist & von Dr. E. Fähndrich, ein sehr junger Arzt. in den erwähnten Krankheiten behandelt.

Wf?

Während dieser Krankheiten, wurde ich fortwährend von Salomon

S[redacted]

4/
2

und von Dr. H[redacted] gequält, gemartert & gepeinigt, & frohlockend, beglück-
wünschend & sprachen sich gegenseitig: "Jetzt verreckt der arme Chaib"; von einem
Millionär ab- geschlagen, höhnend, ätzend & machten sich noch in einem fort
derart, & mit dem bemerken & wohl wissend, was ich dort seiner Zeit im
Schriftstük niedergeschrieben habe ("Mit dem Motto": die Sonne bringt es an
den Tag". Es kann doch nicht nur & nie an die Öffentlichkeit & nie vor
ein Strafgericht. Auf die Geschimpfel & Foppereien hin, hoffte ich endlich am
27 November 1902, den Entschluss der Basler Behörde davon in Kenntniss
zu setzen, dass es eine Gerechtigkeit da ist, solches doch nicht ins Wasser
fallen gelassen werde, & der Arm der Justiz, dennoch, ob nach meinem
Tode, sie doch noch erreichen werde. — etc. — und so gieng es in einem fort!!
Nur der Krankheit, & den Gerichtsferien wegen, unterließ ich mit dem
Versenden des Akten nach Deutschland, & somit war ich gezwungen an mein
Vorhaben, für eine gewisse Zeit zu unterlassen.

Herrn Dr. E. Fahndrick, der sich sehr um mein Wohl & Gesund-
heit bemühte, den Wunsch aussprach ich solle mein Beruf für einige Zeit
zu quittieren, um für ein paar Wochen in die Ferien nach Münsingen
in die Anstalt gehen, um mich gänzlich zu erholen, & können ich mir zu gleicher
Zeit, dann ein Irrenärztliches Zeugniss ausstellen lassen, was dann nach
Uebereinkunft meines Bruders & Doktor Fürbitte zur Aufnahme in der
Pension-Abtheilung I. in Münsingen & mit Rücksprache des Herrn Direktor
Dr. Glaser gelang & bewilligt wurde.

Am 12ten Merz 1903. gieng ich in Begleitung meines Bruders nach
Münsingen in die Irrenanstalt. Die Untersuchungen von Herrn Irrenärzte
wegen geistes gestörtem Zustande verliefen total Resultatlos, und
mußten konstatieren, dass ich bei guter Vernunft & Verstand sei. & da
ich in meiner Jugend mich der Buchbinderei widmete, so durfte ich noch

einigen Tagen Pause in der dortigen Anstalt ihre Buchbinderei die sie auch dort eingerichtet haben, während meinem Aufenthalt besorgen & darinen ganz selbständig arbeiten, & es mir zur Pflicht machen auch da wieder zeigen & beweisen & befließen, so daß die dortigen Herren Aerzte sagen mußten; "Bollin ist es nur niemals – Geistergestört –, sondern am Körper u. den schweren Krankheiten an die er gelitten habe, sehr sehr müde;"! Mein Verhalten & Betragen & ihre Behandlungen waren in jeder Hinsicht & Beziehungen tadellos." – (Fragt nach im Falle Ihr mir es nicht glauben wollen?, betone das nur, wegen gewisser Vorurtheile halber. – Es ist mir ja nur darum zu thun, Wahrheiten & Tatsachen zu eröffnen um Ihnen über diese Hypnotiseuren die Augen zu öffnen. –)

Am 12ten Juni wurde ich auf mein Verlangen hin, aus der Irren-Anstalt Münsingen, in der ich volle 3 Monate als Buchbinder gearbeitet habe, vollständig gesund entlassen worden. Während dem dortigen Aufenthalt, wurde ich von Dr. [redacted] Salamon [redacted] Hypnosen von zerfahrende Beeinflussungen & einblasen von Giftstoffen verschont, über das im späteren Verlauf dieses Schreibens Berichten & Aufklärungen bringen werde.

Meine Existenz in Büren war als Meister vollständig ruiniert. Ich reiste von Münsingen direkt zu meiner Schwester & Schwager Widmer nach Biel, und ordnete noch alles im Heimathsort Büren a/A., & dann gieng es wieder frischen Muthes trotz vorgerücktem Alter in die Fremde, als Coiffeur Gehülfe, von Biel direkt nach Arosa allwo mir noch eine Saison-Stelle offeriert wurde, am 1. Juli eintreten mußte. Mein Aufenthalt war von kurzer Dauer, aber dennoch wichen mich & folgten die Hypnosen d. [redacted] Dr. H[redacted] & Sch[redacted] während der Bahnfahrt schon ein, wo ich mich schon zum voraus freute von meinen Peiniger befreit zu sein; aber, "ach ja!" war vergebene Freude." Wegen Alters halber mußte ich am 9ten Juni diese Stelle schon wieder quittieren, reiste von Arosa, begleitet von den Hypnosen direkt

III.
– Copie. –
Meine Erlebnisse:
Klage & Beschwerde-Bericht,: und Rapport.
über die
Herren Hypnotiseuren Dr. Adolph H. (Wallstraße.)
" " Salamon G. (Leimenstraße).
und Ihren (Polizei) Spion complice Hans Sch. Packer (Itelpfadgss.)
alle wohnhaft in Basel.
– Thatsachen. –.

Am 27.ten. November 1903 ist jetzt ein Jahr verfloßen, daß ich dem Polizei-Komando zu Basel ein Schriftstük, (Acktenmaterial) zur genauer Einsicht & Einblik übersandte, daß Sie Notiz davon nehmen konnten was für ein Schaf sie in Baselstadt beherbergen, aber bis heute ist diese Persönlichkeit, wie ich annehmen muß, noch nicht näher in's Auge der Gerechtigkeit gefaßt und untersucht worden, ich glaube der Grund liege nur darin, weil ich das Schriftstük zur selbiger Zeit nicht nach Deutschland auslieferte & versandte und jetzt noch nicht abgesandt habe.

Ich erkrankte wieder gleich um diese Zeit sehr schwer, meine Leute zu Hause sowohl mein Doktor. Herrn E. Fähndrich glaubten niemals daß ich je mich erhohlen werde. Nur der Herrn A. Küpfer Herborist in Landeron (Ct Neuchâtel) hat mich von meinen Leiden vollständig wieder befreien können, von der langwierigen Krankheit Gälbsucht oder (Gallenfieber) verbunden mit Lungenkatare (Verschleimung) und Blutabgang im urinieren, so daß ich bald einer Blutauszehrung erlegen wäre. –.

Bevor ich seiner Zeit dieses Schriftstük der Basler Polizei übersandte übergab ich es meinem Bruder Gottlieb. Buchbinder in Büren a/Aare zum lesen, [2] der nicht großes darauf erwiedern konnte, & glaubte anfangs ich sei geistesgestört. Ich wollte mir um dem Bruder zu beweisen & auf alle Fälle bedacht mich von dem Verdacht zu reinigen, ich seye nicht geistesgestört, ein ärtzliches Zeugniß von einem Arzt einer Irrenanstalt utersuchend & ausstellen zu lassen.

Bei meinem Wegzug von Basel, mußte ich schon in Basel Krankheitshalber gezwungen meinen Beruf aufgeben, und so genöhtigt worden, nach meiner Heimath Büren zu meinem Bruder Gottlieb. Zu gehen, in dem Glauben im Herzen mein Stündlein sei gekommen, um mich in Büren, wo unsere Eltern begraben sind, mich dort in's Grab legen zu lassen.

Ein Herrn Dr. Gretter aus Basel war als Aushülf Arzt für den jetzigen Dr. Herrn E. Fähnderich, der um dieselbe Zeit im Truppenzusammenzug war als Stellvertretter dort. Ich ließ ihn zu mir rufen, zur Untersuchungen meiner Leiden. Herrn Dr. Gretter konstadierte Hautwassersucht, verbunden mit Herzverfettung & Lungenaffektion. Seine Consultationen & Mittel halfen mir wieder von diesen Uebeln, an denen ich schon zu dieser Zeit niemals glaubte, davon zu kommen. Auf diese Weise lernte ich diesen lb. Herrn Dr. Gretter kennen & gewann das vollste Zutrauen zu ihm, & da der H Dr. mir noch selber durch Gespräch sagte, er gehe nach Verbleib v. Büren nach der Rosenau Irrenanstalt Solothurn, um sich im weiteren Studium, in seinen Fächer obzuliegen.

Ich schrieb im Oktober 1902. an Herrn Dr. Gretter persönlich, Assistenz Arzt d. Irrenanstalt Rosenau Solothurn, mit der Anfrage, ob ich ihn allein besuchen oder sprechen könne um mir ein ärztliches Zeugniß über Geisteskrankheit erlange könne. Eine briefliche Anwort erfolgte v. d. H Dr., er kom̄e selbst bei mir in Büren vorbei & kam darauf in ein paar Tagen. Unsere Unterredung war eine sehr Kurze, mit dem Bericht, daß er nicht die Competenz habe; an Personen, ein persönliches Zeugniß auszustellen, da alle Irrenanstalten unter [3] kantonale Controlle gestellt sind & Zeugniße nur von Professoren oder deren Direktorium der Anstalten an die/jenigen angehörigen ausgestellt werden, welche Patienten v. den Behörden oder an denen die Solche in Instituten unterbringen, diejenigen berechtiget sind, Solches zu verlangen. Den Rath den H Dr. mir gab, war daß ich mich an den Herrn Dr. Fähndrich Privat Arzt verwenden solle.

Da ich in Büren nach der Krankheiten & deren Genesungen im Jahre 1901 erholt habe, und in folgenden Jahre 1902, 18ten Januar, wieder ein kleines Coiffeur Geschäft im Hause meines Bruders eröffnet habe, (und Herzkrankheiten & Hautwassersucht total verschwunden war) war auch Herrn Dr. Fähndrich einen sehr charmanden Kunden zu mir, & zugleich der Hausarzt meines Bruders war, zog ich dann, nach der Unterredung mit d. Dr. Gretter, den Herrn Dr. Fähndrich in's Vertrauen. Mein Bruder selbst ließ ihn zur selbigen Zeit, da Gottlieb vorgab er sei unpäßlich den Herrn Fähndrich hohlen & beim Besuch des Doktors, ließ er mich rufen, auf Wunsch von Dr. mit dem bemerken, daß Herrn Dr. Gretter, sich schon über mein Verlangen betreff Irrenärztliches Zeugniß, das ich dann zu den Ackten beilegen wollte, um den Herren Untersuchungsrichter Deutschland & Andernen zu beweisen daß sie eben nicht mit einem Geistesgestörten zu thun haben, Bericht erstattet habe. Das Schriftstück verlangte Dr. Fändrich zum durchlesen & durchgehen, welches Dr. für längere Zeit behielt, bis ich es wieder bekam, nur mit dem bemerken daß ich absolut nicht geistesgestört bin & sey, sondern mußte selbst zugeben, daß heut zu Tage, was was unmöglich scheint; der jetzigen Zeit Geistes Alles der Möglichkeit sey. Es war um die Zeit wo ich dem Herrn Dr. Fändrich davon vertraute im Ocktober 1902. Vor dem Einsenden des Schriftstükes an d. Basler Polizei Komando, wie auf der ersten Seit 1.) hier schon betonte, und erwähnd habe, wurde ich eben vom Herrn A. Küpfer Herborist & von Dr. E. Fähndrich, ein sehr junger Arzt. in den erwähnden Krankheiten behandelt.

Während dieser Krankheiten, wurde ich forwährend von Salamon G. [4] und von Dr. H. gequält, gemartert und gepeinigt, & frohlokend, beglükwünschend & sagten sich gegenseitig: "Jetzt vereckt dä arm Chaib"; von einem Millionär ect- prahlend, foppend, utzend & neckten sich mich in einem fort derart, & mit dem bemer-
Wo? ken & wohl wissend, was ich dort seiner Zeit im Schriftstük niedergeschrieben habe; ("Mit dem Motto: die Sonne bringt es an den Tag;". Es käme doch nicht aus & nie an die Oeffentlichkeit & nie vor ein Strafgericht. Auf die Gehänsel & Foppereien hin, faßte ich endlich am 27 November 1902, den Entschluß der Basler Behörde davon
192 in Kenntniß zu setzen, daß wenn Gerechtigkeit da ist, solches doch nicht ins Wasser fallen gelassen werde, & der Arm der Justiz, dennoch, ob nach meinem Todte, sie doch noch erreichen werde. – et. –. und so gieng es in einem fort!!! Nur der Krankheits, & den Gerichtsferien wegen, unterließ ich mit dem Versenden der Ackten nach Deutschland, & somit war ich gezwungen mein Vorhaben, für eine geraume Zeit zu unterlassen.

Herrn Dr. E. Fahndrich, der sich sehr um mein Wohl & Gesundheit bemühte, den Wunsch aussprach ich solle mein Beruf für einige Zeit zu quittieren, um für ein paar Wochen in die Ferien nach Münsingen in die Anstalt gehen, um mich gänzlich zu erhohlen, & könne ich mir zu gleicher Zeit, dann ein Irrenärtzliches Zeugniß ausstellen lassen, was dann nach Uebereinkunft meines Bruders & Doktor Fürbitte zur Aufnahme in der Pension-Abtheilung I. in Münsingen & mit Rüksprache des Herrn Direktor Dr. Glaser gelang & bewilligt wurde.

Am 12.ten Merz 1903. gieng ich in Begleitung meines Bruders nach Münsingen in die Irrenanstalt. Die Untersuchungen von Herrn Irrenärtzte wegen geistesgestörtem Zustande verliefen total Resultatlos, und mußten konstatieren, daß ich bei guter Vernunft & Verstand sey. & da ich in meiner Jugend mich der Buchbinderei widmete, so durfte ich nach [5] ein paar Tagen Pause in der dortiger Anstalt Ihre Buchbinderei die sie auch dort eingerichtet haben, während meinem Aufenthalt besorgen & darinen ganz selbständig arbeiten, & es mir zur Pflicht machen auch da wieder zeigen & beweisen & beflißen, so daß die dortigen Herren Aerzte sagen mußten, "B. ist & war niemals – Geistesgestört –, sondern am Körper v. den schweren Krankheiten an die er gelitten habe, sehr sehr müde;!! Mein Verhalten & Betragen & Ihre Behandlungen waren in jeder Hinsicht & Beziehungen tatellos! – (Fraget nach im Falle Ihr mir es nicht glauben wollen?, betone das nur, wegen gewisser Vorurtheile halber. – Es ist mir ja nur darum zu thun, Wahrheiten & Tathsachen zu eröffnen um Ihnen über diese Hypnotiseuren die Augen zu öffnen. –.)

Am 12ten Juni wurde ich auf mein Verlangen hin, aus der IrrenAnstalt Münsingen, in der ich volle 3 Monate als Buchbinder gearbeitet habe, vollständig gesund entlassen worden. Während dem dortigen Aufenthalt, wurde ich von Dr. H. & Salamon G.

Hypnosen von Inhalirende Beflüsterungen & einblasen von Giftstoffen verschont, über das im späteren Verlauf dieses Schreibens berichten & Aufklärungen bringen werde.

Meine Existenz in Büren war als Meister vollständig ruinirt. Ich reißte von Münsingen direkt zu einer Schwester & Schwager Widmer nach Biel und ordnete noch alles im Heimathsort Büren a/A., & dann gieng es wieder frischen Muthes trotz vorgerüktem Alter in die Fremde, als Coiffeur Gehülfe, von Biel direkt nach Arosa allwo mir noch eine Saison-Stelle offeriert wurde, am 1. Juli eintretten mußte. Mein Aufenthalt war von kurzer Tauer, aber dennoch erreichten mich & hohlten die Hypnosen d. G., Dr. H. & Sch., während der Bahnfahrt schon ein, wo ich mich schon zum voraus freute von meinen Peiniger befreit zu sein, aber, "oh je." war vergebene Freude! Wegen Altershalber mußte ich am 9ten Juni diese Stelle schon wieder quittieren, fahrte von Arosa, begleitet von den Hypnosen direkt [6] nach Zürich zurück, & fand vom Stellenvermitler Herrn Delaia am 11 Juni schon wieder Condition in St. Gallen, bei Herrn Fr. Matyus Coiffeur Leonhardstraße No. 79. In St. Gallen, wurde ich wieder vomfrischen von den Hypnotiseuren systematisch v. Hypnosen d. Dr. H. & G. (hypnotisiert)& sugeriert & die Hypnose Sch. & von vielen anderen Persönlichkeiten deren entnomenen/ Hypnosen, die eben der Dr. H. auf seine Befehlen hin zu dirigiren wußte von neuem gepeinigt, gequält & von Giftstoffen inhalierend auf meine Athmungsorgane hinwirkend traktiert.

Die Peiniger bekamen durch meine Stellenwechsel in St. Gallen ein günstigeres Feld mich Medium besser zu quälen, als in den hohen Bergen Graubündens. (Arosa.). Sie begnügten sich nicht mit Ihren Hypnosen, nur allein mein Schlafzimmer mit alles möglicher Arten Giftstoffen zu beflüstem, sondern, wählten die strengen Tagen an Samstagen & Sonntagen dazu mich zu peinigen und martern. Ihr vorsätzliches Vorhaben liegt nur darin, mich aus jeder Condition zu vertreiben, um mich in Allen Beziehungen beim servieren der Kundschaft, wie bei d. Herren Prinzipalen mich durch Hustenreiz, durch Ihre vergifteten Beflüsterungen Ihrer Hypnosen fördern um als Ekelhafter Gehülfe zum verleiden Aller, immer fort während bis zur jetziger Stunde hin zu stellen suchen, damit ich stehts Stellungen verliere, & damit Sie mich arbeitslos & als unbrauchbarer Mann in meinem Berufe zu erwirken, und mit Vorbedacht mich noch gänzlich zu ruinieren auch mich wieder kränklich machen, so daß Ihren Wunsch, wie Sie sich schon viele viele male geäußert, wegen verarmen in Erfüllung. gehe, & etwa wegen vagantieren der Polizei irgendwo in diese Hände zu fallen, auf daß diese mich nach meiner Heimathsgemeinde zu, befördern, um nachher wieder in die Irrenanstalt Münsingen für immer zu liefern suchen, so daß ich für Sie & der äußeren Welt für allezeit beseitigt wäre. (."Oder abgemorgzt wäre wie Sie sich immer ausdrüken.) Und nur aus dem Interesse, daß, Salamon G., über das Testament & vermittelst Siegelringes, der von G. nieder geschoßene [7] Freiherr v. Wolfschiessen, Namens Melchior von B. geraubte (unseren Oncle) frei darüber verfügen könnte, seiner Zeit unterschlagen worden ist, und mir noch obendrauf Tag für Tag & Nächte so schmunzelnd um die Nase herumstreicht, mit den Worten. "Ich will dirs jetzt einmal geben, (das Testament.) B.". ich will ich will ders geben und so weiter ect ect.. – !!! So geht es mit Versprechen vom G. Tag für Tag & Nächte in einem fort, und derselbe macht sich noch so großartig & gemein ausdrükend, lustig über unsere Basler-Polizei Behörde, noch oben drauf auf unverschämte Art & Weise, daß es Gattig. macht! –!

194 Am 21ten Ocktober mußte ich diese Stelle in St. Gallen wieder verlieren & quittieren, & reißte am gleichen Tage wieder nach Zürich zurück. Welche Freude waren das für die Peiniger & glaubten schon & freueten sich zum voraus unter sich, ich werde, wie schon oben erwähnt habe; „jezt uf dä Winter bekom̄ter kei Condition mehr über, jetzt wird es günstig für uns, jetzt blibt der B. arbeitslos; jetzt ist der Moment da Dr. zum Handeln, (abmorgzen) „oh", wenn Er nur der Polizei in d Händ falle würde, ect ect – und so gieng es mit plagen wo ich sitz & stand & im gehen auf der Strasse in Zürich, & in den Wirthschaften, wenn ich mir erlaubte etwas zu geniesen, in einem fort, mit foppenden Redensarten ect. So 10 Tagen in Zürich so, fort, habe 2 Aushülfstelle gehabt während d. 10 Tagen auch da haben die Hypnosen mich auf alle ermöglicher erdenkter Arten, während der Aushülfarbeiten mit inhalierenden Giftstoffen gequält & gemartert & um immer wieder den Hustenreitz gefördert, daß es eine Graus Schmach & Schande war, um mich wieder eckelhaft zu blamieren suchten ect et –

Endlich am 1.ten November angagierte mich die Wittwe Frauen Schneebeli meines verstorbenen Colegen Gottlb. Schneebeli Coiffeur in Affoltern a/Albis, wo ich gegenwärtig Conditioniere. Auch dahin folgten mir bei meiner Uebsiedlug v. Zürich diese Hypnotiseuren Ihre Hypnosen & Sch. Spion damit. & setzen seither & während meinem Beschwerde-Bericht Schreiben, ganz frech über frech Ihre Marterein [8] durch Ihre Hypnosen mit Giftstoffen Beflüsterungen in noch verstärkterem Maaße fort. wird noch viel, viel verfluchter in einem zu Manipuliert, ect ect. –! (Bin aber sehr froh für mich, daß ich, einzig und allein in meiner Rasier Cabinet bin, & von niemanden meiner Meisterleuten beobachtet unter Aufsicht stehe, sonst würde ich auch da nicht lange
So! bleiben können.

Hypnotisiert.
und
Sugeriert.

Im Jahre anno 1893 im Spätherbst war es, bin ich von Hypnotiseuren Dr. Ad. H. unter Mitwirkung Salamon G. (ich weiß nicht mehr genau die Nacht wann, es geschehen war.) von den beiden Herren in Basel am Centralbahnhof im Hause No 6 III Stock hypnotisiert & sugeriert, und stehe seit diesem Zeitraum bis zur heutiger Stunde unter deren magnetischem Einfluß, noch stehe. Die von Ihren eigenen Körpern entnommen Hypnosen die mit Giftstoffen vollgepfropft von den Hypnotiseuren dirigierend & zugeschikt nach Ihrem Opfer (B.) mit inhalierden Beflüsterungen auf die Ahtmungorgane einwirkend, zu jeder Stunde, bei Tag & Nacht zu Basel, und auch wenn ich auf Reisen gieng von Ihnen eingeholt wurde & fortwährend beflüstert worden. Auch können[nur] die Hypnosen von den Hypnotiseuren entnommenen, Ihre auserwählten Opfern auf strenger Befehlen derer im Falle erwachen des Hypnotisierten aus Ihren hypnotischen Schlaf mit offenen Augen denselben, wieder frisch auf's neue hypnotisiert durch die Hypnosen d. Hynotiseuren noch besser Ihre Opfer zu sugerieren, wissen, je nach der Laune der Hypnosen als die Hypnotiseuren es manchmal sebst fertig bringen können.

Jede Hypnose der Hynotiseuren, können, auf sugerieren & Befehlen derselben hin, jeder harmloseste Mensch, den sie sich auswählen ob er geht, sizt, oder im schlafen sugerierend hypnotisieren, von Hypnosen hypnotisiert werden. Jeder Hypnotisierte & sugerierten Mensch, bekommen je nach Willen der [9] Hypnotiseuren (Arztes) hin ein feineres zarteres Gefühle & feinere, schärferes leise zartes Gehöre, in Ihrem körperlichen Organismus über, so daß Hypnotisierte, die liespelnde, sprechende jede Hypnose hören, sowie deren Persönlichkeiten in der ferne, wenn diese sprechend, mit denen unterhalten höhren können, und immer unter deren Befehlen beinflußend, sugerierent, scklavisch unterworfen werden. Jeder Hypnotiseur schiken Ihre Hynosen, bei jeder Temperatur in Sturm & Regenwetter, tausende von Meilen in Ihrem Umkreise nach allen Himelsrichtungen hin, die dann als unsichtbare Wesen die Luft durchschwirren müßen, um Ihre hypnotisierten Person durch anrufen der Namen, nach der betreffende Opfer aufsuchen, um sie in Ihrem stehentem sugerierten Bann, beinflußend unterwürfig im Ahtem zu halten, und rapportieren & so Ihrern lebenden Körpern, was Ihre Opfer thun, treiben und lassen, alles was um Ihren Opfer herum, scharf & genau beobachten, berichten was vor sich geht, ect –!!! So daß dieselben Hypnotiseuren lebenden Körpern genau unterrichtet sind, je nach dem Verhalten Ihres Opfers gegenüber, Ihr Verhalten nach behandhaben kōnen.

Unter deren rapportierenten Hypnosen, war eine Hypnose von dene Körper Namens Hans Sch. (gews. Paker bf Passavant.), seit diesem oben angegebener Zeitraum (1893), ist Sch. von G. & Dr. H., beauftragt, dennen Hypnotiseuren, Alles um mich vorgeht, sey es lesend, schreibend, oder auch sprechend mit Personen unterhalten ob fragend, und Zahlungen die ich machen mußte, überhaupt Alles Alles, was vor kam, als Polizei Spion für meiner Persönlikeit aufpassend, dem Dr. & G. Tag & Nacht unterrichtete diesen Dienst als Bezahlter versehen mußte, und Es heute noch ist.

196 Herrn Dr. H., hypnotisierte & sugerierte mich auf die Gehirns äderchen und Nerven um den Gedankengang in fühlen & denken, alles was ich mich im meinem Kopf (Gehirn) überlege & Nachdenke auf jeder geringste Gedanken die mir ins Gedächtniß komt, weiß er mir zu wiederlegen & genau alles was mich in Gedanken kommend, & sogar leitend zu controllieren [10] sich wohl wissend, fwas für einen Werth für Dr. & G. sei Solches anzueignen gewußt und dieser Verfahren unter sich die Gehirnsthelegraphie nannten. Durch dieser systemmatische erwischen von meiner denkenden Gedanken, machten sich der Dr. H. & G. nebst Sch., nutzen davon, und copierten in meiner ahnungsloser Meinung, es könne mir niemanden/mein Denken & Gedanken stehlen, der ertappte/Dr. H., mich auf einmal beim, wiederlegen in Gedanken versunken, Ein Rezept sich aus meinem Gehirn entnehmen & sogar wohl schon durch mein Denken die Zubereitung der Mittel Schönheitswaßer & das ganze in Quantitäter Benutzung des Rezeptes ~~ab~~ aus meinem Gehirn abcopieren & stehlen. Da muß ich unbedingt vormerken, auf ihre nachträglichen Prahlereien ect, daß Sie das Rezept mit dem wahrscheilichen seines Doktortitels pochend & verwendet, um dieses Rezept nach allen Länder im Westen & Süden um theures Geld verkauft haben, & dann den Erlöß davon unter sich vertheilten. Auch die Andern Rezepte meiner Spezialitäten, wollte Dr. durch hypnotisieren aus meinem Gedächtniß stehlen, aber durch meine Fürsorge nicht ganz ausführlich mir entnehmen, stehlen konnte und auch diese wären mir, die ich für mich als strengens Geheimniß deren Zubereitungen von dort an aufbewahren mußte, verrahten & um schönes Geld verkauft worden. Aus dem Schönheitswasser Rezept, lösten sie, wie die Hypnosen & Sie selbst v.d. Ferne aus/sagen in allem um über 5-mal hunderttausend Franken verkauft worden, aber mir keinen Centimes davon ausbezahlt od davon gegeben. Herrn Eduard Schärrer Hafner hat allein einen Betrag von dreihunderfünzigtausend Franken eingestekt, ohne daß ich weiß wie viel Dr. H. & G. entnom̄en haben. Bitte die Herren Richter diese Angelegenheit näher zu untersuchen. Dieses Rezept d. Schönheitswassers, habe ich seiner Zeit an einem Herrn Täuber*** Kaufmann aus Winterthur in Auftrag gegeben zu verkaufen. & der ist auch darinen verwikelt. –. (Herrn Dietiker SCB als triftiger Zeuge in dieser Sache. –.)

[Am linken Rand quer notiert:] – Die Hypnosen sprechen 1 Million & 50,000 Franken, gelößt zu haben, aus d. Rezepte. – von vielen verschiedene Käufer erhalten habe.

[11] Herrn Sch., war eines theils sehr froh neben bei seiner Arbeit, noch ein kleiner Verdienst von den beiden Herren für seinen Familien-Unterhalt durch seine Hypnose zu verdienen, und wenn dann Herrn Sch. wircklich, sich veranlaßt fühlt & sich nicht hinter seine existierente Hypnose zu versteken, beim Untersuchungsrichter ein unumwundenes Geständniß auf alle Fragen wahrhafte Aussagen beantwortent & die Wahrheiten über den Zweck des Spion & Polizeidienste & über die an Herrn Freiherr von Wolfschießen, namens Melchior von B., welcher von G. & an einem G. verübte Morde und dabei der Unterschlagung des Testamentes das anno 1871 im November von G. an Freiheer seiner Zeit beraubte, uneigennützig Aufklärungen, die eben mit & durch den fortwährenden Umgang der lange geheimnißvollen Hypnotiseuren Salamon G. & d. Dr. H. an Sch. & mir verahten worden sind, offen und erhlich sich über alle Punkte sich aus spricht, so kann man dann auch darin Erbliken, mehr oder weniger gegen seinen Willen gezwungen sugeriert worden ist. Oder & so auf strenge Befehl, derselben sugeriert an seiner Persönlichkeit selber, vollständiges Stillschweigen gegen jede annährende Persönlichkeiten aufs peinlichste wahren muß, & Sch. als ein nicht strafbarer Hehler anzusehen sey. –! Durch diese Hypnose Sch. wurde ich durch die ganze Schweiz begleitet, von ihm aus wurden G. & Dr H. avertiert, um daß Sie wieder weiter in Ihrem vorsätzlichen Vorhaben \darnach zu operieren & marterten mich, wie schon oben erwähnt geschildert habe, an allen Orten wo ich hingieng & conditioniere. –. –. –!!! 197

[12]

–1896–

Der Fuchs beschleicht sein Opfer.

(Geschäftlimacher.)

Es weiß & wird noch jederman in Erinnerung sein in Basel, daß ich während den vielen Jahren, meines Aufenthaltes, von Zeit zu Zeit im̄er von Krankheiten gepeinigt & viele verschiedene Unpäßlichkeiten unterworfen war, und eben nur von denen Giftstoffen inhalierenden Hypnosen, diese Vorkom̄niße die Schuld daran zu zu messen ist. Die Sugerierungen von Dr.s Hypnosen, provozierten in meiner Phisionomie & auf das Gemüth drükende, melancholischer & Simulierende Gesichtsmine, & Niederschlagungen in dem Gemüthe, & nahm mir durch die Sugestionen den wirklichen Arbeitsgeist & trieb mich in diesem niedergeschlageschlagenen Zustande Tag für Tag in Wirthschaften herum, um mich in simulierenden Gedankengang, sinnend für sich hinzubrüten; und auch dem Dr. H., war es nur darum zu thun, mich vor allen Leuten als Schwermüthiger & verückt hinzustellen, um mich wieder durch den Volksmund ins Irrenhaus zu liefern & beförderen, auf mein selbstes (espece) Verschulden od auf mein Risico hin, um eine Ausrede zu haben dorthinein, sperren zu, können. –!!! Abends wann ich dann auch wiederum, nebenbei geschäftlicher Ausreden halber meine Schoppen mehr als genug getrunken zu mir genommen habe, dann nach 10 Uhr Abend ins Bett legte, gieng das Experimentieren meines körperlichen Organismus peinigend & marternt von frischen los, daß ich ganze Nächte kein Augen zu schließen konnte um zu schlafen & wenn mir von den marterten Strapatzen vor Müdigkeiten überhandnehmend dennoch die Augen zu fielen, und dann durch seine Gebahren dennoch nicht schlafen kann, forcierte Dr. durch magnetischen elektrisierden Einflußes, meinen Blutkreis in meinem Körper durch schneller rasch pulsierenden Tempo das Blut durch meine Adern zu jagen, und nur aus dem Grunde, Ein & Sein Vorhaben zu erzielen, Hirn & Herzschlag zu fördern & zu erzwingen suchte, & wenn Dr. dann wohl wußte, wenn der [13] Moment da war um dieses zu bewerkstelligen, so fragte Dr. dann so harmlos gutmüthig als wenn es ihm nicht recht wäre, sein Aufpaßer Sch., der eben immer beim Experimentieren bei ihm bei Allem war, mit der Frage "hetzne jezt dä arm Kärli;“ dann die Angst die ich dabei noch auszustehen hatte, die Dr. durch seine eigene beunruhigende Redensarten noch steigernd, mir beibrachte, waren gräßliche, fürchterliche, schweißtriefende Stunden für mich.

Während diese Torturen, waren dann Sugestionen entschwunden und dann erwachend, welcher Gefahr ich schwebe, meine energische Willenskraft über mich kam, konnte ich mich dann mit aller Energie den mörderischen Experimendieren & Versuchen durch alles möglicher Bewegungen meine meines Körpers vom liegen zum sitzen & aufstehen v. einer Seite auf die Andere wälzend, durch aufstehen alles vereideln. Und dann jedes mal am Morgen, wenn ich dann wieder aufstehen mußte, und wieder von neuem von Dr. sugeriert halbertodt aufgestanden bin, mich mit den Worten begrüßte, „Wart nur B.li,“ wenn nicht heute, „du mußt dennoch einmal dran glauben;“!!! –, und so gieng es in meinem Hause Kuchegasslein N° 16 Tag für Tag. Nächte für Nächte in der Badeanstalt wo ich mein Schlafzimmer hatte in einem fort zu. Reklamierte ich & schimpfte ich, mit, über den Dr. H. und seiner Hypnosen, so wurde ich vom Dr. aus, von unsichtbaren elektrischen Dräthen maltretiert und d. Dr. wußte sich diese Drähte e so gut zu bedienen, daß er mir Solche wenn ich jedes mal reklamierte, mir dieselben durch den Haarboden in mein Gehirn hinein dirigierent tauchte, daß wie glühende Nadeln hineinstoßen würde, kolosale fühlbare brennende Schmerzen provozierten, e so marterte & peinigte er mich täglich viele viele mal, & nebst dem, noch nebenbei, häufige Giftige Beflüsterungen, oben drauf dazu. Ich habe, manchmal den Doktor in meinem Bette, während deren Nächte, auf den Knieen um erbarmen gebehten [14] und angehalten, er möge mich um Gotteswillen nicht mehr so marteren & quälen, da ich ihm ja in meinem Leben nie etwas zu Leide gethan geschweige zu Leide gelebt zu haben, seine erbärmliche Antworten, waren nur auslachen & mit föppischen gemeinen Rendensarten begleitet ect ect. –! –! –!.

Hypnotiseur, G., der stehts bei dieser Experimentieren seine Hypnosen dabei vertretten war, mahnte den Dr. H. um humanere Behandlungen seines Opfer („Schnurrenputzer B.,") wie sie mich immer nanten, und noch („Knopflisiech") titulierten ect ct. damit, daß etwa Andere & Zuhörer, die die Gesprächen ebenso gut hören konnten, wie ich B., irre zu führen, daß Solche nicht wissen sollten, wenn es dabei gemeint & angehe. Trotz alle dem spornte G. selbst von Einer Ferne aus den Dr., wie Hans Sch. mahnend stetig an, nicht allzu rasches Ende, an mir herbei zu führen, aber immer mit der Mahnungen, mich immer scharf & wachsam zu beobachten, und ihn G. jeden Tritt & Schritt beflüsternd, mein Thun & Lassen alles, & überhaupt den geschäftlichen Verkehr ihm sofort zu übermitteln, & mitzutheilen, Alles Alles, was um mich vor, hergeht, bis in die kleinsten geringsten Details meiner täglichen Beschäftigungen & Vorkommniße & sogar die Gespräche, die mit meinen Kunden & Bekannten, beim Servieren meiner Arbeit, oder sey es auf der Straße oder in Wirthschaften und mit welcher Personen, ich mich da unterhandle, betreff, meinem Haus-Verkaufen & was für Käufer & Locatier, ich in Verbindung stehe, und Solches von mir in Auftrag gegeben ist & zu welchem Preise & Bedingungen, die ich dann denen stelle, ect. auch jedes harmloseste Gespräch in & außer meinem Hause geführt werden, vom Spion (Sch. & Dr. H. getreulich ihn (G.) zurück an Ihn rapportierten, & glaube noch daß ich von ihm sugerierent, & dazu diesen Spion & Polizeiaffaire für ihn privat Dienste, eben durch Sugestionen dadurch getrieben & gezwungen worden? –! besorgen mußten. 199

G.: (Der Fuchs) konnte sich natürlich durch diese geschickten Informmationen. [15] maßregeln, beruhigt, in seinen Plänen die er im Hinterhalt mit mir vorhatte, sich darnach richten um weiter zu opperieren zu können, "Denen Plänen zu widtmen." Nicht nur in der Bürgschaftaffaire wegen meinem Hause, die durch ihn an mich gekündeten Hypotheken, wollte er nur wissen, sondern er wollte noch von der zweitmaligen Verheirathung mit meiner geschiedener Frau, die Verhältnisse gegenüber meiner Schwiegereltern & unsere Zerwürfnisse in unseren privaten, Verhältnisse auf jeglicher Art & Weise, Gewißheiten haben und genau von Allem unterrichten zu werden, getreulich gethan worden, und wie ich (dä Knopfli-siech) mich verhalte, da in diesen Verhältniße mich stehe & fußte. Alles das mußte Sch. & Dr. für ihn besorgen. Beim Besuchen hin & wieder in unsern Cigarrenladen, Klei-Basel wurde dann hinter meinem Rüken gz. Politisch über mich geplaudert & Stichwörter über meine Wenigkeit fallen gelassen gegenüber meiner geschd. Frau & mich nicht etwa durch sprechen auf Rosen gebettet wurde, sondern Ihr eher zum verleiden Ihrer & Meinerseits zu fördern gewußt ect.

G. wußte nur zu genau, daß ich dort schon im stillen, einen Rechtsanwalt haben wollte, um demjenigen. diese ganze systematische Verfolgen Meinerseits, & betreff Mordsaffaire & Testamentsunterschlagungen anzuvertrauen um dort schon gerichtlich gegen G. & Dr. H. vorzugehen beabsichtigt habe.

Gewarnt von Sch. & Dr. & meine Zahlungsverhältniße unterrichtet, Mußte mir die Handwerkerbank, dem G. gehörende Faustpfand Hypotheke auf seine Befehle hin Alles künden. Dadurch, wieder ein Hinderniß mehr um mir von neuem, außer die mir wieder Alles in meinem Entschluß, den ich eben noch vor hatte, wieder in Hintergrund setzen und für später bei Seite legen & hinausschieben mußte. „Aufgeschoben ist nicht Aufgehoben." Habe ich jedes mal denen Aufpaßer, wenn sie mich foppten dann zugerufen. G. äußerte sich über das Andere, wenn dem „Schnurreputzer," keine Mittel mehr zur Verfügung stehe. Das Prozessieren Meinerseits gegenüber G. aufzuwerfen, [16] von selbst aufhöre, an dieser Mord-Angelegenheiten zu rütteln. Dann sey G. & Dr. aus der Angst & Aengstlichkeiten, der heiklen Affaire heraus, und brauche sich nicht mehr vor den Strafrichter, Strafgerichts Basel zu befürchten, & Bei dieser geschikten Informations Manipulation, betreff meines Hauses, & da ich ja doch alle Ersparniße in dasselbe geworfen habe, zum liquidieren bringend mache er dabei kein schlechtes Geschäft! – & könne mich dann obendrauf auf diese Hypothekenkündigung nebst den fälligen Zinsen vollständig ruinieren. Dann versimple & verarmt nachher nach & nach, „z! B.li", & wo nüt meh ist, hat Jeder Z' Recht verlore." Und so würden dann diese heiklen noch unaufgedekten Geheimniße für ihn, für Andere & Gerichte unaufgeklärt, verschwiegen, begraben bleiben. Ich durchschaute die geschickte eingefädelte Pläne G., und mir dann immer zu-rufte & sogar persönlich zweimal zu mir im Casino z. Basel, sagte.„;B. nüt mache, in der zg,. Sache," goh lossen ist besser;" & diese Antworten auf mein Befragen an den Bürgen G. sollten mir, zur meiner Beruhigung gelten !!? „Schändlich." dachte ich mir, behagt mir nicht & gieng ohne noch ein Wort zu verlieren von dannen. Mit dem Gedanken & Entschluß, doch ein Darlehn-Gesuch an zwei Banken zu-richten, & das grade an die Ersparnisskasse & Kantonalbank Basel-Stadt, mit dem Wunsche die I. Hypoteke & das Haus noch höher in Brandschatzung nebst einem kleiner Betrag höher zu nehmen, um den Würgengel G.. dann zu befriedigen, und mit der Meinung auch das Haus in besserem Werthen zu stellen. „Gedacht aber auch gethan, war Eins." –.

Kantonal-Bank B.Std. bewilligte mir das Dahrlehn bis auf 32,000 Franken, auf die I. Hypothek. Mein Haus wurde im übrigen noch höher, durch mein Bemühen in die Brandversicherung dennoch gebracht. Glaubte mit dieser Bewilligung, ("G.") & Hand-[17]Werker-Bank um meine noch ausstehenden Zinsen dazu zu tilgen & zu zahlen, befriedigen könnte.

Ich giengte seiner Zeit auf die Handwerker-Bank um den Rüktritt der II. Hypotheke auf einige Tausende v. Franken zu ersuchen, da hieß es: „Wenn Herrn G., es will, haben sie durchaus Nichts dagegen, und somit, dachte ich, wäre diese Angelegenheit dann wieder mit Kosten Aufwand das mich daneben drum und dran gekostet hatte, doch wieder gerordnet. Aber dä (Fuchs) G., war ganz & gar nicht dazu zu bewegen & nahm mir das offerierte Geld zur Zahlung mit Teufelsgewalt nicht an. ectect. –!!! Aber dort han ich dem Pseudo Jude Würgengel G., „Eins zämme g'schwore.", Zahlen & nicht dürfen zahlen & tilgen". –. Das war zu viel" – „zu viel" – für mich." Aber gället G.,"!!!. Ich halte dennoch mein Wort, wir werden dennoch an einem Andern Ort, trotz alle dem Abrechnungen halten. „.Nur jetzt nicht," aber später wird schöner."! –. Aber dennoch nicht gelungen, wo er forcieren wollte mich über die Klinge springen zu sehen und zu lassen, und mich total im Aktiv-Bürgerrecht einzustellen. (Quasi abmorgzen wollte.) Dafür habe ich denn gesorgt & damit fertig. –! –! –! ect ect –.

Das Versprechen. G.'s.

G., und D^{r}. H. & Polizeispion Sch. Diese 3 Verbündete zusammen, beabsichtigten unter einander, mich ins Grab oder auf den Seksiertisch zu liefern. G. versprach 3 Millionen Franken dem D^{r}. Ad. H. auszuzahlen, & verpflichtete er sich im nur mündlich für seine Mühe & Arbeit nach meinem Ableben (abmorgzen) diese Summe baar von dem testierem Vermögen, vom Oncle H Melchior von B. auzubezahlen. –!! –. Unter diesen versprechenden Umstände halber, gieng es viele Jahre lang e so weiter, mit marteren & quälen. Forcierten, in schnelleren Tempo pulsierend, leiteten Blutes, um auf den Blutkreislauf durch meine Adern jagend, unter deren Behandlungen, v. D^{r}. aus, wie schon [18] erwähnt worden ist, an denen ich fortwährend, den Blutkreislauf bald stellend & bald laufend, ^{in} todtes Aengsten, gräßlich, gräßlich leiden mußte, auszustehen hatte.

G., wurde durch den D^{r}. H. & Sch., allwo ich in Büren sehr, sehr, schwer krank im Bette gelegen bin; „auf eine Probe gestellt." Ob G. auch sein Versprechen einlösen werde, plötzlich gab D^{r}. H. den Befehl an, für Sch., sofort G. definitiv zu benachrichtigen, „Jetz, Jetz", Jetz" het'zne putzt der Laie Schnurreputzer B.," und ist am einem Herzschlag gestorben. G. antwortet, „So, so", „oh, du armer Teufel hat er's jetzt überstanden". Und der Sch. bestätigte scheinbar ^{in} definitiver Wahrheit, he allwäg, „es ist jetzt verbi ^{mit} dem B. & fertig –!!! –. Herrn G., sie möge denn auch an ihn denken (Sch.), bei der Auszahlung Doktor's, Der D^{r}. avisierte auch G., von dem Vorfall & mahnte ihn zugleich an sein Versprechen betreff Auszahlung den 3 Millionen Franken.– Antwort folgte schnell darauf. v. G.. „Läket mer am Arsch Ihr Lustüfle," Fallt mer gar nit ein, Euch etwas zu zahle, er sei dem D^{r}. nüt schuldig, warum hännt derne higmacht. „Ihr Lustüfle." & höret D^{r}. wenn Sie auf Ihr Verlangen beharren willst, so verklage ich Sie einfach wegen dem Hinmorden Schnurrenputzer. B.. ect, so läket mer jetzt am Arsch Ihr Lustüfle! Ect –! Das waren die stehtigen gleichen Antworten, von G., an seine Mithelfer, jedes mal, wenn sie Ihn fortan an Geldsachen & an das Versprechen errinerten, die viel von schmähenden gemeiner Redensarten begleitet sind. Von dort an wurden die Beflüsterungen von Giftstoffen zeitweise hin & wieder aufhörend ausgesetzt. ec ect.

[19]

Mein Versprechen.

Endlich kam ich nach langem zuhören, in denen Streitigkeiten, mit Vorwürfen & Vorstellung dem Dr. H. gegenüber, die ich Ihm vor Augen führte, welch, ein Ende alles einmal nehmen werde, in seinem gz. Leben & wie er vor dem lieben Hergott'srichterstuhl stehen werde. ect ect –!!! „Da G. hörte, daß Dr. und der Sch. Ihn genarrt haben, auf einmal einsah, daß er eine voreilige Dum̄heit begangen hat,
202 und durch dieses, Dr. und Sch. auf das. „Läk mer am Arsch." ect. mißtrauisch wurden, nicht verahten war, betreff beteuerlichen Versprechungen ect das G. hintennach wohl bereute; kam ich in meinem hoffnungslosen Zustand, mit dem Antrage. wie folgt.

Ich zahle andiejenigen, Verleider, oder Ihnen Herrn Dr. Ad. H., wenn Ihr mir den Salamon G. Leimenstrasse Nº 72, oder Salamon Sch. aus Luxembourg gewesener Hausierer, (ein und dieselbe Person,) jetzt unter dem falschen Namen G. als (Pseudo Jude) jetzt Bürger in Basel, (vorher Katolike war.) mir diesen Herr vor den Strafrichter Basel führen, und Anzeige davon machen, betreff von dem unterschlagenen Testament, und Sigelring, goldne Uhr mit Medailion dess von Sch. ermordeten Freiherr von Wolfschiesen, Melchior v. B., betreffend, den testierenden 25 Millionen holändische Gulden, und nicht wie im (Acktenmaterial Schriftstük) v. 27 November 1902 von nur v. 15 Millionen Franken die Rede war.)

Ich unterzeichneter,: nach Verurtheilung G. und nach deren beraubten Gegenständen, nebst Aushändigung, des Testamentes & deren Auszahlungen der Kapitalsumme, erfolgt sind, denen Verleider, die sich da bemühen G. beim Gericht zu verzeigen helfend, das von den Hypnosen G.. Die Tag & Nächte hindurch, den G., betreff den oben erwähnder Tathsachen, ihn stehts als Raubmörder sich selbst anklagend hören, vor dem Gericht deponierent bestätigen; So zahle ich, wenn ich diese oben erwähnde Summe in Empfang genomen & ausbezahlt worden bin. Fünf Millionen Franken. [20] und beim Gericht deponiere, und zur Vertheilung überlasse, um an die obenerwähnden Verleider, die sich in dieser Sache verdienstlich bemüht haben, dem Vermeindlichen, Salamon G., seine anklagenden Verbrechen aufzudeken halfen, diese Summe, durch das Gericht an die Verleider, zur Verteihlung zur Auszahlung, an denen, überlasse. –. – ––– – – – – – – –   – – –

Im Nvob. Der Unterzeichneter, Ernst B. Coiffeur 1903.
Affoltern am Albis. den 27 November 1903. – – – – – – – – – – –

Die Zinses-zinsen, müßen natürlich Extra von einer Gerichts-Behörde, je nach übereinkommen, be & verechnet werden, müßen. –

NB. die Auszahlungen der Zinsen von dem obenerwähnde testierende Kapital, erfolgen stehts alle Jahre durch die Handels-Bank. sebst an S. G., unter Vorweisung des Siegelringes von Melchior von B., & gilt für in Empfangnahme deren Zinsen als unterschriftlicher Ausweis. –!. ––– ––––– – – – – – – –   – – – – – – – – – –

Beispiele.

Im Sugerierten hypnotisierten Zustande. Thatsachen

Im Jahre 1899 im Monatsanfang Merze, wurde ich in einer Nacht vom Hypnotiseuren Dr. H., & Salamon G. in Gegenwart Ihrem Aufpaßer Sch., die ganze Nacht von 10 Uhr an bis am Morgen fortwährend im Hypnotisierten Schlaf bearbeitet wie folgt.

Ich gieng wie gewohnt um diese Stunde ins Bett, konnte mit aller Mühe wieder nicht einschlafen, und wußte anfangs gar nicht warum?, auf einmal hörte ich Dr.s Stimme, zum G. & Sh. sagen, „diese Nacht muß sich dä arm Kärli selber caput machen.“ –. Und bemerkte, zugleich seine Hypnose, wie sie mich wieder sugerierten. Dann giengs an ein marteren & quälen, mit den glühenden unsichtbaren Elektrischen Drähten, an ein Zwiken & Stechen an und mußte [21] auf seine Befehlen, den Resten schwarzen Kaffe (v. Nachtessen) von der Küche herein zu hohlen, und mußte ihn Schlukweise, aber ohne Zucker trinken.

Ich hielt in meinem Zimmer I. Stock Küchegässlein No 16, rechts, zwei Betten, aber ich schlief immmer nur einzig und bewohnte es für mich allein, enthaltend mit 1 Sekretär Waschtisch, Nachtisch & 1 Chiffoniere, nebst 2 Sessel. –. Dr. Ad. H., jagte mich in meinem hypnotisiertem Schlaf: von einem Bett zum andern, peitschte, peinigte & traktierte mich mit seinen glühenden Drähten aufs gräßlichste & foppte mich mit Redensarten aufs gemeinste, bis Dr. sah, daß ich meine Willenskraft & das Bewußtsein, durch trinken v. Caffé verlor, und, so dem Hypnotiseur ganz willenlos nach seinen Befehlen unterworfen war. Auf einmal befiehlt mir der Dr. mit scharf befehlenden, schneidender Stimme, –”. Wotsch dich caput machen, du verfluchts Chaibe B.li, u.s.w. u.s.w., förderte er seine Befehle, bis ich nach einer Schußwaffe die ich im Sekretair mit Patronen aufbewahrt haben solle, darnach suchen mußte, aber ich fand diese nicht. –. „Wotsch das si lo. du verfluchts Chaibe B.li, für was hesch das Rasiermesser, im Chilet Täsche;“ und dann nahm/ich das Rasiermesser,“ & suchte mir am Halse die Pulsader zu durchschneiden, und da ich sie am Hals nicht fand, suchte ich Sie am linken Arme, & fand sie auch dort, & schnitt und schnitt zu, bis ich vor Erschöffung & Blutverlustes halb erwachte zu mir selber kam. Und wenn es dem Dr. den Streich gelungen wäre, so hätte ich als Selbstmörder vor der Oeffentlichkeit gelten solle, und daß die Anatomie Basel, meine Körper sekzierend, nebst dem Gehirn nach meine Todte untersuchend vorzunehmen wollte.

Plötzlich erwachte ich aus den hypnotisiertem Schlaf, ich erschrekte derart ab mir selbst, daß ich schleunigst mit schwerer Mühe aufgestanden bin, so schnell & so gut, daß es noch gehen konnte, in die Hosen schlüpfte & aus meiner Waschkomode eine Schublade hervorz um ein reines Handtuch, hervorholte um damit die Schnittwunden am Hals, so gut es gieng zu verbinden, und schlüpfte mit aller Mühe in den

Ueberzieher, den ich jetzt noch trage. [22] Auf Befehl von D^{r}. mußte ich noch Geld aus dem Sekretair nehmen und nahm mir 3:50ger Noten & stekte diese schnell ins kleine Täschen des Ueberzieher, & dann jagte er mich aus dem Hause. In der Aufregung als ich die Treppe hinunter gieng, meinen Augen kaum traute, auf dem Sitzbrett des offenen Abort, den Herrn D^{r}. H. im Cylinder sitzen gesenhen. und weiß es heute noch nicht. ob er es persönlich war, oder einer seiner Hypnosen. „Gesehen habe ich Ihn das ist wahr." Ich gieng so schnell wie möglich aus dem Hause, die Elisabehthen Straße hinab, verfolgt v. Hypnosen, bis ich vor Erschöpfung & Blutverlurst auf die Treppe bei der Elisabehten Apotheke, niedersank, und vor Müdigkeit, einschlumerte, wie lang ich dort gelegen bin, weiss jezt noch nicht. Bis mich eine Polizei Patroulie, aufgriff & wekte, worunter mein lieber Bekannter Polizeimann Herrn Gertsch aufweckte, und dann zuletzt mich auf einer Bahre nach dem Spital Hebelstrasse transportierte. –. Herrn Professor D^{r}. H. legte mir in meinem hoffnungslosen Zustande, und nähte mich mit 256 Nähte die klafende Wunde am Hals & linken Arm zu & legte mir den Verband an, und liess mich im Spital in ein Bett legen, ich war 2 Tage & 2 Nächte e so im Spital gelegen, und dann befahl D^{r}. Adolph H., später, nach dem, unter dem Vorwand, als für ein Patienten, Delirium Clémens geltend ins Irrenhaus (Friedhofmatt) per Fiacker zur weitern Verpflegung hinaus fahren ließ. Und während dem Transport überschüttete mich noch mit groben gemeinen Redensarten, und auch wahrend der Pflege in dort. Herrn D^{r}. Rebmann Irrenarzt ließ mir die weiter Pflege unter seiner größter Sorrgfalt 5 Wochen lang bis ich entlassen wurde aufs Beste genießen. –. –. Und dann wieder zu hause angelangt, giengen die Gift, Beflüsterungen & Martereien, Quälereien. von frischem los.

[23] Von meinen Familie-Verhältnissen & deren nachträglichen Zerwürfnisse, will ich noch duldsam schweigend umgehen. ect ect ect. –. –. –. –. –!!

Ich glaube mit bester Zuversicht, daß auch meine geschiedene Frau, unter den Hypnotiseuren & unter deren Einfluße gelitten & zu leiden hatte, & bearbeitet worden, ist, ohne daß vieleicht meine gew. Frau es weiß & ahnt., Nach dem, daß auch Ihre Hypnose, sehr häufig bei mir verkerhte, & heru^{m}/schwirrte, schließe ich eben aus dem Grunde, daß die Hypnotiseuren auch diese befehlend trakttierten, wenn nicht hypnotisiert worden wäre, kein Hypnosen von Ihr existieren würde. Wenn die Frau B. etwaige Klage eröffnen will, das lasse ich Ihr nach Ihrem Gutdünken über. ect ––.

Zweites Beispiel.

Ich war kaum, genesen, so wurde ich im November gleichen Jahres 1899. ich bewohnte zu dieser Zeit ganz allein mein Haus bewohnte, hatte ich mir im Parrter in der Badanstalt, mein Schlafzimmer aufgeschlagen, um das ganze Haus vortheilhafter zu vermiethen können.

Welches Datum, daß es zur Zeit war, kann ich nicht mehr bestimmt angeben, aber in einer Montag, Nacht auf den Dienstag, wurde ich von frischen von D^{r}. H., hypnotisiert & sugeriert, und die ganze Nacht, wieder gemartert am Blutkreislauf, daneben gequält. ect wie üblich.

Dienstag Morgens um die 9. Uhr, jagte mich der D^{r}. H. von neuem aus meinem Hause, mit den Befehlen, „Das Haus gehört dir nicht mehr B.li!" –, „mach daß de use chunst Knopflisiech", sondern an G., G. ist der Eigenthümer, und dennoch uterstützt von G. selbst, jagten mich so simulierend zu Haus hinaus. Ich war so eingenommen und niedergeschlagen, daß ich kein Wort über meine Lippen brachte." –. Ich solle sofort, um eine andere Beschäftigung suchen, und das als Schuhputzer auf dem Lohnhofe, für die Polizemanschaften, & dann sei ich [24] versorgt, & könne daneben noch eventuell geheime Polizeidienste, (wie ein Detecktiv,) versehen. Wer mußte gehorchen, ^{das}war Ich." –. Ich ließ das Geschäft und das ganze Haus offen, ohne daß ich wußte was ich that, gieng ich so simulierend, Nachdenklich von hause fort, und lief die Elisabehtenstraße herunter, & passierte noch das Steinenbrükli. zum Hartmann Coiffeur in den Steinen & ließ mich dort rasieren, so daß ich wenigsten sauber auf den Lohnhof. kommen, um mich dort bei Herrn Hans Lüdin Detektive, anzumelden, als Schuhputzer für die wehrte Polizeimannschaften & stellte mich wirklich vor, für den Zwek. –! Herrn Lüdin, bemühte sich schnell & sagte mir ich soll warten, er bringe mir den Bericht sofort, kam mit der Antwort zurück, mit dem Bescheid, es sei nichts für mich da, & ich gieng ohne ein Wort zu sagen, wieder vom Lohnhof herunter, und da jagte mich der D^{r}. durch den Steinenberg & Albanvorstadt, über die Wettsteinbrüke, um durch die Grenzacherstrasse zu wandern, aus der Stadt fort. Da D^{r}. sah daß ich ernstlich gehen muß, foppte er mich, & machte mir daneben noch bittere Vorwürfe, keine ehrenhafte Titelaturen. dann er mich wieder nach Hause, „Wotsch mache daß de heimkunst du Dubel." Ich machte kehrt; gieng zurük. Zu Hause angelangt. Erwachte ich, wieder aus dem Hypnotischen Schlaf & deren simulierenden Gedanken. "Aber da kam ich, bei Gott" mit schmähenden Vorwürfen den D^{r}. überschüttend, –, bis er mich wieder marterte & quälte & mich wieder befehlend ins Flügelrad trieb, „Bier zu trinken und dann war ich wieder bei mir selber. –. Aber ich durfte mit „Nicht" einem Wörtchen verrahten was um mich herum ergangen ist. ect ect –

Und schließe, hiermit mit den Worten & betone hier daß ich seiner Zeit durch die Hypnotiseuren, nachträglich immer immer unter Ihren Sugestionen bleiben mußte, und auf's schärfste & peinlichste Ihren Befehlen, gehorchend mußte, und Alles was immer in Basel & ebensowohl auf Reisen & in der Ferne mit mir passierte in dieser Beziehungen, ein strenges Stillschweigen bei jedermann wahren muss gezwu werde. Bis ich dann in der jetziger Fremde, mich gegen Sie vertheitigen kann, erwachte, und mit dem pflichtlichen Entschluß der über mich kam, & reifte, hier in

Affoltern a/A. diese Beschwerde-Bericht, in Wahrheit & Pflicht & Gewissen, zu Papier brachte & später mit denen Herren, zur Abrechnung vor den Richterstuhl zu tretten.

[25]

Vorbemerkungen. (Thatsachen)

Ich unterzeichneter beglaubigt & bescheint hiermit, daß, diese Personen, die ich unten den Namen nach angeben werde, daß diese von den Hypnotiseuren Dr. Adolph H. & Salamon G., hypnotisiert & sugeriert worden sind, während der laufenden, verfloßenen Jahren 1895 bis zur heutiger Stunde, unter deren und Ihrer befehlender Hypnosen, je nach deren Laune, sei es am Tage od. der Nächte als ganz willenloses Medium Ihrem Banne stehen, und im Ahtem gehalten werden & durch die Hypnotiseuren Ihrer Hypnosen, zur & von Hypnosen von Persönlichkeiten aus deren Leiber zu hunderte gefördert werden können, um Ihre Befehle gehorchend, auf alle möglichen Arten, der befehlenden Hypnotiseuren vollführen, je nach deren einwirkenden sugerierten, Ihren launenhaften Aufträgen, gezwungen werden, das zu thun, als was [in]Ihrer bewußter Willenskraft nicht thun & gehorchen würden, sondern sich dergegen sträubend, wehrend, verabscheuend nie & nimmer & niemals Solche Anmaßungen & Befehlen erfüllen, würden ! –! –!

Hypnosen sind unsichtbare Wesen, die von Hypnotiseuren, tausende von Meilen, die Luft durch schwirren auf deren Befehlen hin gehen müßen, und sicher Ihre Aufträge ausführen, und in die weite Ferne schweifen müßen. –!

Diese lebenden Persönlichkeiten, die es selbst & deren Hypnosen betrifft, werden so stark sugeriert, daß Sie gegen jedermann, strenges Stillschweigen Ihrer Handlungen wahren müßen. Jede Hypnose v. einem Hypnotiseur herstammend, können auf öffentliche Straße, spazierendes Publikum, oder Personen, von denen Hypnosen, hypnotisiert, & sugeriert werden. können. (das zur gefälliger Beachtung). –. Ich armer Teufel leide kolosal unter den herumschwirrenden Hypnosen.

Thatsache ist, daß ein jeder Hypnotisierter Menschen, werden von Ihrer Hypnotiseuren, befehlend, Ihre Hypnosen Allein. die Luft durch schwirren und. [26] existieren nur von Hypnotisierten Leiber. Auf Grund dessen wird fest gestellt daß jeder Hypnotisiert worden ist, die Hypnosen, die da existiren, sind von den entnommen worden. die ich der Reihenfolge angeben werden, und ohne daß Solche es vieleicht wußten.–. Und diese Personen hören aber Alles. –, auch den leisenste, lispelnde, sprechenste Ton. –! dijenigen die nicht hypnotisiert, sind hören diese nicht.

NB. diejenigen Personen, die da mit * zeichnet sind, sind triftige Zeugen

Personen.

Herren	Dr. Albert H. Professor.	*	Herren	Stähli Karl Kaufmann.	x
" "	Dr. Vater H.	*	" "	Hermann Guggenheim	*x
" "	Dr. Hagenbach		" "	Benno Schwabe.	*
" "	Dr. Zinstag.	*	" "	Schärrer Hafnermstr.	***
" "	Dr. Zapf.		" "	Danzeisen Baunmeister	***
" "	Dr. Hübscher	*	" "	Robert - Gehrig Hotelier.	
" "	Dr. Burkhard Professor		" "	Weber gws Restaurateur BufetSCB.	x
" "	Dr. A. Huber Civilgerichtspresdt.*		" "	Kohler Restaurateur Buffet SCB.*	
" "	Dr. Ostertag		" "	Vogt Emil Wirth.	*
" "	Dr. Peter Advokatur.	*	" "	Leupin Hans Wirth	***
" "	Dr. Scherrer Advokatur		" "	Schirrer Emil Hotel Jura	
" "	Dr. Müller Statsanwald.–.		" "	Jund Alfrd gw. Wirth.	**
" "	Mangold. Polizei Hauptmann.		" "	Baumann - Ernst Voyageur.	**
" "	Müller Wachtmeister Polizei	*	" "	Staub. Fritz Vernikler	**
" "	Hurni Polizeimann.	*	" "	Dietiker S.C.B.	***
" "	Käser Hans ...	*	" "	Hausener Rudolph	***
" "	Glausner Detektiv.	*	" "	Sch. Hans. Packer.	****
" "	Lüdin " "		" "	Bloch-Uhlmann.	xx
" "	Hubacher Agent gws.(Polizist)***		" "	Günther Malermstr.	x

[27]

Herren	Sutter Hans Buchbinder'.***		Frauen	B. Lina Biningen.	**
" "	Bluntschli Metzger	*	" "	Baumann Küchegässlein. 13.	***
" "	Wermuth Gottfried. Schumacher*		" "	Leupin Wirth.	x
" "	Stephan Franz. Tailieur	*	" "	Gehrig Witwe Hotel.	**
" "	Bohshard Jakob. Dienstm	***	" "	Stecher Ida Wittwe.	**
" "	Amsler. Dienstm.	***	" "	Wermuth Schumacher	***
" "	Buchli Gottlb. Portier SCB.		Fräulein	Gehrig Josephine Hotel.	
" "	Kuppli Hans Commis.) Bureau (Imob.)				

Alle diese Personen, können & haben das Recht, eben sowohl wie ich, gegen diese Hypnotiseuren. Beschwerde-Einlegen über Ihren Unfug.

Wäre. Herrn Salamon G. seiner Zeit ehrenhaft und ehrlich gegen. mich unterzeichneter gewesen, & verfahren, so würde Solches an allen Ehren-Männer diese Mühe vor Gericht zu erscheinen erspart haben und sie wären alle nicht in seiner strafbarer Handlungen hinein gezogen worden. G. ist als ein ausgezeichneter Verfehmer bei allen denen Persönlichkeiten dafür bekannt. –.. ––– Unterzeichneter. –––. –––. –––.

Ernst. B. Coiffeur

NB: Lege noch eine Brochure dazu, wo Ihnen Herren Untersuchung-Richter zur etwaige Aufklärungen, über den Hypnotismus –! –. Mein Wunsch ist, daß man diese Bechwerde-Schreiben in der National.Zeitung zum Druck übergeben würde, zur Veröffentlichung. . . . . .

Obiger

Ernst B.: III. Copie. Meine Erlebnisse: Klage & Beschwerde–Bericht,: und Rapport. über die Herren Hypnotiseuren Dr. Adolph H. (Wallstraße.) Salamon G. (Leimenstraße.) und Ihren (Polizei) Spion complice Hans Sch. Packer (Itelpfdgss.) alle wohnhaft in Basel. – Thatsachen. –.
StABS, Sanität T 13.1. Einzelne Geisteskranke, 1894–1912

Basel d. 20ten Ocktober 1904

Hernn Mangold Polizei-Hauptmann!
Dahier.

In dem ich vor dem 20ten December 1903. eine Klageschrift an den Herrn Maier Voruntersuchu/ngsrichter eingereicht habe, hatte ich dieselbe Klage, vorher dem noch da gewesener Herrn Civilgerichts-Presidenten Dr. Ostertag (den jetzigen Bundesrichter gemeint.) zur Prüfung & zum durchgenhen anvertraut unterziehen lassen. Beim meinem Abhohlen derselben, fragte man mich nachträglich. "Läßt Ihnen Herrn Dr. Ad. H. & Herrn G. jetzt in Ruhe."?. Meine Antwort war: "Momentan , ein Ja. –. ect. –. Herrn Président spricht mir zu. diese Angelegenheit läßt sich durch gegenseitigen & vernünftiges entgegenkommen gütlich regeln. Sollte es im Falle nicht geschlichtet werden, so soll ich mich an das Strafgericht wenden. & vom H Présidenten Dr. Ostertag befürwortet, wies man mich an die hiesiger Untersuchungs-Behörde: (Basel-Stadt.) Andernfalls ich es an die Bundes-Behörde verfügen werde, man bemerkte mir noch. daß die Untersuchungen, sehr ausgedehnt ausfallen werde.

Zu aller erst erlaube ich mir den Herrn Hauptmann zu bitten, diese Klageschrift noch bei der hiesigen Untersuchungs-Richter aufgelegt ist, unbedingt durch ~~zu~~ studieren und lesen, damit Sie einen Begriff davon erhalten, für was ich die unten folgende Verwarnung gegen diese Herren Mißethäter bei Ihnen deponire.

Seit lezter Zeiten, werde ich wieder Tag & Nächte von den Herren entsendeten Hypnohsen so geplagt, gequält & gepeinigt, (förmliche Spitzruhtenjagerei) ausgesetzt daß ich mich nicht mehr länger schweigend zu sehend; Schweigen kann. So fühle ich mich gezwungen bei Ihnen, Hülfe zu suchen, um dieser Pein zu verwahren, abhülfe zu ~~suchen~~ schaffen. –.

Beispiele:, kommen Kunden, in das Geschäft um sich rasieren & Haarschneiden zu lassen; so wird mir während meiner bedienen der Kunden, folgendes Staub. von Giftstoffen durch die entsendeten Hypnohsen ins Maul geblaßen, wie Cynikalien, Kali Clorsaures, mit Jukpulverstaub vermischt. daß ich manchmal fast erstike, & dann Husten muß, daß mir dabei durch diese Stäuben, diese Stoffen durch Mund & Nase hinein geblaßen wird um Gaumen, und Rachen, so gebeitzt wird, daß ich nebst Husten noch Erbrechen von Schleim, vor der Bedienender Kundsame, zur Folge hat, so daß mir Augenwasser über Gesicht, & durch die Nase Wasser herunter laufend verursachen thut, um auch zugleich den Zweck zu erziehlen, daß ich Sie mich auch/ da wieder Brodlos zu machen suchen. wollen, und mich eckelhaft hin & blos zu stellen. –!! –!!

Auch Nachts wenn ich schlafen will, so wekt man mich wieder & muß manchmal fürchterlich Husten & Schleim Erbrechen bis ich dann vor Müdigkeit & Mattigkeit einschlummern kann. Kaum Morgen beim Erwachen geht diese Quälereien von frischem wieder los. –. Ich glaube, daß ich auch nichte der Einzige alleine in der Stadt Basel als Opfer diene, sondern gewiß noch mehrere Personen da sind die auch ~~zu~~ das Gleiche zu beklagen – hätten, wenn diese wüßten was eine Hypnohse wäre! –? –? die eben unsichtbar existiert[2],. um Leute krank und gesund zu machen, nach der peinigen Willkür & Wohlgefallen. ect ect ect.

Ersuche Sie höfflichst und auf den Knieen bittend Herrn Hauptmann diese unten angegebenen Herren, durch Einen von Ihren Polizei Männer, Verwarnungen, zu beorderen. Im Falle bei Wiederhohlung dieser Quälereien. ~~ich~~ werden wir bei der Zuständige Gerichts-Berhörde weitere Klage. strafrechtlich einlegen zu lassen, nebst Schaden-Ersatz. – ect ect.

Verwarnungen sind vorzunehmen bei – den

Herren . Dr. Adolf H. Wallstraße.
" Proffessor Alb. H. Petersgraben.
Salomon G. Leimenstraße.
Hans Sch. (Färber) Itelpfad.

Möge der Herrn Hauptmann beim durgehen meiner schon lange eingelegten Aktenmaterial), / statt groben Unfug die ich aus nur gewisse Rüksichten selbsten mal betitelt habe, das Wort. Giftmordversuch hineinsetzen.

Auch bemerke ich noch daß diese Herrn schon wissen, daß. ich um Sie Herrn Hauptmann unter heutigen. Datum. einen Brief abgeht. & dem Inhalt so ziemlich durch Ihre Hypnohsen wissen & erfahren haben können. Zur vorsichtiger Richtschnur & Behandlung dieses Falles. –. & Auftrages. ect –.

Alles Andere lasse Ihnen über, je nach belieben zu verfügen. Nur will ich wieder Ruhe haben & nicht wieder geplagt & gequält sein. Zum Voraus meinen besten Dank für die Mühe.

Zeichne ich mit aller Hochachtung.
Ernst. B. Coiffeur
bf H Daiker Blumenrain
N° 13.

Brief von Ernst B. an Polizeihauptmann Mangold. Basel 20.10. 1904
StABS, Sanität T 13.1. Einzelne Geisteskranke, 1894–1912. Faksimile auf S. 15–17

2 Sechsmal unterstrichen

Basel d. 20ten Ocktober 1904.

Herrn Mangold Polizei Hauptmann!
Dahier.

Ein Nachtrags-Bericht zum 1ten Briefe heutigen Dat.:

Bin noch so frei, in Kürze einen Nachtrag-Berict mitheilend nach zu senden wie folgt.. –.

Nicht nur beabsichtigen diese Hypnohsen um mich zu quälen, sondern die selben bemühen sich noch in dero Auftrag mein Augenlicht zu schwächen, damit ich ja so langsam erblinden solle, auch mit (Hypnohsen Instrumenten meine Leber & Milze mit ~~stehen~~ stechen so bearbeiten, daß diese Organe kränklich werden sollen. u.s.w. und auch Schießwaffen zu brauchen.

Bemerke noch daß ich seit dem 28ten Mai dieses Jahres nach Weggehen vom Lohnhof Zelle N°90. auch vieles erleben mußte, ein wahrheits getreues Tagebuch über die Besuche der Hypnohse, zur deren Controlle genaue & kurze Mittheilungen Rapporte enthaltend führe, das ich stehts Tag & Nacht bei mir im Roksake halte, um schnelle Bleistift Notize verzeichnen kann, & kaufte mir ein in Wachstuch geb. Ocktavheft um diese Bleistiftnotize anständig in dasselbe übertragen copierent mit Tinte eintragen kann. Zur Vorsichtshalber theile ich Ihnen das mit. Sollte mich etwa durch dero Hypnohsen Hirn- oder Herzschlag forcierend meinem Leben ein Ende schneller erwirken suchen; wo ja leicht möglich ist, aufmerksamen mache, daß das ~~das~~ Erste ist nach diesem Tagebuch sich erkundigen solle, etwa nicht bei meinen Effekten nicht vorfinden sollte, ect. von einem Interesenten weggenom̅en worden sein. für alle fälle ist es besser Sie Herrn Hauptmann daß ich es Ihnen mitgetheilt habe.. –.

Mit giftigen Nadeln wird mir meine rechte Hand so bearbeite[t] daß ich manchmal aus Schmerz aufschreien möchte, nur um mich arbeits unfähig zu machen & gegenwärtig seit letzter Zeit schwer daran leiden muß. –. Proffessor Dr H. Alb. könnte, wenn er aufrichtig beichten würde Aufschluß darüber geben... –. ist wahrscheinlich Ursache des betreffenden Testament, welches vom S. G. verheimlicht unterschlagen worden ist zu zu muthen. –. das G. unter dem Datum von 24ten April 1868 aufbewahrend zurükhält, –!!! –!

Hochachtungsvollst zeichnend
E. B Coiffeur.

NB. könnte noch mehrere Personen angeben, aber ich will noch Rüksichten beobachten, & darüber noch schweigen. –. Ich will doch nicht wieder krank fallen. –.

Nachtrags-Bericht zum Brief von Ernst B. an Polizeihauptmann Mangold. Basel 20.10. 1904. StABS, Sanität T 13.1. Einzelne Geisteskranke, 1894–1912

An die Tit. Administrativabteilung des Polizeidepartementes,
dahier.

Vor einiger Zeit wurde dem Unterzeichneten von einem Coiffeur E. B. das beil. Schriftstück zur Durchsicht übergeben. Obgleich B. den Unterzeichneten dringend ersuchte, sich ja der Sache anzunehmen, ist er nicht mehr bei demselben vorstellig geworden, um sich über den Stand seiner Angelegenheit zu erkundigen. Zweifellos ist der Verfasser des Schriftstückes ein Geisteskranker, es ist dies aus dem Inhalt leicht ersichtlich; es war deshalb unmöglich auf die Angelegenheit einzugehen und ihr weitere Folge zu geben.

Der Unterzeichnete übergibt Ihnen nunmehr das Schriftstück mit dem Ersuchen, es zu den bereits vorhandenen Akten B. zu legen.

Basel, 18 I 1904. Hochachtungsvoll
Dr. Wille

Basel, den 21. October 1904

Herr Hauptmann Mangold übergibt 2 von Ernst B., Coiffeur, an ihn gerichtete Schreiben die confusen Inhalts sind.

Detectiv Rass erhält Auftrag zu Erhebungen.

Polizeidepartement.
Der Chef der Administrativabteilung:
G Haller

Basel, d. 21. Okt. 1904

Im Auftrag von Herrn Sekretär Haller gemachte Erhebungen ergaben folgendes:

B. Ernst ist seit 9. Sept. ds. Js. wieder hier angemeldet & bei Coiffeurmeister Daiker № 13 Blumenrain in Condition und Wohnung. V. 9406

Herr Daiker gibt an, dass er B. seit längerer Zeit schon kenne & ihn aus Bedauern aufgenom̄en habe, anfänglich habe er nichts an ihm bemerkt, nach & nach sei er dan̄ oft zerstreut gewesen & habe sich öfters im Beruf Unachtsamkeiten zu Schulden kom̄en lassen, wesswegen er ihn auch oft verwarnt habe, einem ihm fremden Gehilfen hätte er nicht so oft durch die Finger gese-

hen, seit einigen Tagen sei er noch Gedankenloser, über das was ihn bedrücke, habe er sich jedoch nie geäussert, gestern habe er gefragt ob er (Daiker) schreiben wolle, als er dies verneinte, habe er gesagt, dann wolle er schreiben, auf die Frage warum, habe er nur gesagt, er habe etwas sehr wichtiges,
er habe dan̄ auch längere Zeit geschrieben.

Er kenne den eigentlichen Zustand des B. nicht, da dieser sich ihm gegenüber nicht näher äussere, wisse aber dass früher etwas nicht recht war mit ihm, der Mann habe eben viel durchmachen müssen, sollten die Schreiben an die Polizei wieder auf seinen frühern Zustand schliessen lassen & seine Beobachtung notwendig machen, so hätte er gerne bald Bericht, damit er sich um Jemand anders umsehen könnte.

Raas Det.

Basel, den 21. October 1904.

Die Akten gehen an den Stellvertreter des Physikus, Herrn Dr. G Schaffner, mit dem Ersuchen, den Ernst B. in bezug auf seinen Geisteszustand begutachten zu wollen.

Polizeidepartement.
Der Chef der Administrativabteilung:
G Haller

Basel, den 26. October 1904.

Geht der verlangte Physikatsbericht ein.

in fidem
G Haller

Polizeirapport, 1. Bogen. Basel 18.1., 21. und 26.10. 1904
StABS, Sanität T 13.1. Einzelne Geisteskranke, 1894–1912

Basel den 25. X. 04

An das Polizeidepartement
des Kantons Basel-Stadt.

Ihrem Auftrag gemäss habe ich den Ernst B., geb. 1856, Coiffeurgehilfe bei Herrn Coiffeur Daiker, Blumenrain 13, im Bezug auf seinen Geisteszustand untersucht & kann Ihnen darüber folgenden Erfundbericht abgeben:

Expl. scheint körperlich ganz gesund zu sein, mit Ausnahme eines chronischen Rachencatarrhs, in Folge wovon er von Zeit zu Zeit etwas hustet. Der Puls ist etwas beschleunigt, 90 per Minute. Wie aus den Acten ersichtlich ist, hat er früher übermässig getrunken, was er auch zugiebt; jetzt, behauptet er, trinke er nicht mehr zu viel, was zieml. glaubhaft ist, da er keine Zeichen von chron. Alcoholismus aufweist, wie Zittern der Hände & der Zunge, etc. Auch sein Principal giebt ihm in dieser Beziehung ein gutes Zeugniss; Als Arbeiter sei er am Anfang, als er ihn einstellte, ganz gut gewesen; in letzter Zeit jedoch sei er oft zerstreut & sehe bekūmert aus, sage aber nicht, was ihn drücke.

Auf Befragen, was ihm eigentlich fehle, erzählte er mir ganz durcheinander alle die Sachen, welche er in seiner, bei den Acten liegenden, „Beschwerde- & Anklageschrift“ & in den beiden an Herrn Hptm. Mangold gerichteten Briefen aufgezeichnet hat. Er beklagt sich über seine Peiniger (Dr. A. H., G. & Sch.), welche ihn überall hin verfolgen & ihn, wo er auch sei, auf grosse Entfernungen hypnotisiren, & welche ihn, der eigentlich „von B.“ heisse, um ein Vermögen von 25 Millionen Franken betrogen haben. Was ihm jetzt am unangenehmsten ist, ist das, dass seine Peiniger ihm jeden Morgen, wenn er Kunden bedienen müsse, Juckpulverstaub in seinen Hals practiciren, so dass er husten & oft brechen müsse. (Der Husten & der Vomitus matutinus werden durch seinen Rachencatarrh verursacht).

Gutachten.

Aus den Acten, sowie aus der von mir vorgenommenen Untersuchung geht hervor, dass Expl. an einer Geistesstörung leidet, welche sich hauptsächlich in Verfolgungswahnideen äussert; daneben hat er Grössenwahnideen, Gehörs- & zuweilen auch Gesichtshallucinationen.

Trotzdem Expl. jetzt ganz harmlos zu sein scheint, halte ich doch seine Verbringung in eine Irrenanstalt für nothwendig, denn es könnte plötzlich der Fall eintreten, dass er, der als Coiffeur immer mit einem Rasiermesser bewaffnet ist, für seine Umgebung gefährlich werden könnte. Er ist gut nach Münsingen transportabel.

Hochachtungsvollst
Dr. G. Schaffner
als Stellvertreter des Physikus II

Physikatsbericht von Dr. Gustav Schaffner. Basel 25.10. 1904
StABS, Sanität T 13.1. Einzelne Geisteskranke, 1894–1912

Basel, den 26. October 1904.
An die Direktion der Polizei des Kantons Bern wurde geschrieben:

Wir erlauben uns, bei Ihnen auf Grund der mitfolgenden Akten und des angeschlossenen Heimatscheins die Uebernahme des geisteskranken Coiffeurs Carl Friedrich Ernst B., von Büren an der Aare, dortseitigen Kantons, geboren am 18. October 1856, geschieden, zu beantragen.

Laut dem bei den Akten enthaltenen Physikatsbericht vom 25. d. Mts. leidet der Genannte an Verfolgungs- und Grössenwahnideen, Gehörs- und Gesichtshallucinationen und sollte in in einer Irrenanstalt untergebracht werden, da leicht der Fall eintreten könnte, dass der als Coiffeur mit einem Rasiermesser hantierende Kranke für seine Umgebung gefährlich werden könnte. Einem Transport des vermögenslosen Kranken nach einer heimatlichen Anstalt steht ärztlicherseits kein Hindernis entgegen.

Indem wir Ihrer Entschliessung in dieser Angelegenheit, unter Rücksendung der Akten, entgegensehen, versichern wir Sie, Herr Regierungsrat, etc.

D. V. d. P. D. exp.

Beilagen:
1. Akten.
2. Heimatschein.

Basel, den 3. November 1904.

Von der Direktion der Polizei des Kantons Bern geht das angeschlossene Antwortschreiben vom 2. d. Mts. ein.

in fidem
G Haller

Basel, den 5. November 1904.

Von der Direktion der Irrenanstalt Münsigen geht das angeschlossene Schreiben vom 4. d. Mts. ein.

Pzm. Egger erhält bezügl. Auftrag.

Polizeidepartement.
Der Chef der Administrativabteilung:
G Haller

V 9406 Eingesehen,
04. 11. 9.
Der Chef des Kontrol-Bureau:
Mangold

Polizeirapport, 2. Bogen. Basel 26.10., 3., 4. und 5.11. 1904
StABS, Sanität T 13.1. Einzelne Geisteskranke, 1894–1912

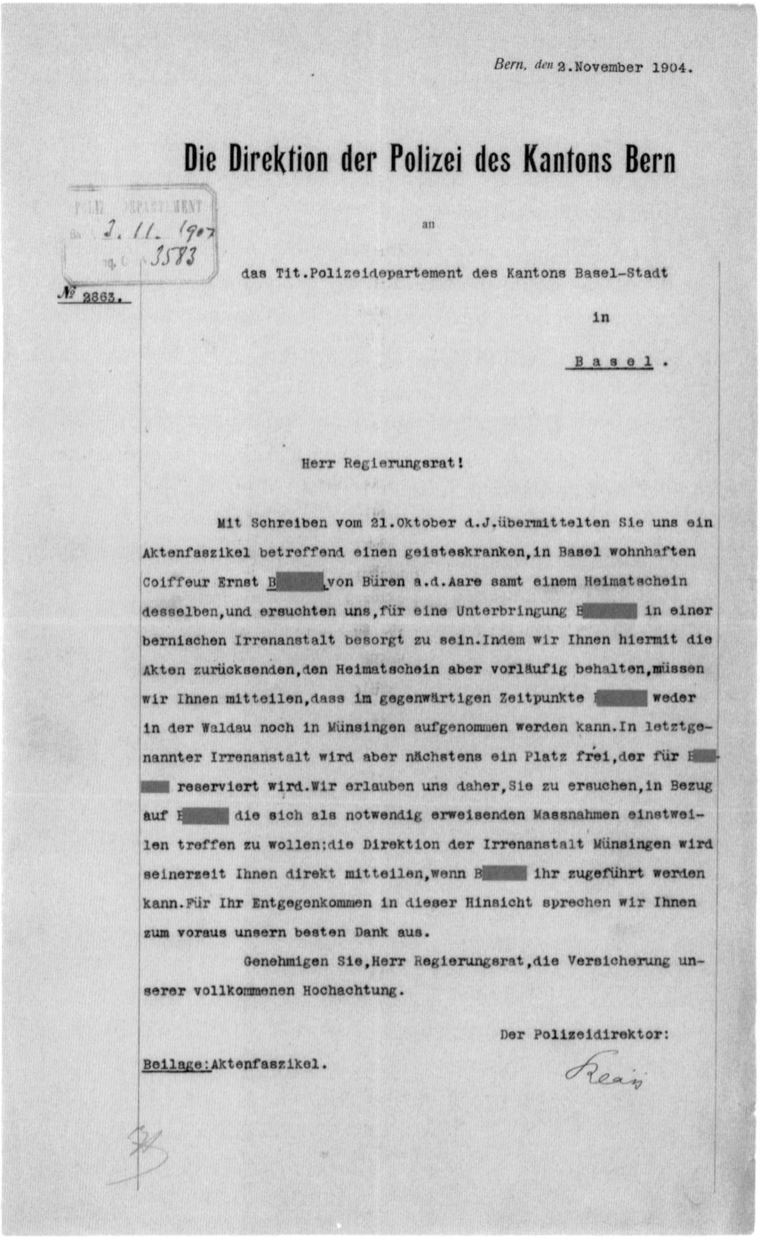

Bern, den 2. November 1904.

Die Direktion der Polizei des Kantons Bern

an

das Tit. Polizeidepartement des Kantons Basel-Stadt

in

B a s e l .

№ 2863.

Herr Regierungsrat!

Mit Schreiben vom 21. Oktober d.J. übermittelten Sie uns ein Aktenfaszikel betreffend einen geisteskranken, in Basel wohnhaften Coiffeur Ernst B[redacted], von Büren a.d. Aare samt einem Heimatschein desselben, und ersuchten uns, für eine Unterbringung [redacted] in einer bernischen Irrenanstalt besorgt zu sein. Indem wir Ihnen hiermit die Akten zurücksenden, den Heimatschein aber vorläufig behalten, müssen wir Ihnen mitteilen, dass im gegenwärtigen Zeitpunkte [redacted] weder in der Waldau noch in Münsingen aufgenommen werden kann. In letztgenannter Irrenanstalt wird aber nächstens ein Platz frei, der für [redacted] reserviert wird. Wir erlauben uns daher, Sie zu ersuchen, in Bezug auf [redacted] die sich als notwendig erweisenden Massnahmen einstweilen treffen zu wollen; die Direktion der Irrenanstalt Münsingen wird seinerzeit Ihnen direkt mitteilen, wenn [redacted] ihr zugeführt werden kann. Für Ihr Entgegenkommen in dieser Hinsicht sprechen wir Ihnen zum voraus unsern besten Dank aus.

Genehmigen Sie, Herr Regierungsrat, die Versicherung unserer vollkommenen Hochachtung.

Der Polizeidirektor:

Kläy

Beilage: Aktenfaszikel.

Brief der Polizeidirektion des Kantons Bern an das Polizeidepartement des Kantons Basel-Stadt, Typoskript. Bern 2.11. 1904
StABS, Sanität T 13.1. Einzelne Geisteskranke, 1894–1912. Transkription auf der folgenden Seite.

Bern, den 2. November 1904.

Die Direktion der Polizei des Kantons Bern

POLIZEI-DEPARTEMENT
Basel, 3. 11. 1904
Req. C. № 3583
№ 2863.

an

das Tit. Polizeidepartement des Kantons Basel-Stadt
in
Basel.

Herr Regierungsrat!

Mit Schreiben vom 21.Oktober d.J.übermittelten Sie uns ein Aktenfaszikel betreffend einen geisteskranken,in Basel wohnhaften Coiffeur Ernst B.,von Büren a.d.Aare samt einem Heimatschein desselben,und ersuchten uns,für eine Unterbringung B.s in einer bernischen Irrenanstalt besorgt zu sein.Indem wir Ihnen hiermit die Akten zurücksenden,den Heimatschein aber vorläufig behalten,müssen wir Ihnen mitteilen,dass im gegenwärtigen Zeitpunkte B. weder in der Waldau noch in Münsingen aufgenommen werden kann.In letztgenannter Irrenanstalt wird aber nächstens ein Platz frei,der für B. reserviert wird.Wir erlauben uns daher,Sie zu ersuchen,in Bezug auf B. die sich als notwendig erweisenden Massnahmen einstweilen treffen zu wollen;die Direktion der Irrenanstalt Münsingen wird seinerzeit Ihnen direkt mitteilen,wenn B. ihr zugeführt werden kann.
Für Ihr Entgegenkommen in dieser Hinsicht sprechen wir Ihnen zum voraus unsern besten Dank aus.

Genehmigen Sie,Herr Regierungsrat,die Versicherung unserer vollkommenen Hochachtung.

Der Polizeidirektor:
Kläy

Beilage: Aktenfaszikel.

Brief der Polizeidirektion des Kantons Bern an das Polizeidepartement des Kantons Basel-Stadt, Typoskript. Bern 2.11. 1904
StABS, Sanität T 13.1. Einzelne Geisteskranke, 1894–1912

Kantonale Irrenanstalt
Münsingen
——
Direktion
——

POLIZEI-DEPARTEMENT
Basel, 5. 11. *1904*
Req. C. № 3613

Münsingen, den 4ten Nov. *1904.*

Tit. Polizeidepartement des Kts. Basel-Stadt in
Basel.

Herr Regierungsrat!

Der geisteskranke Karl Friedrich Ernst B., von Büren, in Basel, dessen Aufnahme in hiesige Anstalt gewünscht wird, kann im Laufe der nächsten Woche an jedem beliebigen Tage gebracht werden.

Mit Hochachtung,
DrGlaser, Direktor.

Autrag an Polizeimann Egger II auf 8. Novbr. 04
POLIZEIDEPARTEMENT
BASEL-STADT Häberli
BASEL, 7 *NOV.1904*
DER JOURNALFÜHRER

Vorgenannter Friedr. Ernst B. ist heute, den 8. XI. 04, vormittags ½ 12 Uhr hier abgegeben worden.
Irrenanstalt Münsingen, den 8. XI. 04. DrGlaser, Direktor.

Brief von Dr. Glaser, Direktor der Irrenanstalt Münsingen, an das Polizeidepartement des Kantons Basel-Stadt. Münsingen 4.11. 1904
StABS, Sanität T 13.1. Einzelne Geisteskranke, 1894–1912

Bern, den 1. Dezember [redacted]904.

Die Direktion der Polizei des Kantons Bern

POLIZEI-DEPARTEMENT
Basel, 3. 12. 1904
Req. C. № 4018
№ ____

an

das Polizeidepartement des Kantons Basel-Stadt in
B A S E L .
****

Herr Regierungsrat,

Die Direktion der Jrrenanstalt Münsingen ersucht uns um Uebermittlung eines Arztberichtes betreffend den ihr am 8.November d.J.von Basel aus zugeführten Coiffeur Ernst B. von Büren a.A.Wir wären Jhnen dankbar,wenn Sie uns einen solchen zukommen lassen könnten.

Mit vollkommener Hochachtung.

Der Polizeidirektor:
Kläy

O. u

Basel, den 3. Dezember 1904.

Antwort.
Zur Erledigung Ihres geehrten Ersuchens vom 1. ds. Mts:, womit Sie um Uebermittlung eines Arztbeichtes betreffend Ernst B. von Büren a. A. ersuchen, beehren wir uns, Ihnen angeschlossen die Abschrift des Physikatsberichtes d. d. 25. Oktober 1904 zu uebersenden.
Genehmigen Sie etc.

D. V. d. P. D.

1 Beilage.
exp.

Brief der Polizeidirektion des Kantons Bern an das Polizeidepartement des Kantons Basel-Stadt, Typoskript. Bern 1.12. 1904
StABS, Sanität T 13.1. Einzelne Geisteskranke, 1894–1912

Münsingen d. 2. Deccember 1904.

Herrn Mangold. Polizei-Hauptmann!
Basel-Stadt. .

Bezugnehmend der betreffenden 14 tägigen Aufenthaltes in der Irrenanstalt, möchte ich Sie denn doch bittend, ersuchen, mir definitiv, anzuzeigen, wie es um meine Gerichtsuntersuchung Angelegenheiten geht & steht, bald bin ich die fünfte Wochen in hier & kein Mensch gibt mir da ein Lebenszeichen aus Basel, und läßt mich da sitzten, wie wenn ich niemanden mehr angehöre. u.s.w; . – somit glaube ich auch daß es von mir nicht eine Frechheit ist, um über diese Sachen bei Ihnen anzufragen, und um Auskunft zu bitten, wo da der Schuh drükt, daß mich & so sitzten läßt.. –. Ansonst ich es verbohten haben möchte ein gesunder Mensch, da in eine Irrenanstalt zu sperren, & zugleich Stellenlos und arbeitslos zu machen,??? –. Und was Ihr mit mir vornehmen wollet?. –.! Hoffe auf baldige Lösung ect. –. –.

In Erwartung einer diesbezüglicher Antwort entgegensehend zeichnet mit aller Hochachtung.

Ernst B. Coiffeur.

Brief von Ernst B. an Polizeihauptmann Mangold in Basel. Münsingen 2.12. 1904
StABS, Sanität T 13.1. Einzelne Geisteskranke, 1894–1912. Faksimile der ersten Seite auf S. 78

Dokumentenverzeichnis der Aktenbestände

Im Verzeichnis sind die Aktenfaszikel alphabetisch angeordnet. Die darin enthaltenen Dokumente werden in der Reihenfolge aufgeführt, in der sie in den Faszikeln abgelegt sind, d.h. in chronologischer Folge.

StABS, Gerichtsarchiv Um 26. 1896 Juli–Dezember mit Sitzungsprotokoll und Register

StABS, Sanität T 13.1. Einzelne Geisteskranke, 1894–1912

StABS, Sanität T 13.2. Einzelne Geisteskranke Männer, Bi–Bo

Die Autorin und die Autoren

Caroline Arni ist Historikerin und Kultursoziologin; zurzeit Stipendiatin des Schweizerischen Nationalfonds. Sie hat Forschungsaufenthalte an der École des Hautes Études en Sciences Sociales in Paris, am Kulturwissenschaftlichen Institut in Essen sowie am Institute for Advanced Study in Princeton verbracht und forscht zu Geschlechtergeschichte, Sozial- und Kulturgeschichte und Wissenschaftsgeschichte in der europäischen Moderne. Arbeitsgebiete: Liebe, Intimität und Ehe, Reproduktionsmedizin, Feminismus und Sozialtheorie, Identität, Narration und Biographie. Sie ist die Autorin u.a. von *Entzweiungen. Die Krise der Ehe um 1900.* Köln 2004.

Stefan Nellen studierte Geschichte und Germanistik in Basel und ist wissenschaftlicher Assistent am Historischen Seminar der Universität Basel. Er arbeitet an einer Dissertation über die Medien der Bürokratie, forscht zu Kulturtechniken des Organisierens und Verwaltens, zur Geschichte des Wahnsinns und der Psychiatrie und schrieb seine Lizentiatsarbeit zu den *Geschicken des Wahns im Zeitalter des Archivs. Physikatsberichte aus Basel 1768–1894.*

Hans Jakob Ritter ist Historiker und wissenschaftlicher Mitarbeiter am Institut für Geschichte und Epistemologie der Medizin der Universität Basel. Er arbeitet an einer Dissertation zu Schweizer Psychiatrie und Eugenik zwischen 1880 und 1960. Letzte Veröffentlichung: «Zur Kontinuität und Diskontinuität der schweizerischen Eugenik». In: Georg Pfleiderer / Christoph Rehmann-Sutter (Hg.): *Zeithorizonte des Ethischen.* Stuttgart 2006.

Martin Schaffner ist emeritierter Professor für Neuere Allgemeine und Schweizer Geschichte an der Universität Basel und Mitherausgeber der Zeitschrift *Historische Anthropologie. Kultur. Gesellschaft. Alltag.* Arbeitsgebiete: Geschichte der Stadt Basel im 19. Jahrhundert, Demokratieforschung (19. Jh.), Historische Alpenforschung (19. und 20. Jh.), Geschichte Irlands. Letzte Publikationen: «Religion und Gewalt. Historiographische Verknüpfungen». In: Kaspar von Greyerz / Kim Siebenhüner (Hg.): *Religion und Gewalt.* Göttingen 2006; «Menschenrechte und Demokratie. Über die Globalisierung von Sinn». In: Brigitte Hilmer u.a. (Hg.): *Anfang und Grenzen des Sinns.* Göttingen 2006.

Martin Stingelin, Studium der Germanistik und der Geschichtswissenschaften in Basel und Essen; 2001–2006 SNF-Förderungsprofessur für Neuere deutsche Literaturwissenschaft am Deutschen Seminar der Universität Basel; seit 2006 Professor für Neuere deutsche

Literatur an der Universität Dortmund. Er ist Herausgeber der IX. Abteilung der *Kritischen Gesamtausgabe der Werke* von Friedrich Nietzsche (zusammen mit Marie-Luise Haase), «Der handschriftliche Nachlaß ab Frühjahr 1885 in differenzierter Transkription». Publikationen: *«Unsere ganze Philosophie ist Berichtigung des Sprachgebrauchs». Friedrich Nietzsches Lichtenberg-Rezeption im Spannungsfeld zwischen Sprachkritik (Rhetorik) und historischer Kritik (Genealogie)*. München 1996; *Das Netzwerk von Deleuze. Immanenz im Internet und auf Video*. Berlin 2000; Aufsätze zur Literaturtheorie, zur Literatur- im Verhältnis zur Rechts- und Psychiatriegeschichte, zu Dürrenmatt, Freud, Glauser, Goethe, Kraus, Laederach, Lichtenberg, Nietzsche, Schreber, Wölfli u.a.; Übersetzungen aus dem Englischen (Salman Rushdie, Thomas Pynchon) und Französischen (Mikkel Borch-Jacobsen, Georges Didi-Huberman, Michel Foucault).

Robert Suter studierte Geschichte, deutsche Literaturwissenschaft und Philosophie in Basel. Er arbeitet an einer Dissertation über den Wald als Ort des Politischen in der deutschen Literatur. Ausserdem war er für ein Jahr mit einem Forschungsstipendium des Schweizerischen Nationalfonds assoziiertes Mitglied des Graduiertenkollegs «Mediale Historiographien» (Bauhaus-Universität Weimar) und ist zurzeit Mitglied des Graduiertenkollegs «Bild und Wissen» (Universität Basel, NFS Bildkritik).

Hubert Thüring studierte Germanistik und Italianistik in Basel und lebt als Literaturwissenschaftler in Binningen bei Basel. Er war Mitarbeiter der Nietzsche-Edition, Lehrer am Gymnasium Oberwil (BL), Assistent für Neuere deutsche Literaturwissenschaft am Deutschen Seminar der Universität Basel und Lehrbeauftragter an der Universität Triest. Zurzeit realisiert er das vom Schweizerischen Nationalfonds geförderte Projekt «Textgenese und Schreibprozess» am Schweizerischen Literaturarchiv in Bern. Bücher und Aufsätze zu Nietzsche, Wölfli, Pirandello, Primo Levi, Büchner, Leopardi, Glauser, Foucault und über Gedächtnis, Psychiatrie, Lebensbegriff (Biopolitik) und das Verhältnis von Schreiben und Text; Übersetzungen aus dem Italienischen (Primo Levi, Giorgio Agamben) und Französischen (Georges Didi-Huberman).

Das Signet des 1488 gegründeten
Druck- und Verlagshauses Schwabe
reicht zurück in die Anfänge der
Buchdruckerkunst und stammt aus
dem Umkreis von Hans Holbein.
Es ist die Druckermarke der Petri;
sie illustriert die Bibelstelle
Jeremia 23,29: «Ist nicht mein Wort
wie Feuer, spricht der Herr,
und wie ein Hammer, der Felsen
zerschmettert?»